船山遺書

第十四册

姜斋文集
文集补遗
诗集十五种
词集三种

〔清〕王夫之 著

中国书店

目录

姜斋文集

姜斋文集卷一·论三首 仿符命（阙） 连珠二十八首............3

姜斋文集卷二·传二首 行状二首 墓志铭表四首 记二首 ...11

姜斋文集卷三·序五首 书后二首 跋一首............23

姜斋文集卷四·启一首 尺牍十首（阙）............30

姜斋文集卷五·九昭（附刻《楚辞通释》后）............31

姜斋文集卷六·九砺（阙）............32

姜斋文集卷七·赋五篇............33

姜斋文集卷八·赋三篇（阙一）............43

姜斋文集卷九·赞 铭............50

姜斋文集卷十·家世节录............57

姜斋文集补遗

姜斋文集补遗卷一............71

姜斋文集补遗卷二............75

姜斋五十自定稿

姜斋五十自定稿............95

姜斋六十自定稿

自叙 135

姜斋六十自定稿 136

姜斋七十自定稿

序（增补） 165

姜斋七十自定稿 166

柳岸吟

柳岸吟 197

落花诗

落花诗 215

遣兴诗

遣兴诗 227

和梅花百咏诗

和梅花百咏诗 241

洞庭秋诗

洞庭秋诗 259

雁字诗

雁字诗 265

仿体诗

仿体诗 273

岳余集

岳余集 283

忆得

述病枕忆得 291

忆得 292

姜斋诗剩稿

姜斋诗剩稿 311

姜斋诗分体稿

姜斋诗分体稿卷一·五言古诗 317

姜斋诗分体稿卷二·乐府 歌行 331

姜斋诗分体稿卷三·五言律 排律 七言律 338

姜斋诗分体稿卷四·七言绝句 四言 353

姜斋诗编年稿

姜斋诗编年稿 365

船山鼓棹初集

船山鼓棹初集 385

船山鼓棹二集

船山鼓棹二集 417

潇湘怨词

潇湘怨词 445

姜斋文集

姜斋文集卷一

论三首

知性论

言性者皆曰吾知性也。折之曰性弗然也，犹将曰，性胡不然也？故必正告之曰，尔所言性者非性也。今吾勿问其性，且问其知。知实而不知名，知名而不知实，皆不知也。言性者于此而必穷。目击而遇之，有其成象而不能为之名，如是者于体非芒然也，而不给于用。无以名之，斯无以用之也。习闻而识之，谓有名之必有实，而究不能得其实。如是者执名以起用，而芒然于其体，虽有用，固异体之用，非其用也。夫二者则有辨矣。知实而不知名，弗求名焉，则用将终绌。问以审之，学以证之，思以反求之，则实在而终得乎名，体定而终伸其用。此夫妇之知能所以可成乎忠孝也。知名而不知实，以为既知之矣，则终始于名，而惝恍以测其影。斯问而益疑，学而益僻，思而益甚其狂惑，以其名加诸迥异之体，枝辞日兴，愈离其本。此异同之辨说所以成乎淫邪也。

夫言性者，则皆有名之可执，有用之可见，而终不知何者之为性。盖不知何如之为知，而以知名当之，名则奚不可施哉？谓山鸡为凤，山鸡不能辞，凤不能竟也。谓死鼠为璞，死鼠不知却，玉不能争也。故浮屠、老子、庄周、列御寇、告不害、荀卿、扬雄、荀悦、韩愈、王守仁各取一物以为性，而自诧曰知，彼亦有所挟者存也。苟悬其名，惟人之置之矣。名之所加，亦必有实矣。山鸡非凤，而非无山鸡。死鼠非璞，而非无死鼠。以作用为性，夫人之因应，非无作用也。以杳冥之精为性，人之于杳冥，非无精也。以未始有有无为性，无有无无之始，非无化机也。以恶为性，人固非无恶，恶固非无自生也。以善恶混为性，欻然而动，非无混者也。以三品为性，要其终而言之，三品者非无所自成也。以无善无恶为性，人之昭昭灵灵者，非无此不属善不属恶者也。情有之，才有之，气有之，质有之，心有之，孰得谓其皆诬，然而皆非性也。故其不知性也，非见有性而不知何以名之也。惟与性形影绝，梦想不至，但闻其名，随取一物而当之也。于是浮屠之遁词曰有三性，苟随取一物以当性之名，岂徒三哉！世万其人，人万其心，皆可指射以当性之名，不同之极致，算数之所穷而皆性矣。故可直折之曰，其所云性者非性，其所自谓知者非知。犹之乎谓云为天，闻笋菹而煮箦以食也。

老庄申韩论

建之为道术，推之为治法，内以求心，勿损其心，出以安天下，勿贼天下：古之圣人仁及万世，儒者修明之而见诸行事，惟此而已。求合于此而不能，因流于诐者，老、庄也。损其心以任气，贼天下以立权，明与圣人之道背驰而毒及万世者，申、韩也。与圣人之道背驰则峻拒之者，儒者之责，勿容辞也。

拒其说，必力绝其所为，绝其所为，必厚戒于其心，而后许之为君子儒。言治道者吾惑焉。于老、庄则远之惟恐不夙。于申、韩则暗袭其所为而阴挟其心，吾是以惑，而甚惑其惑之甚也。夫师老、庄以应天下，吾闻之汉文、景矣。其终远于圣人之治而不能合者，老、庄乱之也。然而心犹人之心，天下则已异乎食荼卧棘之天下矣。下此则何晏、王戎以弛天下而使乱。然其所为，求之圣人之道而不得，求之老、庄而亦不得。虚与诞，圣人之所弗尚；躁与贪，亦老、庄之所弗尚；则远之必夙者正也。老、庄之所弗尚，则不得举何晏、王戎之罪罪老、庄也。夫申、韩而岂但此哉！

韩愈氏曰："仁义之言，蔼如也。"圣人之欲正天下也亟，其论治也详。今读其书，绎其言，蔑不蔼如也。其言蔼如也，其政油如也，患天下之相贼，而不以贼惩贼，惩天下之贼，规乎其大凡而止。虽有刀锯，而不损其不忍人之心。略其毫毛，掩其幽隐，以使容于覆载之间，而民气以静。是故匹夫之蹶然以恶怒，非可逆也；匹夫之蹶然以愉快，非不可获誉也；然而圣人不忍徇之，以致善治之名。有人于此，匹夫蹶然而怒，其可杀邪，从而杀之；匹夫蹶然而喜，喜怒如匹夫之心；则明断之誉蹶然而兴，而气弗然，而权赫然。静反诸心，而心固怵然；起视天下，而天下纮然。为君子儒者以此为愉快，则抑不得为圣人之徒矣。闻之曰恶不仁者不使不仁加于其身，未闻恶不仁者不使不仁者之留遗种于天下也。悲夫！

自宋以来，为君子儒者，言则圣人而行则申、韩也。抑以圣人之言文申、韩而为言也。曹操之雄也，申、韩术行而驱天下以思媚于司马氏，不劳而夺诸几席。诸葛孔明之贞也，扶刘氏之裔以申大义，申、韩术行而不能再世。申、韩之效，亦昭然矣。宋之儒者，胡憯莫惩而潜用之以徇匹夫一往之情。吾闻以闺房醉饱之过掠治妇人，以征士大夫之罪矣。吾闻其闻有赦而急取罪人屠割之矣。非申、韩孰与任此，而为君子儒者以为愉快，复何望夫裤褶之夫、刀笔之吏乎！是其为术也，三代以上，无尚之者也；仲尼之徒，无道之者也；三苗之所以分北也；邓析之所以服刑也。自申、韩起，而言治者一不审而即趋于其涂。申、韩以矫老、庄，而拒老、庄者揖进之。夫老、庄则固蠹然伤心于此矣。老、庄非也，其蠹然伤心于此者，未尝非也。仲尼不以徇鲁、卫，而老于下位。文王不以徇商纣，而囚于羑里。我知其蠹然伤心者倍甚于老、庄，则已知老、庄之贱名法以蕲安天下，未能合圣人之道，而固不敢背以驰也，愈于申、韩远矣。

画之以一定之法，申之以繁重之科，临之以愤盈之气，出之以戍削之词，督之以违心之奔走，迫之以畏死之忧患，如是以使之仁不忘亲，义不背长。不率，则毅然以委之霜刃之锋，曰：吾以使人履仁而戴义也。夫申、韩固亦曰，吾以使人履仁而戴义也。何患乎无名，而要岂有不忍人之心者所幸有其名，以弹压群论乎！

易动而难戢者，气也。往而不易反者，恶怒之情也。群起而荧人以逞者，匹夫蹶然之恩怨也。是以君子贵知择焉。弗择，而圣人之道且以文邪懑而有余。以文老、庄而有老、庄之儒，以文浮屠而有浮屠之儒，以文申、韩而有申、韩之儒。下至于申、韩之儒，而贼天下以贼其心者甚矣。后世之天下死于申、韩之儒者积焉，为君子儒者潜移其心于彼者，实致之也。

君相可以造命论

圣之赞天地之化，则可以造万物之命，而不能自造其命。能自造其命，则尧、舜能得之于子；尧、舜能得之于子，则仲尼能得之于君。然而不能也，故无有能自造其命者也。造万物之命者，非必如万物之意欲也。天之造之，圣人为君相而造之，皆规乎其大凡而止。雨以润之，而有所洇。日以暄之，而有所槁。讴歌者七，怨咨者三，毅然造之而无所疑。圣人以此可继天而为万物之司命。安之危之，存之亡之，燕、越不同地，老稚不同时，刚柔不同性，规乎其大凡，而危者以安，亡者以存。若夫物有因以危亡者，固不恤也。乃若欲自造其命，则必其安而百不一危也。存而百不一亡也，荣而百不一辱也，利而百不一钝也，各自有其意欲以期乎命之大顺，则恶乎其可也。故黄帝则有蚩尤，舜、禹则有三苗，夏则有有扈，周则有商奄，仲尼则有匡，有宋，有陈、蔡，弗能造也。然则唐之有郭子仪即有安、史，有李晟即有朱泚、姚令言、源休，有陆贽即有卢杞、裴延龄，弗能造忠贤而使有，弗能造奸懑而使无。弗能造也，受之而已。受之以道，则虽危而安，虽亡而存，而君相之道得矣。李泌曰："君相可以造命。"一偏之说，足以警庸愚，要非知命之言也。

至大而无区畛，至简而无委曲，至常而无推移者，命也。而人恶乎与之？天之命草木而为堇毒，自有必不可无堇毒者存，而吾恶乎知之？天之命虫鱼而为蛇鳄，自有必不可无蛇鳄者存，而吾恶乎知之？弗能知之，则亦恶乎与之？天之所有，非物之所欲，物之所有，非己之所欲，久矣。惟圣人为能达无穷之化。天之通之，非以通己也。天之塞之，非以塞己也。通有塞，塞有通，命圆而不滞，以听人之自尽，皆顺受也。明君以尽其仁，无往而不得仁。哲相以尽其忠，无往而不得忠。天无穷，圣人不自穷，则与天而无穷。天不测，圣人无所测，则物莫能测。外不待无强敌，内不待无盗贼，廷不待无顽谗，野不待无奸宄，岁不待无水旱，国不待无贫寡，身不待无疢疾。不造有而使无，不造无而使有。无者自无，而吾自有。有者自有，而吾自无。于物无所觊，于天无所求。无所觊者无所挠，无所求者无所逆。是以危而安，亡而存，危不造安故不危，亡不造存故不亡，皆顺受也，奚造哉！造者，以遂己之意欲也。安而不危，存而不亡，皆意欲之私也，而猜忌纷更之事起矣。臣以意欲造君命者，干君之乱臣。子以意欲造父命者，胁父之逆子。至于天而徒怀干胁之情，犹以羽扣钟，以指移山，求其济也，必不可得已。天命之为君，天命之为相，俾造民物之命。己之命，己之意欲，奚其得与哉！

仿符命 阙

连珠二十八首

连珠

　　盖闻铜山虽应，瓦釜不鸣。巉竹非均，葭灰何感。蚁驹善达，难通窒曲之珠。雏鹤能鸣，犹选在阴之和。是以龚牛亢志，莫谐楚老之心。惠子狂言，顾悭濠梁之赏。

　　盖闻嘉穟盈车，非擅万斯之利。名驹千里，犹邀一顾之荣。材有让乎犹龙，道有超乎维宝。是以功加眉睫，大匡之器犹微。风起丹青，百世之闻不鲜。

　　盖闻冷风和而响逸，天钧逾乎女丝。甘雨降而流长，物润深乎抱瓮。百昌有所自兴，八音有所自兆。是以传说符星，先逊心于河上。董生致雨，凤屏迹于园中。

　　盖闻附形者影，形即荫而已藏。动草者风，草入飚而不远。知合离之异致，斯文质之同宣。是以专己保残，其喻斫轮之巧。道存目击，方收伐辐之功。

　　盖闻劲草不倚于疾风，零霜则变。青葵善迎于白日，宇暖斯迷。故天籁无假于宫商，贞筼不争于柯叶。是以寿者之恭，火灭而矜其鼙帨。幽人之坦，途歧而范我驰驱。

盖闻矜容者有经日之芳，工歌者有弥旬之韵。质已逝而风留，纲缊自合。声已希而气动，缭绕尤长。是以虞、夏之心，益焜煌于北海。丹坟之业，不陨获于嬴秦。

盖闻盘盂之水，能涵万仞之山。肤寸之云，遂洒三途之轨。下知上者，维澄而远。高临卑者，以妙而均。是以至人悬今以待后，挹取听之物求。哲士类古于方今，感触如其面觌。

盖闻金注移情，猗、卓之容不徙。宝剑夺目，晋、郑之鬐已凋。故博有祗以御穷，而非任难于自保。是以危言日出，徒销坚白之锋。守口如瓶，别有通微之致。

连珠有赠

盖闻晴彻微霄，密警应龙之云想。寒凝亘宇，已生青皞之春情。八表待一人之几，万古集斯须之念。是以先天无惕，气有动而必开。首物不惊，时当机而必协。

盖闻物生于气，韶风惟昌缓之宜。位定于天，崇岳示防闲之则。先声不爽于玉衡，虫鱼且应。大矩不迷于璇表，星日咸安。是以洪流未义，后夔不以虚器而不咨。风雨方摇，史佚不以浮文而弗御。

盖闻元霄欲授，榑桑之耀景初收。甘雨将来，鸣叶之孔威必振。势极重者反不得轻，天化无因循之特。情已函者应无俟定，群心在俄顷之间。是以陆子昌言，必矫先秦之灭裂。魏公辰告，力争五叶之迁流。

盖闻小者大之具体，九州岛一亚旅之情。轻者重之本根，三代止晨夕之事。导千缕以持，经纬焉皆就。积群柯以荫，本枝乃弥昌。是以薪樗备理，豳吹叶妇子之欢。牡菊分官，周庙奏肃雍之颂。

盖闻民生于勤，勤至则大劳自息。礼成于俭，俭行而至美宜章。翕终年于一日，可以千秋。析百物于微端，遂谐万事，是以悯鸿雁之悲歌，必罩思于究宅。奠竹松之燕寝，遂永奠于攸芋。

盖闻陇登黄茂，商飚先刚铣之清。柯熟朱樱，梅雨益萧寒之涤。蒿艾盛则损芳荃，相凌以气。鹈皇至而宾鸠鸶，相长以权。是以炎火在原，不伤慈于田祖。霜铁普震，实敷惠于嘉师。

盖闻心量无垠，筵九埏而郭万国。仁威不试，伏五服而厘群黎。气不知其自消，繁云无期而敛。机忽忘其所用，曾冰有候而暄。是以谦书南诰，海人谢黄屋之狂。巽命东驰，傲帅失红陈之富。

盖闻操万斛之舟者，独运恒安乎晏坐。伐千章之木者，挥斤不藉乎群呼。毂转无留机，凭轼之轴自止。羽飞有迅理，擎跗之指不行。是以成都桑苗，龙以卧而成云。柱下春台，鲜不挠而荐鼎。

盖闻圜丘九变，密移在纵敛之间。宣榭千寻，函受但合离之际。燕居清迥，云雷之动恒盈。朽驭飘摇，冰镜之涵自定。是以鹰扬百战，陈书但义敬之微言。龙马多占，观变一贞明之静理。

盖闻郁资百筑，黄流非芳草之能。璧藉群文，虹气在组纠之上。天欲治而生治人，人尤待治。士随时而乘时化，化必需时。是以鼓钟改韵于丰宫，瑟柱之调必凤。图笈载陈于东观，芸香之辟尤严。

盖闻无情者不可使有气，待黄鸟而鸣春。无气者不可使有情，期苍蜦而召雨。劝威作气，劝威尽而勇无余。禄赏移情，禄赏穷而仁不继。是以等威天险，积培塿而泰岱干霄。于喁人和，应宫商而《韶》音合漠。

盖闻咸若之理，原安原而隰安隰。不言之化，动应动而虚应虚。纵游鲦于浅渚，神龙自至其渊。养散木于遥岑，社树必丰其报。是以商宫之梦，不数用其旁求。富渚之纶，遂永扶于风教。

连珠

盖闻势之所拒，非无利用之资。情之所撄，自有获心之乐。达士因挠以成功，庸人喜同而失顺。是以鱼冲波而上，不损其鳞。鸟溯风而翔，全用其羽。

盖闻鱼目未欺，讵识随珠之宝。龙渊在握，无伤蛟室之游。审畏途者，乃遵周道之安。历朔风者，益就春阳之曝。是以命适周之驾，始知柱下之非龙。下过楚之车，不鄙接舆之歌风。

盖闻名言所绝，理即具于名中。意量所函，变可通于意外。膏非焰而焰待膏明，镜无形而形生镜内。是以经纶草昧，太虚不贷于云雷。丽泽讲习，君子必恒其教事。

盖闻岁差以渐，历虚斗而在南箕。河徙无恒，合济、漯而夺淮水。害已成而不可挽，挽则横流。道已变而不可拘，拘斯失算。是以阡陌既裂，商鞅暴而法传。笞杖从轻，汉文仁而泽远。

盖闻修竹产于悬岑，时忧冰折。幽兰藏于密箐，不受霜欺。犀惟沐月，乃辟游尘。蝈厌喧春，必焚牡菊。是以欢谐啜菽，耻经胜母之乡。化被鸣琴，慎简父兄之事。

盖闻云有合离，无碍青旻之迴。辰分昏旦，难留□□之余。故□□□□□□□□□□□□□。是以达人贞观，惟修拨乱之书。君子固穷，自□□□之世。

盖闻死生一，则神龙等视于蝘蜓。耳目淫，则山鸡几惊为威凤。然而抃蜂有戒，必谨尊生。抑且鸣鹤在林，无嫌好爵。是以慎冰渊之手足，乃可雄人于九军。怀霜雪之姱修，非以好名于千乘。

盖闻业有待于传人，无殊炫玉。道有需于仿古，终哂效颦。前百世而后千春，谁为知者。抱孤心而临五夜，自用怊然。是以花无异采，非仍用其落英。水有同归，不豫期于后浪。

《姜斋文集》卷一终

姜斋文集卷二

传二首

石崖先生传略

吾兄之先我而逝也，意者其留夫之之死，以述兄之行欤？不然，何辜于天而使茕子荼毒之至此极也！兄遗命以状属孤侄敔而俾夫之润色。乃夫之有识而侍兄，先于敔者十余年，敔所未及知而夫之知之。患难流离，敔有时而不与，则有余地以听夫之之述。自顾衰病奄奄，血气尽而仅有心存，且惧心之日散而不可旦暮待，故哀绪未宁而急于述。乃述吾兄之难也，所可言者，敔所未知者耳。过此则有不能言、不忍言、不欲言者，乃兄之所以为兄者在是。而既不能不忍而不欲矣，其余固非兄之所以为兄者，而奚以言为？虽然，敔所未及知与所未与者，涕笑皆神之所行，逡巡皆气之所应，固可于此得吾兄□□□□共贯同条之精爽，请言其略焉。

吾先子之得兄也，年三十有七，先妣亦三十矣。惜兄甚，而兄幼端凝淡泊，食淡衣粗，更以为适。与两从兄，自斗草骑竹，以至就外传，皆未尝一语失敬爱之度。依叔父牧石先生、叔母吴太恭人，无殊于父母。冠昏后，且生子授生徒矣，对叔父母未尝不以乳名答也。仲兄稍长，同席受读，而仲兄病几痿，兄调护扶掖，啮指以受针艾，仲兄赖以愈而卒以文章名南楚，无一非兄曲意怡声，亹亹讲说以成之者。若夫之狂娭无度，而檠括弛弓，闲勒逸马，夏楚无虚旬，面命无虚日者，又不待言。昌、启间，先君子征入北雍，家仅壁立，兄于世故雅不欲涉，而戳志以支补者，惟下帷画粥，敦孝友为族党乡邻所推重，而家以宁。念先君子之留滞燕邸，苦寒善病，岁时晨夕，无欢笑之容。尝记庚午除夜，侍先妣拜影堂后，独行步廊下，悲吟"长安一片月"之诗，宛转欷歔，流涕被面。夫之幼而愚，不知所谓，及后思之，孺慕之情同于思妇，当其必发，有不自知者存也。先妣有心痛疾，举发则弥旬不瘳，夫之既赢且惰，仲兄亦多病，扶掖按摩，寒暑昼夜局曲于床褥间，十余夕不寐，两三日粒米不入口以为恒。凡事先妣三十余年，以掩覆夫之不孝莫赎之罪者，皆兄慈云仁荫之恩也。

兄为学笃敏，十六补弟子员，饩于庠者八年。自万历末时文日变，始承禅学之余，继以庄、列、管、韩之险涩，已乃效苏、曾而流于浮冗，迨后则齐、梁浮艳，益趋淫曼。兄独守家训，一以邓、黄、李、邹为典型，而口整雅则，直追夏官明、胡思泉之高躅，一时文章钜公推赏者不绝，而杜门不一投谒。在崇祯末，人士以声誉相高，腾竿牍、征秋课者遍海内。兄一无所酬酢，黯然如岩穴之士。尝怆然谓夫之曰："此汉季处士召祸之象也。文章道丧，不十年而见矣。"己卯以乙榜诏入太学，时以六曹策士，隽者即授美除。同舍皆气矜竞猎，兄以父母老，亟请告归未允。诸同舍以旦夕释褐相留，兄尤憎其躁竞，曰："吾焉能一日与奔鹜者伍！"遂拂衣不请而归。忆乡前辈欧阳正旸翁自北归，持兄家报，夫之往领焉。欧阳翁曰："伯兄无日不垂思亲之泪，吾诱之以弈，至三两局，则泪滴罫中矣。"归而谢绝人事，授生徒以佐菽水。郡守墨而酷，诸绅士畏其威，其生日醵金为轴，欲制文祝之，屡以强兄，兄瞋目对众大言曰："不能恶恶如《巷伯》，而更赋《缁衣》乎？"众皆缩项，面无色，兄谈笑而去。壬午举于乡，录文呈御。计偕至南昌，楚中乱，遂同夫之归。是时观察全椒金公，念吾兄弟贫甚，欲为治北装。邑有劣而枭者，按法当死。公属意令饷吾兄弟千金活之，其人来恳，兄顾问夫之曰："何如？"夫之答曰："此固不可。"兄喜见于色曰："是吾心也。"或曰："千金不死于市，岂能必彼之不幸免乎？"兄又顾夫之微笑。夫之曰："吾安能令其必死，但不自我可耳。"兄曰："此人逸，他日祸延于乡党。虽然，吾谢吾疚而已。子言是也。"遂峻拒之。其人他请得释后，果一如兄言。凡兄之所以教夫之而相砥砺者，如此类不能毛举也。

张献忠陷衡州，索绅士补伪吏。吾兄弟以父母衰，不能越疆，望门无依，赖舅氏玉卿谭翁引匿南岳莲花峰下。贼购索益急。匍伏草舍中，兄忽亟向野人问黑沙潭之胜，欲往游。夫之不解兄意，曰："此岂游山时邪？"兄笑曰："今不游，更何待？子岂能不从我游乎？"已而私语夫之曰："更何处得一泓清净水，为我两人葬地邪？"当是时，夫之回眄，见兄目光出睫外如电，须发皆怒张。会日暮，家奴遽报先君子为逻者所得。兄闻之，欲出脱先子，而沈湘以死。夫之知兄耿介严厉，出且与先子俱碎。夫之所旧与为文字交者黄冈奚鼎铉陷贼中，知吾兄弟必不可辱，曲意相脱。夫之乃劓面刺腕，伪伤以出，而匿兄以死告，先君子乃免。夫之亦随宵遁。当夫之出时，兄藏绳衣内，待夫之信，即自尽。夫之既免先子而自免，乃不果死。然则栖迟荏苒，年逾八帙，而死于林峦之下，非兄志也，岂曰未尝受禄而遂可生哉？故其题座右曰："到老六经犹未了，及归一点不成灰。"自此以后迄于今，则所谓不能言、不忍言、不欲言也。

不欲言者，天地之生人均也，我兄弟亦仅与人而为人也。贤且智，疏通而刚劲，倍蓰什百于我兄弟多矣。我兄弟所以自问者，非有殊绝不可及之事，而奈何沾沾以自言，且恐人之无或听也，则欲言而汗浃于背矣。不忍言者，使我兄弟前此而死，即幸而为士，又幸而食禄，亦与耕凿屠贩之人不相为异。天之不吊，乃使我兄弟若有可言者，是幸天之异以自异也，而忍乎哉？不能言者，我兄弟之苟延视息，哽塞如逆风，而终老死于荒草寒烟之下。不知者以为窭且贫，而不释热中之憾；即邀惠于知者，亦以为如是生，如是归，愚者之事毕矣。夫孰知我兄弟之戴眉含齿，抱余疚于泉台也。故置吾兄于箕山吹瓢、桐江垂钓之间，而兄不受，置吾兄于神武挂冠、华顶高眠之间，而兄亦不受。悠悠苍天，荡荡黄垆，抱愚忧以埋幽壤，吾兄第之志存焉。顾即兄遘愍以前，恻悱天极，孤高岳立，为夫之所侍函丈而习知者以仿佛之：性，一也；情，一也；勃然不中槁之气，一也；不纵步于康庄，自不冥趋于艴皃，夫岂有二致哉！留夫之于衰病之余以述兄者，止此而已。投笔欷歔，知遗忘之尚多也。

第三弟夫之撰。

孝烈传

双髻外史曰：吾避戎上湘，湘之人竟相告曰："洪子挥利刃以劖仇首，女彭抱婴儿而赴水。"余谂之良然。盈目皆忘恩畏死苟图荣利者，而能称道弗绝，人心固不容泯也。亟次所闻而传之。

洪孝子者，问其名不得。祖懋德，以孝廉仕县令。父业嘉，字伯修，补文学，喜交游吟咏，与湘人士龙孔蒸、欧阳淑称湘三诗人。□□丁亥春，湖上堕守，降将王进才之兵鞭督师溃掠而走湘西。湘西之地曰谷水，林箐深险，伯修奉母匿峻谷中，独与姊婿浏阳胡某坐谷口茅舍中，诇音息。胡某者，故贵公子，裘马甚饰，偶客于此。伯修有老狞奴曰家禄，不知何以愤怨其主人，逸出，故与兵遇，告兵曰："从此越丛薄，有谷口茅舍，胡、洪两公子在焉，多金有好马，可袭取也。"兵如其言，执胡某及伯修，索金无以应，索马马尽。兵怒曰："适一老汉，黑而伛，言若为胡、洪两公子，多金多好马，而不与我邪！"遂杀伯修及胡某。当其时，有小奚奴匿积草中，具闻之。孝子时年十五，阅旬日，兵定，乃行哭求尸敛之，求父所由遇害不得，昼夜悲号。小奚奴怜其骨立，乃具以告。孝子遽起掩小奴口。故慰劳家禄，携之至伯修母孺人所，长跽泣血以请曰："某将手刃此贼，不敢不告。"孺人以某稚弱，狎其言，未应。明日复携奴至伯修殡次，捽奴跪殡前，呼小奴出证之。奴且谅其无能为，漫应曰："兵执我，我不如此云，我死矣。"语未绝口，孝子先淬一利刃藏殡帷中，至是急斫之，奴首已堕地矣。遂刲其心置筵上，退就位，号泣以告于殡。血流殷衾，旁人怪叫，孝子母惊出视之，大骇仆地。孝子掖母入，温言慰母，神色不变。孝子素清羸，发方覆额，长不满五尺，奴故狞，挥刃俄顷，头陨胸碎。人羡怪之，以为有神助焉。余尝交伯修，欲求至孝子所吊慰之，道阻不达。惟习闻湘人之言，百喙如一者若此。

《双髻外史》曰：神勇者死而忘乎虑，性勇者虑而决以死。夫虑至，则勇且衰矣。虑而能勇，勇矣哉！惟绝虑者，能以虑勇。要离菀勃，焚其妻息。伍员从容，寄帑后从。其致虽殊，均虑效也。

上湘有乡曰梓田，王氏世居焉。丁亥春，长沙巡使赵廷璧率所部兵溃而西，纵使大掠。彭烈妇者，田家女也，适王氏子，有一子，方晬。兵猝至，烈妇与其姒及一婢皆被执，烈妇姿容独粲，兵睨而谑浪之，烈妇頳然而怒。已而正容俯首而思，良久而定。柎其姒曰："吾知所以处此矣。"姒曰："何若？"曰："死耳。"姒曰："我焉用死？获而絷者，岂徒我两人哉！"烈妇笑曰："此非而所知也。我未即死者，此一岁子无所托，将践蹂之，或豚子置之。姑与夫不可得见，将谁授邪？诚不忍其践蹂，且先决绝此，而吾自处易矣。"其子时在婢怀抱中，遽起，夺而趋之池畔，投子水中，戟手呼曰："吾无所复念矣！"跃入池水死。其婢后得释归，对其家人言如此。死三日兵去，尸乃浮出，不胀不黬，貌如生。

外史曰：此夫勇而能虑，虑以生勇，善虑而力勇者与！呜呼，岂不贤哉！

行状二首

先君子行状 阙

谭太孺人行状

不孝夫之既受命于介之，述先君子状，遂状先妣谭太孺人。哀哉！先君子几筵方彻，太孺人遽罹终天之惨毒，抑三十有四年矣。不孝兄弟偷活人间，弗能率遗慈训，以处一死。而厚载之恩，有心未死，而何能自昧也？先君子以宏慈行德威，抑且至性简靖，尚不言之教。不孝兄弟之奉教也，不以其不可默喻之顽愚，而多所提命，每有颠覆违道之行，但正容不语。倚立旬日，不垂眒睐。乃不孝兄弟顽愚实甚，怅罔莫知所自获咎，刓心欲改而抑不知所从。太孺人乃探先君子之志，而戒不孝兄弟以意之未先，志之未承也，详谪其动之即咎，善之终迷，申之以长傲从欲之不可，发不孝兄弟之愿于隐微，而述先君子之素履以昭涤其瞥夐，既危责之，抑涕泗将之，然后终之以笑语而慰藉之。哀哉，吾父如油云在天，而吾母且承之以敷甘雨。然而伊蔚伊蒿，终为枯槁，则不孝兄弟之负吾母，尤甚于负吾父也。如是者不孝兄弟胥有之，而不肖夫之早岁之破辕毁犁也为加甚，劳吾母之忧者为加笃。至于今老矣，弗能洗心振骨，自立于须眉之下，犹然一十姓百家，啄粒栖枝，不亡以待尽也。德人君子固宜遐弃无称。虽然，太孺人之懿则未忘于宗族姻党者，其能不冀望于彤管乎？

凡太孺人之笃妇顺也，介之成童而游于乡校，母已逾四旬，夫之成童而游于乡校，母已望六帙矣。所谓起敬起孝以事堂上者，皆莫能知。但闻太孺人申戒诸子妇承事先君子者，述其事少峰公者三年，酷寒不敢蓺火，畏烟之出于牖罅也。炎暑不敢扑蚊，畏箑声之遥闻于静夜也；涤器不敢漱水，引濡巾而拭之；猫犬扰不敢迫逐，拥袂而遣之。每一语及，夔夔悚立，对子妇如大宾。及述范太孺人疾痛倾逝，则泪盈于睫，不异初丧。以此测太孺人之事舅姑，非可以童量知者，哀我生之晚而不能见也。佐先君子之襄大事也，太孺人自不欲言之，无敢问者，问亦不答。但少峰公英卓，不事家人生产，徒四壁立，先君子勤素业，乃薄田仅给饘粥，而慎终之厚，倍于素封，称贷繁猥，卒皆酬偿。太孺人销簪珥，斥衣袯，固不待言。抑数米指薪，甘荼如饴，以成先君子之孝。若不孝兄弟所得见者，先君十年燕赵，聚子妇，构堂室，终不孝读书之业，且河润宗姻，无干糇之失，类出于太孺人之撙节，则襄大事之时，心专力竭，愈可推矣。叔母吴太恭人，长太孺人二岁，周旋四十年，欢如一日。迨既分居，经旬不相见，则皇皇问讯不绝。每围炉共语，呴呴如两新妇。从兄玉之年四十，弃诸生，拜世官，冠带入省，犹手酒浆相劳苦，如抚孺子。季父子翼翁，蚤未有子嗣，置侧室，或颇轻之。先孺人待之如姒娣，曰："且令叔氏有子，即贵矣。"至养子妇以慈，畜童仆以惠，而自然整肃，莫敢亵越。及今念之，不孝兄弟在膝下时，如幸生时雍之世，春风一庭，灵雨四润。哀哉！不可复追矣。前母外祖父学博綦公，罢教归里，无子，太孺人承事敦笃，不异所生。綦公垂殁，待太孺人而瞑。先叔祖太素翁罢诸生，落拓且无应嗣，叔祖母朱，井臼不给，太孺人迎养敬事，怡然终老。盖推事父母者以事綦公，推事舅姑者以事太素翁，诚至而礼洽，亦不自知其厚也。不孝夫之间关两载，未获奉临终之训。遗命介之，更无余语，惟归葬先君子之右，远腥秽而不历城市，以求协于先君子清泉白石之心而已。哀哉！此尤不孝所血涌心涛，而滔天之罪百死莫酬者也。

墓志铭表四首

文学刘君昆映墓志铭

友人昆映刘君撤瑟二十年矣，子安基、安镏以幼孤未能成礼，饮泣而欲求铭其墓，以叔父庶仙氏之命来言曰："志以志功，铭以名名。弗功弗名，亦足以勒片石乎？"余肃然竦起而对曰："是其所以可志而可名也。且夫今之所谓功名者，吾知之矣。其始也，槁吟而蹙眉以操觚，知刺绣之不如倚市门也，望风会之所流，随波以靡，拾残英，调鸟语，而惟恐其不肖。由是而诡合矣，则以吮弱民，媚上官，艳然猎荣朊，孰不健羡之。苟其诡而失也，犹且侥时誉以自雄于里序，栩栩然翔步于长吏之门，嚃喝沤沫以自润。士能不屑于此者，其志可志，其无名也可铭，此余所以乐交昆映氏而悼之不忘也。二子其何让焉！"君初名永公，更曰玮，昆映其字也。先世有以丞相称者，名不传。大约以祥兴蒙难而家于衡，遗戒子孙，废读而耕，故爵里名字皆佚。子孙世农而朴，为乡里重。至起潜公登甲，乃读书补文学。登甲生去华公绍黄，乡贡士，未仕。君生而刷眉植骨，有伟人器度。起潜公喜而名之曰铁汉，称其质也。读书不甚敏，而所志益坚，苦吟穷旦夕。崇祯间，齐梁风靡，骈丽为虚华，而君刻意以搜求经传之旨。每有论辨，毅然不随时尚，而求其至当，以是补文学者二十余年，试于乡而不售。乃就山中诛茅构斗室，莳杂花，坐诵行吟，忘年忘境，其视世之倏为牛鬼蛇神，倏为娇花啭鸟者，蔑如也。此名之所以穷也。数十年之士风，每况而愈下；其相趋也，每下而愈况。师媚其生徒，邻媚其豪右，士媚其守令，乃至媚其胥隶，友媚其奔势走货之淫朋。而君之义形于色也，人之媚己，视如鲍鱼之在侧。见媚人者，则虫豸遇之，不为一动其色笑。间有初能戍削者，亦欣然与定交。迨其以贫易操，则截然拒绝于一旦，乃至相遇而不与揖。以是食贫没世，取给于舌耕，而躬亲田牧，仅免饥寒，悠然自适。郡邑之门，逆风而避其腥。村坞化之，数十里之间无讼。呜呼！使有遇于世，可追踪器之，以不负起潜公之期许，而赍志违时，中身而折。此功之所以穷也。叔氏之言，哀君之穷焉耳矣。为名于世，不如顾名于心；为功于物，不如加功于己，久矣。举念而可质之君子，心之名也。卫生而远于不仁，身之功也。请广叔氏曰："君之功名，大矣哉！"铭曰：

　　畴昔过君，湿云蒙岫。雷雨夕喧，裂窗倾溜。纵酒高吟，天为候昼。吊古悲今，别人分兽。自君之亡，狂言谁奏。独遗孤茔，宿草青覆。铭以千秋，式垂尔后。

武夷先生暨谭太孺人合葬墓志

　　有明征士武夷先生暨配谭太孺人，先后合葬于此。阅三十七年，冢子介之已卒。不孝季男夫之，年七十矣。遭屯永世，将拂蝼蚁，乃克志焉。前此几幸当世知道君子，拂拭幽光，而俯仰人间，无可希望，弗获已而质述大略。所望□□□□，侥来哲之鉴悯，尚无后艰，恃天在人中，不可泯也。先生姓王氏讳朝聘，字修侯。曾祖考一山公讳宁，上轻车都尉讳震之次子也。祖考静峰公讳雍，历任江西南城教谕。考少峰公讳惟敬，妣范孺人。谭孺人考念乐公讳时章，妣欧阳孺人。先生以隆庆庚午季冬月朔日诞生，卒以□□丁亥十一月望后三日。先生始终为明征士，遗命不以柩行城市。方隐南岳潜圣峰下，即卜其麓以葬，孺人祔焉。先生尽道事亲，白首追思，犹勤泣血。敦仁友弟，早龄同学，垂老不衰。于时三湘风化，胥重天伦，皆不言之教所孚也。少从乡名儒伍学父先生受业。徒步游安成亭州，博访师友。已从泗山邹先生受圣学，奉诚意为宗，密藏而力行之。取与言笑，一谨于独知。发为文章，体道要以达微言，盖知者鲜也。天启辛酉以乙榜奉诏征入太学，无所屈合，投劾不仕。抱道幽居，长吏歆仰，求见不得。门人以文登楚黔贤书者五人。邑里被服静正之教，薄者敦，恣者敛，悍戾者柔。谭太孺人以孝睦慈顺，赞成令模，内外蒸蒸焉。孺人后先生三岁，□□庚寅仲秋月朔后一日卒，去诞生岁万历丁丑闰八月二十二日，凡七十四载。□□□□□□，而姻娅乡国传闻，钦慕先生、孺人之泽，视不孝夫之有加焉。生子三：长介之，明孝廉，岁在丙寅卒，人士谥为贞献先生；次参之，选贡生，早卒；次则不孝夫之也。嗣学不明，守死不笃，令闻永谢，仅保孤封于此岳阜，尚宜为天所悯，为人所式，永固幽藏，与山终古。不敢系铭，泣述梗略如右。

牧石先生暨吴太恭人合祔墓表

盖闻德契于幽，弗容终网；慈留于永，讵忍或谖。既不昧于谌怀，矧敢矜其溢美。惟我仲父牧石先生，讳廷聘，字蔚仲，我祖考少峰公之仲子，先考武夷公长弟也。配吴太恭人，以伯兄玉之继绝，袭右职，遇覃恩，例得受赠。先生孝自天丰，文因道胜，遗尘云迥，抗志霜清。其顺以承亲也，于童年小有过失，少峰公责谴门外，永夕下钥，时当除夕，风雪凄迷，先考私从隙道掖令归寝，先生引咎自责，必遵庭命。翼日元旦，少峰公方启扉焚香，先生怡颜长跽。少峰公且喜且泣，称其允为道器。逮及耆年，省茔醑酒，涕泗横流，拜伏不起，则夫之所亲见也。嗣与先考同受业于伍学父先生之门，匪徒文誉齐腾，抑且听隔均整。易衣共枕，长年欢浃。吴太恭人与先妣谭太孺人，孝睦壹志，等于同生。由是称孝友者，以寒门为华族之箴琪。施于今日，流颂不衰，有耳有心，胥于一致，非不肖夫之所敢侈一词也。十八补郡文学，屡应宾兴，文笔孤清，弗售于有司。岁己酉，与先考同赴省试，先考中涂病作，遽谢同辈，掖扶归里。小艇炎蒸，篝灯搔抑，目不定睫者五昼夜，因慨然曰："幸全三乐，复何有于浮云哉！"自是雅意林泉，布袜青鞋，逍遥于下渌观田、孤山种梅之下。筑曳涂居，构小亭，题曰濠上，浚小池，莳杂花其侧，酿秫种蔬，供岁时之荐。先生少攻吟咏，晚而益工，于时公安、竟陵哀思之音，歆动海内。先生斟酌开、天，参伍黄建，拒姝媚之曼声，振嘈吰之亢韵。屡婴离乱，遗稿无存。而夫之早岁披猖，不若庭训，先生时召置坐隅，酌酒劝诫，教以远利蹈义，惩傲揄谦，抚慰叮咛，至于泣下。迨今发敝齿凋，忠孝罔据，仰负宏慈，未尝不刻骨酸心，深其怨艾，而祇畏冰渊，差远巨慝，则固先生包蒙以养不中之明德所被也。先生以万历丙子正月六日生，以□□丁亥十月□□日谢世。恭人先一岁乙亥三月十一生，同岁十月□□日没。子玉之、钊之。玉之以文学袭衡州卫指挥同知。钊之早卒。孙恪、安国、恬、子伟、敏。恪、恬殇殒，子伟亦早世。曾孙生佑，子伟出。生荫，敏出。夫之事先生，无异先考，追怀慈诱，濒死不喧。年垂七十，乃克与敏辈勒遗绪于阡，不足述高深之百一，聊传家世孝友醇静之矩型，勿俾后裔卒迷云尔。

文学朊原氏墓志铭

朊原氏名敞，贞献先生之冢嗣，于余为从子。贞献先生以丙寅正月晦卒。朊原哀毁成疾，以其年十月二十一日终于殡宫。先生违世守真，□□耐园，雅不与世亲。朊原依依园侧，躬耕授徒以侍，麾之远而愈不忍离。篝火具沐，牖厕汛除之劳，髻发半白矣，呕呕如孺子，执劳不倦。如是者三十余年，先生八十矣。其卒也，啼号不绝于口，阅六月而病，病愈哀，又四月而亡。哭抱遗书，授余为订定而传之。遗命以衰麻敛，停棺侍殡侧，候启殡，相随葬于先生暨妣欧阳孺人之墓侧。和泪濡笔，作书贻余，俾如其志。余家自骁骑公于洪武间世官衡州卫，十世而至先征君武夷公，十一世而至贞献先生，皆以内行，为士友所推许。朊原克敦先训，而发自性生，尤为切挚。其素履秉心坚朴，不欺然诺。于昆弟姻娅友朋，皆抉心殚力以相周旋，无所缘饰。十五补邑文学，为文清通醇正，诗得陶谢风旨。读书刻意以求物理天则之蕴，不如手扪而目见之不止。幼从余学。学于余者，笃志精研未有及之者也。有子二，生祁、生郊。女一，幼未字。生祁生二子，绵、续。一女，许字萧乔如。生以崇祯庚午八月二十日，距没之年五十有七。余于其亡，哀之不欲生，而重悼其衔恤以陨生，父没而不能一日存于世也。为之铭曰：

身离于亲，其离几何。如根既拔，奚有枝柯。自春徂冬，憾日月之犹多。奉尔遗形，相随于此山之阿。

记二首

船山记

　　船山，山之岑有石如船，顽石也，而以之名。其冈童，其溪渴，其靳有之木不给于荣，其草癯靡纷披而恒若凋，其田纵横相错而陇首不立，其沼凝浊以停而屡竭其濒，其前交蔽以绖送远之目，其右迤于平芜而不足以幽，其良禽过而不栖，其内趾之狞者与人肩摩而不忌，其农习视其塍埒之坍谬而不修，其俗旷百世而不知琴书之号。然而予之历溪山者十百，其足以栖神怡虑者往往不乏，顾于此阅寒暑者十有七，而将毕命焉，因曰：此吾山也。古之所就，而不能概之于今；人之所欲，而不能信之于独。居今之日，抱独之情，奚为而不可也？古之人，其游也有选，其居也有选。古之所就，夫亦人之所欲也。是故翔视乎方州，而尤佳者出；而局天之倾，踏地之圻，扶寸之土不能信为吾有，则虽欲选之而不得。蠲其不欢，迎其不棘，江山之韶令，与愉恬之志相若则相得；而固为棘人，地不足以括其不欢之隐，则虽欲选之而不能。仰而无憾者则俯而无愁，是宜得林峦之美荫以旌之；而一坏之土，不足以荣吾所生，五石之炼，不足以崇吾所事，栴以丛棘，履以繁霜，犹溢吾分也，则虽欲选之而不忍。赏心有侣，咏志有知，望道而有与谋，怀贞而有与辅，相遥感者，必其可以步影沿流，长歌互答者也；而茕茕者如斯矣，营营者如彼矣。春之晨，秋之夕，以户牖为丸泥而自封也，则虽欲选之而又奚以为。夫如是，船山者即吾山也，奚为而不可也！无可名之于四远，无可名之于末世，偶然谓之，歘然忘之，老且死，而船山者仍还其顽石。严之濑、司空之谷、林之湖山，天与之清美之风日，地与之丰洁之林泉，人与之流连之追慕，非吾可者，吾不得而似也。吾终于此而已矣。辛未深秋记。

小云山记

　　湘西之山，自耶姜并湘以东，其复数十，以北至于大云。大云之山遂东，其陵乘十数，因而曼衍，以至于蒸湘之交。大云之北麓有溪焉，并山而东，以汇于蒸。未为溪之麓，支之稚者北又东，其复十数，皆渐伏而为曼衍。登小云，复者皆复，而曼衍尽见，为方八十里，以至于蒸湘之交，遂逾乎湘。南尽晋宁之洋山；西南尽祁之岳侯题名；东尽耒之武侯之祠；东北尽炎帝之陵，陵酃也；北迤东尽攸之燕子巢。天宇澄清，平烟幕野，飞禽重影，虹雨明灭，皆迎目授朗于曼衍之中。其北则南岳之西峰，其簇如群萼初舒，寒则苍，春则碧，以周乎曼衍而左函之，小云之观止矣。春之云，有半起而为轮囷，有丛岫如雪而献其孤黛；夏之雨，有亘白，有漩漩，有孤袅，有隙日旁射，耀其晶莹；秋之月，有澄淡而不知微远之所终；冬之雪，有上如暝，下如月万顷，有夕灯烁素悬于泱莽；山之观奚止也。小云之高，视大云不十之一也。大云之高，视岳不三十之一也。岂啻大云，岳之观所能度越此者，惟祝融焉，他则无小云若。盖小云者，当湘西群山之东，得大云之委而临曼衍之首者也，故若此。是故湘西之山，观之尤者，逮乎小云而尽。系乎大云而小者，大云庞然大也。或曰："道士申泰芝者，修其养生之术于大云，而以小云为别馆，故小之。"虽然，尽湘以西，终无及之者。自麓至山之胴，皆高柯丛樾，阴森葱茜。陟山之巅，则古木百尺者，皆俯以供观者之极目。养生者去，僧或庐之。庐下莳杂花，四时紫砌。右有池，不雨不竭。予自甲辰始游，嗣后岁一登之不倦。友人刘近鲁居其下，有高阁藏书六千余卷，导予游者。

《姜斋文集》卷二终

姜斋文集卷三

序五首

诗传合参序

　　学，效也。闻之说历者曰："用郭守敬之历，而不能用其法，非能效守敬者。"善夫其以善言效也。故《易》曰："拟议以成其变化。"拟议变化，如目视之与手举，异用而合体；变化所以拟议也。知拟议其变化，则古人之可效者毕效矣。然而不知拟议者，其于变化，犹幻人之术也，眩也，终古而弗能效也。以《诗》言之，朱子生二千年之后，易子夏氏而为之《传》，奚效乎，效子夏氏尔。子夏氏于素绚之《诗》，同堂而异意，故能效夫子之变化以俟朱子。朱子于三百篇正变贞淫之致，同道而异诠，故能效子夏之变化以俟后人。善效朱子者，可以知所拟议矣。伯兄石崖先生曰："吾以《序》言《诗》，而于生乎讽诵所蓄疑而未安者，自觉为之豁如。"觉其豁如者，觉也。觉者，天理之舍，古今之府，以效古人而自觉者也。故一曰学，觉也。觉生于拟议，而效成乎变化，斯以悦心研虑而无所疑。乃若愚所谓眩者，则非此之谓也。窃二氏之土苴，建为门庭，以与朱子讼。戴古木为冒镝之盾，究亦未知汉儒之奚以云也。一字之提，不问其句，一句之唱，不问其篇，矫揉圣教而惟其侮，倚其附耳密传之影响，而不得有一念之豁如，若此者固愚兄弟所过门不入而无憾者，奚忍与党同而伐朱子之异哉？先生此编，一以子夏《序》为正，而固不怗也。曰，即出于卫氏而亦为近古。其逊志而不敢诬，亦于此见矣。《丝衣》之《序》云："高子曰：'灵星之尸也。'"灵星之祀，详见应劭《风俗通》，盖汉人之淫祀。子夏亲授《诗》于夫子，高子其何称焉。故曰，即出于卫氏而亦为近古。以俟后哲，无惭已。

种竹亭稿序

江天风起，高阁秋新，把酒酹空，问骑鲸弄黍之客，人有赋心，仙依客影。不知今之以白首对江山，遽为残梦，吟蔚子"各怀佳月人在春风"之句，何以还酬夙昔哉？阳禽回翼，地远天孤。一线斜阳，疑非疑是。江湖皆矰缴之乡，沙塞杳帛书之寄。刀兵队里，有臆无词；生死海中，当离言合。萧萧笳吹，酒夕惊寒。此蔚子所为磊落之胸，哀歌河上者也。及夫半塘画舫，荷柄通筋；曲径幽花，蕉光炫梦。览镜虽霜，为欢亦夜。长夏寻梅，关心物外。花时看尽看花人，蔚子之心远矣。乃前度刘郎，已随逝水。苔生半亩，笛怨山阳。则余与蔚子双影相怜，不禁神尽，又何足以长言邪？呜呼！悲愉之情，极乎壮老。俯仰之致，况有沧桑。凡前三者，苟得一焉，足以春怀杏影之桥，秋问琼寒之阙。矧自把臂以来，莫匪销魂之地乎！问道锡山，相期何似。万端迂折，一寄长吟。共此湘湄，各有眇眇愁予之旨。而余少于蔚子，衰乃倍之。贝廷琚语儿新月，杨廉夫红幕春嬉，皆以属之蔚子尔。哀伯业老而好学，陆务观取以名庵。蔚子交游半天下，而存者几也？余幸而存，不禁为蔚子浏涟，亦何能不为蔚子劝勉与！

殷浴日时艺序

家则堂南归，以《春秋》教授，则未知其所授者，以道圣人经世之意邪，其以为所授者羔雁之技邪？夫必有辨。谢侍郎卖卜，与子言孝，与弟言弟，则授以道矣。庖丁曰："臣之所好者技也，而进乎道。"技、道合，则则堂可无河汉于叠山。何也？其登之技者，敬而乐也。敬业以尽人，乐群以因天，进乎道矣。甲午避兵入宜江山中，有侄子之恸，浴日拂拭而慰之。少间，无以阅日，浴日始以帖括见示。继此而宜江士友泛晋而与余言帖括。十年来乍骇人以未能尝试，余怃然惧。观既止，要其能敬以乐，无能度骅骝前者，企以知浴日之天至而人全。与之因天，与之尽人，余乃脱然释其惧于浴日。言必有所牖，意必有所肖。未有言、意以先，谐而谲者导人以往，无敬之心，则纳其媚矣。方有言、意以放，恣而逞者迫人于来，无乐之度，则用其争矣。今求浴日于御意择言之际，索其媚与争者无有，偶然油然。文非道也，而所以御之择之者，岂非道哉？故余乐亲浴日而不惧，而后遂忘其泛也，实自此始基之。浴日少与余同文场，已与余同漂泊，今又与余同为训诂师以自给。而浴日多幸：浴日虽贫，有亲可事，有从子之孤可恤，敬以乐，有所施矣。《书》曰："令德孝恭。"其敬之谓也。《诗》曰："子子孙孙，勿替引之。"其乐之谓也。以意征言，将期于道。有知言者，当谓余非与浴日言技矣。

刘孝尼诗序

楚之学骚者王逸，然圆红清江之句，耀人肌魄。愚谓左徒嫡系，果在刘复愚矣。或者汨罗之流，北汇于湖，岷江雪液，夺其鳞鳞晶晶之致，惟湘有骚，不许他氏之裔溯流而揖之下也。友人刘孝尼，著《山书》者，余知之七年矣。南诸侯未登进之弦歌俎豆之侧，江蓠吟晚，破荒无钱，复愚所谓歌则其时者，今古一搉，想当凄断。故肃其使，烹其鲤。读其诗，朱皙陆离，既似粲者。杂以羌芦，节以灵瑟。边马心归，南妃泪尽。叶萧条于九月，青缭绕于数峰。莫自抑其悲来，问谁著其魂往。洵天地之大，百水涌腾，澜漪万变，虽欲竞其濯骚之力于沅南潇北之上而不可得，夫岂公安、竟陵，以白、苏、郊、岛之长技，容与三澨七泽之间，可投袂而争窒皇之驾哉！天清水碧，云绿巅香，惟我坐拥而收之，固将绌淮南小山、湔上男子于闰位矣。余虽赢者，请与孝尼狎主齐盟，裹菁茅，搴芳芷，就铜官凿石之遗垒，以争长于列国。千载悠悠，谁令禁之，不必见来者而属之似续也。

王江刘氏族谱序

王江诸刘，潜明经是玉氏，湘孝廉若启氏，奉季昌先生之志，修其家乘，以示夫之而征言焉。夫之拜手而言曰：夫礼之不可以已也如是。夫礼者，天之秩也。其在《诗》曰："有秩斯枯。"天之所秩，而天祜之。祜者，以祜其秩也。刘之先长沙定王，以汉懿亲而食南国。安成者，思侯之所阼也。沱、潜、荆、沔者，长沙之流，汇于江、汉，而同润乎南条者也。湘上者，固长沙之国邑也。定王之祜纪于南国，而诸刘之盛因之，岂不以天哉！夫之遂言曰：夫礼，立本以亲始，率先以崇孝，统同以益爱，纪分以辨微，尚贤以昭德，旌贵以起功，立训以著义，广类以奖仁，顺古以作则，俟后以行远，十义赅焉。故曰天秩之也。允哉，刘氏之谱其族乎！昉于陶唐，肇于炎汉，而子孙系焉，亲始者也。六十年而一续，续而不失其先，崇孝者也。诸刘之族散衍于南国，而合于一，益爱者也。有合族焉，有分族焉，合者顺而下之则分，分者溯而上之则合，辨微者也。先世之行谊，章者不溢，微者不忘，逮乎闺门之懿而备，昭德者也。勤于王家，升于司马，荐于乡，造于太学，敩于庠序，奕奕列焉，起功者也。发其美，效在是矣，著义者也。所贵者生也，而录之备，奖仁者也。文定、象山、诚斋之三君子者，嘉言赅而存焉，作则者也。勿替引之以相长，而待乎后之裨益，行远者也。斯十义者，天之所秩。祜者，以祜其所秩。夫礼诚不可以已，如斯夫。夫之终言曰："礼始于亲，亲有类，类有感，感者感其所同。"夫之之举于乡也，与若启氏讲以世，石长氏偕以年而协以采。夫之伯兄既与若启氏讲，而游辟雍之岁，与季昌先生、寿玉氏、声玉氏、赐玉氏胥以齿。然则以类而感，感而秩以其言，夫亦窃礼之遗意也与！

书后二首

读陈书书后

人能为，天不可为。当其乱之难讫，天且紫纡以延衍之。极乎其终，天力尽，天情且息，犹未尝无千金一瓠之几，然且拂乱以即于倾仆，斯诚可为之大哀也矣。江左历四代而至陈。前此者晋，能合已散之天下而一之。宋武，人杰也。齐高、梁武，整昏乱之纪纲，规恢略定，故乘童昏以攘大宝，而天不厌之，以为差愈于北方之蒙□□也。陈武帝以遐方小校，器止斗筲，忽起而干天步，立国三年，穴斗不解，救死不暇，遑问纪纲，流血相仍，无言生聚。侯安都、淳于量、章昭达之流，以村坞之雄，承乏秉钺，而周迪、留异、陈宝应掉臂狂呼，屡相蹄齧。陈之自崩自坼，以趋入于亡，一夫折棰而收之，固必然之势也。而吴明彻督星散之旅，侥功淮北，夺七十余城，几半齐土。使天不假周，卷齐以相临，几于兴矣。乃策勋未几，故版旋亡，一覆于吕梁，而兵熸将俘，如疾风之殚脱叶。萧摩诃之言，违于俄顷。朱雀之溃，应如鼓钟。岂非吴明彻之不谋其终，而陈主之未量力而度智也与！夫为国之道，不以国戏。将者，国与民之司命，不以身戏。武乡六返，复拔西县。晋追符寇，不逾长淮。使能于丧乱之余，勤修内治，休养数十年，内无篡夺之祸，两河二京，未尝无收复之望。而明彻悉残陈之力，扶尫馨罍，争匹夫之气，以取必于一死。陈所恃者，一旦向尽。故知南土之灰飞，不待叔宝之昏庸也。东野子之马力尽矣，不亡胡待焉？故善承天者，当其有余，忾乎若不足；及其不足，则欲乎若无之。几虚几盈，天乃复至。而君臣将吏虚枵浮起，无反是之思，以乘隙而侥幸，此用兵之大戒，抑为国者之永鉴已。使明彻能从萧摩诃返吕梁之师，我气不尽，敌威不增，保固长淮，宇文氏犹将惮为。然而贾竖之智，没于小利，内不量己，外不度物。所谓逢运之贫，坏不可支者也。司豫之功，犹属弋获，又足见天拊衰运，未尝不昢眜重叠，佑人于离绝涣散之余。而弗克承天者，自趋沉没。天之不能延司马氏之人民以俟武德也，岂得已哉！岂得已哉！

读李大崖先生墓志铭书后

夫之读白沙先生集而有疑焉，疑当时之授宗旨于江门者，自张廷实林缉熙以及乎容贯陈冕之流，洗髓伐毛于钓台之下，无幽不挟，以相谙印，而白沙所珀芥以弗谖者，则惟大崖先生。其唱和诗几百篇，抑未尝以传心考道之为娓娓，视彼诸子者言不勤矣。以此疑而思，思而不得者盖数月。乃置其往还唱和之迹，而设身以若侍两先生之侧者又数月，而后庶几若见之。呜呼！两先生之映心合魄，而非张、林、容、陈之得与者，岂其远哉！白沙之于一峰，犹是也；于定山，犹是也；于医闾，犹是也；于汝愚，犹是也；其时相与接迹者，前为三原，后为枫山，虽未尝与白沙游，大崖亦未尝造膝焉，而亦犹是也。逾此而外，交臂失之者多矣。白沙没，诸君子亦先后谢世。弘、正以降，此意斩焉。又降而言学者辈兴，建鼓以求亡子。其所建者，非所以求也，而所亡者，固其子而亡之也。则使以泰州、龙溪之心，测两先生相与之际，而期其遇之也，不亦难乎，而况于其徒之琐琐者乎！《记》曰："天下有道，行有枝叶。天下无道，言有枝叶。"江门风月，黄公台披襟而对之，扶疏葱蔚，挂青天而荫沧海，言恶足以及之哉！先生裔孙雨苍氏占解，年七十有三矣。以王文恪公所撰大崖墓志铭寄唐生端笏，使与夫之共读。谨识其后，以讯雨苍，当如而谈矣。白沙《送大崖还嘉鱼》诗曰："富贵何忻忻，贫贱何戚戚。一为利所驱，至死不得息。夫君坐超此，俗眼多未识。乃以圣自居，昭昭谨形迹。"敬为雨苍诵之。

跋一首

耐园家训跋

吾家自骁骑公从邠上来宅于衡，十四世矣。废兴凡几而仅延世泽，吾子孙当知其故：醇谨也，勤敏也。乃所以能然者何也？自少峰公而上，家教之严，不但吾宗父老能言之，凡内外姻表交游邻里，皆能言之。至于先子，仁慈天笃，始于吾兄弟冠昏以后，夏楚不施，诃斥不数数焉。然以夫之之身沐庭训者言之，或有荡闲之过，先子不许见，不敢以口辨者至两三旬，必仲父牧石翁引导，长跪庭前，牧石翁反复责谕，述少峰公之遗训，流涕满面，夫之亦悯默泣服，而后得蒙温语相戒。夫之之受鸿造于先子者如此，然且忠孝衰于死生之际，学问惝于性命之藏，白首无成，死萤不耀。则夫为父兄者，以善柔便佞教其子弟，为子弟者，以谐臣媚子望其父兄，求世之永也，岌岌乎危矣哉。吾伯兄律己严，而慈仁有加子先子，夫之尝请益焉。然夫之自不能言物行恒，迪威如之吉，又安能不自疾愧邪？伯兄之立身立教，大率皆藏密反本为用，患者非知尔。晏子曰："惟礼可以已乱。"旨深哉！伯兄睦修家训，导子孙以可行，酌古今而立画一之规，礼意于是存焉。为吾子孙者读而绎之，遵而行之，詧其所必然而喻其莫敢不然，何遽不雷霆加于顶、冰雪浃于背乎？礼之本无他，爱与敬而已矣。亲亲者，爱至矣，而何以益之？以敬。夫之曰："子也者，亲之后也，敢不敬与！"为父兄者，不以谐臣媚子自居，而陷子弟于便佞善柔之损，敬之至也。尊以礼莅卑，卑以礼事尊。《易》曰："家人嗃嗃，未失也。妇子嘻嘻，失家节也。"节也者，礼也。奉伯兄之训，父兄立德威以敬其子弟，子弟凛只载以敬其父兄，嗃嗃乎礼行其间，庶几哉，可以嗣先，可以启后。不然，吾所不忍言也。伯兄倾背，从子敞刊其训以传于后，非徒尚其拜稽仪文之节也，有精意存焉。夫之蔽之一言曰严，非夫之之私言也。《易》曰："家人有严君焉，父母之谓也。"鬼神临之，吉凶随之，尚慎之哉！柔兆摄提格之岁，律中蕤宾，中浣谷日，季弟夫之跋。

《姜斋文集》卷三终

姜斋文集卷四

启一首

六十初度答徐蔚子启

生无益于人，子羽之头空白；老自安其命，赵孟之暑将斜。胫宜孔杖之施，教无失故；肘有原襟之露，友且怜贫。伏惟执事道不遗遐，心惟求旧。刀兵劫改，仅存鹡鸰之弟兄；生死梦中，还记虎塘之欢笑。人间甲子，已如鹿在蕉中；世外春秋，不谓雁来天际。指青松以似我，五大夫阅世空悲；进赤舄以邀仙，几衲屦今生更著。青袍无烦严武，用支肺病之寒；湘簟不拂元规，持却热中之暑。匪寻常缟纻之交，实早岁笠车之约。拜登不言颜甲，念雉坛之存者几人；晋祝将俟先庚，记鹤羽之归来隔岁。聊陈谢恫，肃寄遐思。

尺牍十首 _阙

《姜斋文集》卷四终

姜斋文集卷五

九昭 附刻《楚辞通释》后

《姜斋文集》卷五终

姜斋文集卷六

九砺 阙

《姜斋文集》卷六终

姜斋文集卷七

赋五篇

南岳赋

　　结天元以纽灵，扢阳冶之鸿施。母黄精之函载，炳相见于重《离》。帝宅炎以诞命，轶万年而不辞。是故其为状也，惟其为象也。尔其所自昉也，爰其所自往也。蝉延蚕挂，蝓虬蠼躩，蛬戍腾拿，龙䏽鸾敞于五千里之外者，猲不知其瓞绵之迺柢而匏系之屡迁，固有神亥逡巡而戒步，烛阴睥睨而改颜者矣。乃循近趾，踪远迩，析柔埴，柬骈刚，杳翠微，眺夕阳，幽盇泣，掣兕狂，别子汰，委裘王，构匀栉节，逆迎顺将，拎幽络阻，逐景飞光，乍曲弭于坤麓，终回箫于兑方，则亦有可得而形相者焉。

　　原夫岷山之俶立也，会昌建福，络启大江，荡涤东井，襟带垒、钟，是器术之所复穰，而火正之所下降。故其灵吭嗾吸，神灌尾倾，条分万岫，形擢孤荣，崒嵘翁叶，崭阰碌勒。佚芎芎以田田，集栩栩之翁翁。五指南纤而戍削，三眉西妩以娥嬴。匪思存而税驾，脉夭绍以东萦。于是滨若泸，跨马湖，谢锦水，揖云巫，缠以酉、溆，骖以镡、潒，披纷夫夷，趄桀都梁，虽雾沓而星缀，实振领而维纲，盖不知其几千里，而翔集乎耶姜。

　　尔乃蒸水南夹，清涟北款，乍纠崇崖，或襄沙澶，帛飞绪舒，凌蘑烟缓，迫然掣掇，妥而淹謇，如惊非意，相忘以坦。眩眩浮浮，蔓垂棘钩，又历条山，撇裔水，而后乃抵乎其丘。则有巨块岩石，赪肤碧肌，截为列城，覆为悬帷，繁星经曜，间以晃煟，修爨平茸，杂以迷离，桓午樊箓，歘以洞达，康逵互径，敛以崔嵬，怒而奔触，旋以妖娿，已顾弈㑎，骇以锷簪，风萍漂细，散以诡状，欿然中起，拔以崇魁，奔精歊魄，停凝矗峙者，则岣嵝为之经始。坡陀逶迤，方伏以起，亘尔顺衍，惊踊旁徙，寻不周而发轫，觋常羊以遥指，仅标秀于七二，纷余峰之莫纪。簇红华，立白石，启小嵩，亚太室，开双髻于玉女，参石廪于麦积。蜿蜒蟠跃，蚓螫蝎莕，复或僇伴，单乃瘠㹠。翩驭娑其归翰，盘容与而整翩。薄经营于栾坞，已缅邈乎皋宅。张其华盖，郁为烟霞，崀㞳鉴钦，天门嵯岈，披九闉，邀日华，神之嬮留经过，杳亭亭疑不邪，则安上芙蓉，訇㟏巃嵸，辅承颧附，以奠祝融之封也。

其高也，拔乎原隰者九千六百步，轩轩尧尧，以扪银汉而挂罡风。玉衡乳垂，长沙呫从，朱鸟翼覆，天市作墉，皑光下烛，朱英上通，孤碧混霄，返翠漾空。维时蕤宾律御，羲和辔永，云敛数丝，宵涵万顷。粤陟焉而步测，有天末之焜炯。维南极之枢星，祝胡考于仁静。彼征瑞而乍炫，此届至而恒炳。舍离合之神山，谁共觊其光景。盖其穹窿嶕峣，矫袅萧骚，诣空宛至，出险将翱，平揖太白，俯劳嵩高。哂岱宗之临深，况恒祠之溢褒。宜光怪之伟艳，迥寒暑于峒郊。蘋末乍动，焚轮已号，鞙鞢豗隤，㒸以冯总，触突漩濆，余以呦咬，石级柔摇而闪霍，铁梁轻举于鸿毛。其或宿霭罅，明星晰，晨鹍凝寝，夕虫喧砌，沆瀣莫分，海天无际。睨金缕之线兴，杳锦浪之腾曳。浴火镜而踟蹰，奋晶宇以涤况。宛惊心而荡胸，羌不宜其绮丽。何人间之未遥，蹇迟迟其始霁。至若繁云兴穴，油阴冒野，雷雨半山，晴虚孤写，丰隆婴啼，列缺灯烬，浸升云之连蜷，始幂历乎趾下。斯非睽仿佛乎天人，胡同壏而殊冶也哉！

祝融是降，衍为赤帝之皋，秀如摘以离群，矫欲流而终取。其左则朝阳、日观、九仙、润牛、毗卢之所蚴螑也。其后则雷祖、九龙、莲花、潜圣、妙高之所拥负也。其右则南台、罗汉、明月、涌几之所舒纽也。其前则金紫、流杯、乌石、黄华之所奔奏也。其阴则荆紫、大沩，逦迤辟仆，晕旋乎暮云之逢迎，而态信乎岳麓之邂逅。其外则湘渌洣浏，袊回珮纫，而凭隐乎云阳之墟，以挹注乎敷浅之薮。其南则石鼓回雁，碧云雨母，鹗峙鹓胪，椒聊瓜剖，以奔息乎海峤之列五，与夫潇山之疑九。回薄磅礴，团囷结复，控扶来廷，少长维族。岂后至之或凶，匪挞彼而臣仆。傲紫盖之不宁，终同区而必穆。惟猊奔以鸷举，奄灵徕以载谖。栖亦慓之感生，俨司天之帝服。惩祀典之不经，选祝诵以宜谷。神眇眇以蝹蝹，祂迟下而流睐。

时则常伯夙请，秩宗宵寅，发策时堂，降瓯端门，清酒既茜，制帛维纁。驿驾驰道，有来湘干，蒲钟曩发，风吹清喧。燎飘光以乍晻，香屯烟而徐靡。降炎精之蟲焆，贻君子以芳荃。勤九伐而不匮，匪明德其已援。乃至南陆迎日，元辛涓吉，后有事于方泽，差名山以作匹。赫炎光之显只，坛六成而列秩。虽逌视乎上公，实王禋之载谧。瓒筑郁之馞馚，鼎刚骍之蓝栗。诚高朗以令终，作后只之丞弼。彼燔干封而号万岁，已启俶艳而替昭质。奚况亭亭云云之部娄，浮七十二后之雄心者，曾何足泚右史之彤笔邪！

德馨维瑞，灵贶斯征。护轩辕之琼瓮，霏宾露而饴凝。揽寒晖于夕馆，帝缱绻以宵兴。赍群后以涤目，宛萦带于蓬瀛。降湘妃于北渚，宾朱凤于南陵。追夏后之斋瘝，冀通精以澹灾。畀金简之云籀，谒苍水之灵傀。弥滔天而无朕，綮丝理于奇赜。苟神笈之终吝，眷羽渊而增哀。敦随刊于土义，讫效享夫黄能。虞遂陟而觐后，摺玄玉曰俞哉。黄垆敦膏，红泉酿溜，英英九丹，烨烨三秀，鷾明乳雏，应龙伏蓝，叔夜浩叹于林岗，弘景裴回于句岫。故有《山经》穷其削柿，渭卜罔其占繇者矣。乃其什一千百者，犹可得而究焉。

其草则有黄精少辛，芎藭射干，幽兰菉葂，芍药芳荃，苦荬甘菊，蕺茅香蒿，荠冬紫茜，沙参白前，昌歜九节，龙须缠绵，竹纪千龄，松寿万年，青蘋虎掌，簸葝旱莲，禹余称粮，威灵名仙，交藤乌首，翁草华颠，菼蘵薯蓣，冰台窈衣，五加羡玉，百合胎玑，绿覆春皋，芳泫夕晖，谒风送熏，馞馞馡馡，积雪吐蕡，方暄擢薇，丛点山椒，弱映水湄。

其木则有枨桂厚朴，榛橡含桃，丹枫英梅，梓楄杉栳，径松接武，微风振涛，银杏山矾，黄心碧梢，木莲六出，晕紫砑瑶，芬熏百寻，艳荡九皋，扶条逼上，擢挺危牢，猿狖磬折，柔逾饧膏，瘰瘰篷篠，虬文曲鏖，螺旋乳结，盘涡濆戾，雅宜曲几，或便诗瓢。巨竹繁生，细箈侧出，大任汲炊，直中觳率，密箐云遏，修篁风谧，骈荡藿靡，檀栾萧瑟，晚茗早荈，屑云荫日，紫笋绿枪，鹿茸荷蓉。乃令又新品泉，鸿渐浣盏，吹松风，沦海眼，袪孝先之便便，罢伯伦之荷铲，视天池之与顾渚，亦可登洙泗之狂简也。

其泉则有金砂、娑罗、贯道、水帘，龙池洗衲，虎跑三潭，春草载荣，石髓飞甘，澄涵霜月，清混郁蓝，拂阪陵碛，悬珠铿吟，偶拽屑其喟噢，旋庨间以崩坍。振鼍吼之嚣嚣，幽蛮泣其淫淫。警达旦以尤豫，寄清怨于江浔。

其岩岫则诘轧绸缪，铍挺弓彊，始乎纤屈，终乎广衺，塞产滞翳，疑坠稍收，棱层礚沓，铍恫馣欱，槛泉沸射，杂以谭谡。千章蔽日，则禺中警夜；丛莒留霜，则暗和怀秋。杳扳扪之绝迹，谁丁丁而见求。冈鸟径以太古，藏内趾之与箐芅。

其兽则有蔚豹文狸，独猿岐雌，骊验山都，豪豕刺猬。麐鹿封熊，麇麚兕犨，麝父王孙，蛮蛮狒狒，吟貁啸狐，清宵吹沸，跂息骚骇，趫越愤毅，度夕樾之与朝阳，坦不忧夫罗罻。

其鸟则有素鹇白练，山鸡吐绶，睍睆莺嗁，钩辀雉雏，倒挂鸬雀，海青鹰鹫，鸵鹘鸐鷂，望峦斯就，白展素沙，丹欹绨绣。莫不矜羽弄魂，欢春警昼，盼兰芽以低啄，掠飞云而横逐。

其殊异则雨虎晴见而阴合，云师霁出而雾腾，绝硐闪夜光之木，悬崖炬圣者之灯，灵蟆浴春而酿雪，神蜥弄水以飞冰。思匪夷而恍惚，亶不信其已曾。迹其昭爽之瑰绝，擘其滂沛之勃蒸。自非象外栖心，天徒合契，莹秦镜于密勿，觅轩珠于辽庱，固有望景而肠迷，临高而神闭者矣。

琳宫丹馆，依隈附巅，丰碑隆碣，冠皋临泉，樾观月清，石梁虹悬，飞航切云，高台含烟，则有巨公经过而磨崖，逸民忘反以闭关，墨卿韵留于金石，琴客曲写其猗兰。其庋止也，拓内美，浣尘虑，披天宇，益修度，心谋籁通，目击道遇。昌黎恧《七谏》之游，考亭仁三益之素。扶桑旦濯于云中，缟练徐消于天步。指苍天而予正，何美人之迟暮。崇仁抗疏而雾隐，广汉作牧而星聚。东廓函丈而英延，甘泉尸祝而芳驻。咀德华，漱仁津，衍《河》《洛》，艺《丘》《坟》。树旄帜，翦荆榛，匪西河之疑似，乐雪坛之佳辰。近则荆溪制相堵公仲緘，江陵詹尹张公别山，拂车辙于层峦，观初暾之轮囷。拊剑而义魄增，振衣而烈心引。滨九死于崔嵬，拯皇舆之遘悯。若夫杜陵、西昆、香山、淮海之续风而接轸者，取青妃白，激商谐羽于其间，诚无情而不尽。至如王孙愤俗而埋迹，高士问津而行药。子野罢箓以流观，少文展图而栖薄。郗侯避李而挂冠，致堂却桧而蹢躅。忠诚旁求而鹊起，黄门经始而鸟革。谅卜吉于允臧，抑降神其维岳。

矧夫银地表瑞，朱陵通真，释子弥天，羽客乘云，九仙霄举，只鹤霞宾，鸟爪翻书，石粮自饎，懒残饭芋，岩老长醮。扣玉壶于海客，奏云璈于华存。含茈姜于金母，养钉铰之胎魂。云轙来其宛在，哂探岛之徒勤。逮其三车东驾，五叶南开，头陀既景，思大爰来，海迁蛟馆，觊观天台，让磨石镜，迁滑莓苔，慈明狎虎，芭蕉浴雷，绿萝结庵，露灭名斋，丹霞鹿门，金轮南台，息劳山之戍客，踔紫柏以钳椎，其蛰伏而鸢举也，盖不给于更数。光参帝纲，威震毒鼓，位拣君臣，要兼宾主，俨华藏之庄严，又何论夫双树。以故金碧璀珊，堵窣穿崇，比岫联香，接宇闻钟。花雨成蹊，白云在封。坿石听于道生，拟鸟供于懒融。苟息心于玄悟，岂来者之未工。虽画一于邹鲁，展道大而必容。要非包浥穆，析鸿濛，遴众妙之所都，建万竁以追宗，则夫涳洞瀁漾，攒合茏葱者，胡凭借焉以孕大观于无穷也与？

是故其为奥区也，脉蜀踞楚，拒粤引吴，北吞黾厄，南掩苍梧，顾阳云而掉臂，何台荡之与匡庐。浮洞庭，绾潋、浯，带潇、湘，向背殊，煌煌唐唐，趻踔首出，以参伍乎郢都。距北戒而络汉广，纪南条以挂天枢。道靡崇而莫莫，功维襄而不渝。皇哉有虞氏之庆也，肆见群后，孟夏徂征，爰服三苗，乃叙南衡。玉辂匪劳，荆土载宾，五圭俪帛，一死二生。诚无妄而苟荐，辟奔走以载盈。昒自他其匪称，格帝享于斗精。渺汪介而遥履，作百王之典程。嬴氏乱纪，汉德中凉。割长沙以建芮，隘幅员于朱方。济三江其已惴，矧云梦之可航。侈灈、霍而僭号，跻小星以专房。羌恝殄于脂辖，讵茞芬之能飨。于戏！阴礼阳乐，征皇王之贸轨者，岂不伟与！抑敛福之丰俭，帝睐焉而以笃其棐也！是以乐惭者缓促，礼朴者俗鬼。邀虞汉于霄渊，互善败其凡几。缅乔岳而揆明禋，继皇妫其孰匙？怀江永于比兴，仿《南风》于博依。简明德于炎精，溢余思于有斐。

颂曰：明明后胙来昌厘，真人南翔翔阳维，北汉沮漳南湘漓，中合穹岳云葳蕤，烝哉我皇诞应之，万寿百禄重《离》明，秩正川麓灵怡情，报哉不遒朱凤鸣，绥我曾孙宅荆京，靖兴肇允口与庚。业业不倾补天石，赍予金简迁禹迹，帝锡玄圭岳之绩，荡涤川原帝皇醳，骏发炎光庶昕夕。辉辉沄沄岳精来，陵嵩、泰、华、恒若敦。蒲姚、安姒企相陪，乃眷南顾曰念哉，玉衡贲光天门开。

练鹊赋 以雨余绿草斜阳为韵

即林皋之潇清，涤繁阴于宿雨。聊浏愁以寓怡，翩良禽之延伫。维时条风微扇，薄寒改煦，雉登陇而初鷕，孔睨帘而作乳。烟得得以青紫，丝亭亭而晴舞。何彼鸟之婵媛，点碧光而翔圃。曳摇摇之玫珮，垂申申之玉组。轻尘长捐，屑晖并聚，落星徐流，鳞云欻俯。睢涣濯其余缥，岷、潘浣其素缕。吟乔如于梁禽，睇子渊于吴马。笑丹顶之鸣阴，陋银鬌之躩土。

尔乃冒弱篆，过平芜，因风末，乘晴余，尾垂垂以柔曼，羽襜襜以旁狗。宛飞帛之回波，写倒景之未如。鄙秦声之欹波，哂鲁谣之趺跦。织吴嫔之胶发，服翾风之琲珠。宝光纤其绫镊，因祇结其修裾。曾焕发以萧散，犹则远乎踟蹰。亦有弘农赠环，沙鹿授符，魏阙樊燕，叶邑罗凫，含珍丝顶之鸟，绕烟缟臆之乌，或袭美子玉石，或间采于绀朱，洁缣翎之婉嫣，泣邢美于尹好。

若夫泛流鹭丝，厌火属玉，名在缟而克谐，文比润而已辱，彼何为兮运晴，此何取乎拳足。剞在幸鸟类蝉，山鸡名蜀，蓐鸭传丹，幺凤矜绿，防丘鸿鹅，影娥黄鹄，双鹣衔丹海之泥，三鸷照肺膏之烛。虽复洁整翠衿，芳修朱襮，比月氅之孤清，陋藻火而必浴。又况垂腴涎于窃脂，观朵颐于啄粟。衰幽诗之无毁，劳周官之服不。形众浊以独醒，赠遥情于刍束。

盖其月镜修姿，琼膏泛脑，渝都崇之紫泉，冈云燏之瑞草。曾偕奔于羿妃，抑效御于金媪。降子登于墉宫，介阿环于灵岛。眷日暮而迁延，阻人间之长道。然且舍黛的，捐弋卓，睨灵飞，悇幽抱，炼姹女以养形，餐醍浆而却老。繁华梦之既销，艳心歇其如澡。以故傅微霄而轻举，秉西清之太颢。驾蓣末以肃征，问沆津而潜讨。疑碧虚于是非，胎金虎之内宝。

爰是薄游山椒，遥映水涯，足捎青花，咮掠兰芽，拂华露而如濡，偃樵风以欲斜。虽有乌号之柘，金仆之姑，挟以韩嫣，关以熊渠，魄逸姿之何篡，终弋言之莫如。游芳林而远害，何螳雀之容嗟。宜汉官之章服，象斋绣于绛罗。取在躬之洵美，拟退食之委蛇_{叶音佗}。若乃佻鸣珂之赵客，媚袨服之吴娃，指海山之双鸳，期白门之藏鸦，望莹质而逡巡，畴同调于狭邪。

惟有幽人荔服，逋客蕉筋，行药云际，闲步夕阳，飞鸿邀其远送，斥鷃乐其低翔。寄息心于倦羽，托持赠夫沧浪。奚况时在停云，客有浮湘，遗印音于冥飞，浣予节于秋霜，激白冠于易水，鉴色斯于山梁。感孤骞之绰约，倡予和以不忘。诅鸩媒于朔野，悲鸾歌乎女床。凤虽衰而旁览，鹊怀死方将。睒山情之窈窕，敦白水以修盟。抽纷丝而广譬，写冰雪于瑶章。

孤鸿赋 丙寅为石崖先生作

耿玄天之幽杳，矗云级之峻嶒。夕光徽而凝黛，雨纷屑而疑冰。爰有失群阳鸟，迟回南徙，音坠烟霄，影摇寒水。雍门子援琴而歌曰："遥天亘兮杳无方，九秋谢兮飞清霜。伤裴回兮孤往，弥永夜兮悠长。"时则徽蚌泫其居泚，瑶轸绝其寡丝，坠箨零而栖禽恻，漱波惊而游倏悲，萧条四座，志失魂离。客有扬尘而起者曰："何为其然哉？夫物之所偶，天之所邮，介然相于，泊然相俦，为欢既乍，其瞑匪忧。故河鼓绝轸于天津，弱水迷望于东流。顾翮飞之自若，曾无伤于远游。纵厥心之不康，岂达人之攸累。可观化以逍遥，悲何为其冣之哉？"

雍门子嗒然有顷，悯默不释，停凝俄延，舍琴而作曰："夫昒迹而观其判合者，未足以达悱然之缊，久矣。物之相禽，有人有天，有同原而异委，有顺化而偶联。水齐归而各出，木荄合而枝骈。诚俱生以永结，彻肌髓而勿谖。则何怪夫感其茕尔，而代以悢然也。原夫羽族号万，函情或鲜。惟此阳禽，含贞来反。当其草芽初肥，桃波试暖，韶风微漾，素沙铺软，毂音方融，毳茸尚浅，偕晓嘘以嬉旋，幸芳洲之缱绻，曾不知心魂隔乎异躯，而踪迹成乎疏远。已而六翮已长，睥睨青霄。我衿子佩，遵道齐镳。望云遂于万里，讵折翼于崇朝。岂其□□风苦，□□月寒，□□□

□，□□□□，□□□□，回首秦关，商歘急而戒旦，偕息驾以南还。菰蒋槁而调饥姑忍，矰缴施而行路悲难，然且吊影矜双，寻声知和，垂翅虽频，盟心自可。沐玉露之清泠，啄残香于琼颗。向荻岸而同栖，忘惊涛之屡簸。于斯时也，天海虽迷，悲欢犹半。风炼魄以森寒，雨沾衿而零乱。互梳翎以好修，誓千秋于明旦。何旻天之荒唐，遽颓龄而飘散。

悲矣乎！其聚无留，其离无迹。白日昭而忽驰，青春流而犹昔。芙蓉死而红霣，白蘋凋而香匿。枫零零以坠丹，波渺渺而流碧。惊鼯窜而为群，栖鸟啼而相即。虽则回翔极浦，留连沙碛，孤魂自慅，闲愁孰戢。岂濫尔之无期，固难酬夫今夕。盖其为群也不妄，则其为念也不迁。其为生也不独，则其为死也不捐。女床之歌匪愿，兰苕之宿弗躅。惟指心于白水，凌遥目之苍烟。刿俱生而联气，畴茕孑之能全。是以下穷汗漫，上彻苍茫，黍米衔恤，弥天悲凉。亭皋凄其下叶，潦水涸于津梁。寒螀吟而凄冽，莎草靡而芸黄。苟凭今以溯往，能骄语于憯忘也哉？乃复整袵调弦，别寄清商，吟猱繁乱，曳响无方。重为之歌曰：天有涯兮人莫之知，生有度兮复谁与疑。诚不忍生存之一旦兮，悯今昔之莫追。谓焄蒿之仍相吻合兮，恐达者之吾欺。

维时座客间歌，潸焉泣下，鸿迹已远，余哀未卸，苟同类之必怜，引长怀夫销谢，嗣遗操而微吟，中牢愁而舒写。已焉哉，抱涓子于穷年，俟知音于来者。

雪赋 以林岫逶迤皓然为韵

观其纷纭釜嵚，陟巇纡岑，炫轻不舍，趋洁如淫，已迅征而忽返，顷回即于空林。有似去国之臣，裴徊赐玦；下山之妇，怅惘遗簪。魂摇摇而靡定，宵莫慰其行吟。曾冈兮下壑，枫浦兮樾阴。匪先谋其集止，听回风之浮沉。均旻天之降命，何流坎之莫谌。

其始也，飒雪钑铮，謇蹇逗诿，与风俱怒，窜云而骤。态无暇于春容，音不成乎节族侧候反。则如伍相逃荆，祖伊奔受，甫蹋地而还惊，遥望门而屡叩。逝不我留，怨容曳之流泉；坚不我容，悯停凝之峦岫。践薄冰而哀吟，依荒草而幽伏，符又反。固已怆思士于穹崖，悼征夫于远墌矣。

迄乎寒云既同，层阴已遂，上黮黮而薄天，下迷离而无地，倦飘摇于幕中，杳不知其所诣。于时羁晋南冠，留边汉使，汾云空白，眄江汉以无方；塞草不青，眷关山而奚至。莫不俯仰同情，悲生触类。何陵谷之遽迁，复浮浮以虚寄。徒窘迫其寒惊，梦春阳而奚至。亘宵兮连晨，弥漫兮未已。疑月疑霜，迷天迷水。乍亭午之荧眣，旋朔风之更起。意申旦之方苏，问繁阴之凡几。严威已忍，偶属望夫微暾；冱冻犹凝，渺孰知夫更始。六方一色，流目无垠，叠嶂还增，栗魂奚止。此则逋臣埋迹于建阳，筑客衔悲于宋子，所为乍驰意于清熹，终牢愁于填委者也。

若其平展素晶，上酬清昊，靡幽微之不曜，蠲繁芜而如埽。哂如玉之何温，厌投琼之易好。岂青林渌水之足怡，临邛怀清以为道。则似海滨二叟，山中四皓，冰心旁彻于四维，壹志停凝其雅抱。素莹上结而大白若辱，坚刚渐成而益壮于老。任消谢之有期，非余心之攸保。

暨乎微风动壑，疏星在天，随云俱敛，与木偕迁，乃有积林表之宛在，映霁色而荧然。斯则孔甲抱丹坟于鲁壁，图南炼金液于华巅。歆始春之载觏，聊容与于暮年。朝暾出谷而素颜益润，流霜沍旦而昭质弥鲜。含绮霞之新影，承璧月之初娟。夫孰曰东风之不可与期兮，惟莺花之是妍。

霜赋 戊辰

庚子山身羁关陇，神驰江介，长夜修徂，荧然忘寐，起倚轩楹，孤心流睐。于是晓风息，山明晖，初日未耀，零霜尚飞，怅然悯默，情逐霏微。客有讯之者曰："子其能为此长言之乎？"对曰："何为其不然也！如仆者，际暄和之令景，揽芳草之芊眠，犹移欢以作怨，将挈物以问天，奚待此哉，而后戛变羽之危弦邪？"

夫化有所不可知，情有所不可期。贸迁荣悴，曷其有涯。而当之者适与相遭，感之者潜与相移。然则履霜之刺，未谐贞感，繁霜之怨，独有余悲。测清雾于邂逅，端有殊于孤羁。昔者峰云乍平，商风渐展，柳带垂黄，荷衣坠茜，玄禽犹飞，蜻蚓已怨，旷辽宵以涵空，涤虚清于遥甸。先以凉飙，申以玉露，方珠颗之停匀，栖劲枝而圆素。已怆意于苍蒹，缅追怀夫芳树。胡玉珧之不坚，遽趋新而舍故。腾灵液之方升，早不谋其抟聚。气母袭之于希微，金轮碾之而容豫。尔乃裴回夭矫，依违萧散，似止仍留，将合复判。倚嬛冶之娥嬽，聊夷犹于霄半。寋遗影而薄游，匪宵光之可辨。于时明河坠，斜月横，遥天一碧，霞绮收英。雁含凄以暗度，叶低坠而无声。忘知者之为谁，独旖旎而回萦。宕幽情之蠲洁，羌不炫夫瑶琼。爰就苔衣，或依木杪。岂蓄意以将迎，聊栖迟而来绍。眷井干于桐阴，集征蓬于江表。长汀曼引以弥漫，碧瓦平铺而危峭。迨于明星已烂，微风不兴，迢遥万顷，极望晶莹。倒青旻而涵素，漾浮采而莫扃。皑容淡而愈远，凛气翕以如蒸。荣衰草以留艳，惜浅水之孤澄。欺浓华之积雪，惆戍削之曾冰。于是长天益迥，烟水增寒。柏已凋而余紫，枫欲脱而弥丹。沙广衍以无际，芦孤飞而不还。良阒寂以森瑟，极百昌之摧残。眺玉峰于俄顷，终销谢以无端。泣幽妻于故帷，怨迁客于乡关。畴有恩而可醳，畴有梦而能安。当斯时也，仆将何以为心哉！

墟烟微幂，坠月初沉。光淫淫而眩目，寒恻恻以栖襟。送南飞之惊鹊，怀涔浦之青林。形长留而罔托，魂犹在而莫任。客有为之歌曰："秋风徂兮三冬归，履轻霜兮授寒衣。惘江关之已远，聊淫裔而莫违。"予申歌之曰："零露溥兮飞霜驶，荡纤弱兮散清泚。亘天涯兮凄以迷，怊不识寒威之奚止。"于时四座缄噎，相倚长谣。负白日之不暄，念苍松之且凋。历千秋而寓愁兮，曾不如晨霜之易消。

《姜斋文集》卷七终

姜斋文集卷八

赋三篇 阙一

祓禊赋

谓今日兮令辰,翔芳皋兮兰津。羌有事兮江干,畴凭兹兮不欢。思芳春兮迢遥,谁与娱兮今朝。意不属兮情不生,予踟蹰兮倚空山而萧清。阒山中兮无人,蹇谁将兮望春?

章灵赋

章,显也。灵,神也。善也,显著神筮之善告也。壬辰元日,筮得《睽》之《归妹》。明年癸巳,筮复如之。时孙可望挟主滇黔,有相邀赴之者。久陷异土,既以得主而死为歆。托比匪人,尤以遇巷非时为戒。仰承神告,善道斯章,因赋以见。

居调轸以理誓兮,连权兆而晢梦。莫红切。系绥择以摇摇兮,忧期衍而恤丰。

《尔雅》:权,始也。梦,不明也。《易》:愬期有待。又:丰亨,王假之,勿忧。王弼曰:得丰亨,乃可勿忧。恤亦忧也。闲居调其轸念之情,以自理所誓之志,故必称引初始,述祖考之肇启者,以开其蒙昧。王之得姓自太原,世系绵衍,丁此乱世,如冠之垂緌,木之有蕣，摇摇其恐坠也。故既忧有待之期或衍，抑以未丰而亨为恤。进退维谷，惧忝尔所生也。

皇濛泗飞以试困兮，余祖御乎扬之士。靖协劳于滹池兮，采赤麓以剖户。蝉考叶之文潜兮，玉书宛其舒心。箫鸿柯之非集兮，珍海翩而息南。叶。

食邑曰采。蝉，蝉联也。麟吐玉书，《春秋》以作。鸿掌而不爪，枝柯非其所集。南溟之化，六月而息。太祖始起于濛泗，当龙踪在渊之时，始祖骁骑公从扬之高邮举兵应之。迨成祖靖难，又协赞成劳于滹沱河。故剖万户之封，食采赤帝之麓，嗣是蝉联不绝。逮显考征君，以文章理学起家，受业安成，传《春秋》大义。天启初，用特征入贡太学，时不能用，将授以散秩，非所宜见，归而隐焉。

眇熹光之丽形兮，凌太白而揆初。虽洌清其逊垢兮，抑寒铣而善痡。凛不知其逾凉兮，抽已秋之余荂。

熹，微明也。人生而形具，明斯丽之。其始生则尚熹微。然余生以九月朔旦，金气方盛，而揆日在初，虽秉气清刚，而寒铣不昌。乃虽遘凛秋，而犹争夕秀，其于时固已难矣。

乡升廉以脂辖兮，齐恻皆切明夜以庶格。猰貐午于周原兮，归魂茜肥通其犹未莫。谋白切。

脂，脂车也。午，旁午也。茜遁，远引也。莫，安也。壬午岁，举孝廉于乡。方上公车，冀得出身致主，齐明夙夜，庶有感通。乃李自成犯顺于秦晋，□□蹂践于畿南，狼狈南归，冀全肥遁。而张献忠入楚，湖南全陷，奔窜不宁。

胜调周饥于紫蛙兮，永眇视于跃马。奋残形以殆庶兮，危季叹于撩虎。

胜，龚胜。《王莽赞》：紫色蛙声。永，任永。《三都赋》：公孙跃马以称帝。《易》：颜氏之子，其殆庶乎。季，柳下季。《庄子》：柳下惠以孔子见盗跖而叹之，子曰："撩虎须几不免虎口。"癸未冬，张献忠陷衡州，捕人士补伪吏，时绝食伤肌，以脱其污，庶几龚任二子之意，然其得免虎口者仅矣。

释余枻于曾波兮，导告余浸以滔天。行泪灾而后婴兮，马壮拯其无人。哀轮索以痏愁兮，袭宵永而辞晨。天叶。

曾，层通。导，导人戒涂者也。《易》：用拯马壮。言救难当健速也。张献忠入蜀，湖南稍宁。甲申春，李自成陷京师，思庙自靖。五行泪灾，横流滔天，祸婴君上，普天无兴勤王之师者。草野哀痛，悲长夜之不复旦也。

鹬伥皇而狂偾兮，蠡蹊田而夺之。岂弗闷其终沈兮，荼良苦其将捋之。步岑崟以涓友兮，援余戈而徂征。孤拊和其怒节兮，干时溃其谁荣。

《国策》：鹬蚌相持，渔人两得之。语云：孤掌难鸣。《春秋》不讳干时之战，言能与仇战，虽败犹荣。□□□□□未久，旋亦败灭，如鹬蚌之持，徒为渔人之利，牵牛蹊田，而牛亦夺也。□□□□□□固将死生以之，岂徒遁世无闷，而终隐之为得哉？故涉历险阻，涓戒同志，枕戈待旦，以有事焉。而孤掌之拊，自鸣自和，至于败绩，虽云与仇战者，败亦非辱，而志事不遂，亦何荣邪！

骖傲余以荒术兮，皇虽阻其犹平。叶。胡释余祖之亨遇兮，吝余策于南条。遭申申其离即兮，余情婉以终留。陈介李其曷共平声兮，憖有心而长区。乌侯切。

荒，大也。术，路也。遭，迟回貌。《左传》：一介行李。区，藏也。举兵不利，遂由郴桂入粤。皇路可通，虽险阻如平夷也。先世既以从王起象，胡为释此不图，而吝南征之策也。戊子冬，既至行阙，所见尤为可忧，迟回再四，已复归楚，而情终系主。己丑夏，复由间道赴阙，拜行人，虽陈力之无可致其靖共，而悲愤有怀，不能自匿，故有死诤之事。

荃服骜而未闲兮，或进龇而善啼。轩聆律于秬累兮，夔繇庚其若蹊。煤女离而长谣兮，矧既雨而申霓。余姣固殉于所字兮，苍天正余以无奔。虹奇居宜切色其众媚兮，暧星枢以思存。蹇疾颇而婴疹兮，返牢兹以行路。迹违魏以率野兮，魂偻偻其念故。

荃，芳草，喻君。服，乘也。轩，轩辕。秬累，累秬黍以正律。夔，一足兽。庚，夷庚，大道也。申，再也。霓，霁也。奇，奇邪不正也。牢兹，深闭也。魏，魏阙。时山阴虞山二相公，孤忠济难，反蒙主疑。而朱天麟、王化澄、吴贞毓、郭之奇、万翱流辈，犹忝奸佞得进用，结叛臣陈邦传，下谏者金堡等于狱，几杖杀之。夫哲愚之量，今古不齐。有黄帝之聪，则秬累可察。若一足之夔，则坦道如蹊。然则众人之愦愦，固不能欺余心之炯炯矣。时值倾覆，若谷薙之煤，仳离之女，既不能已于长谣，况幸值事几之可为，若久旱之雨，而奸邪偷一日之利，更欲圮坏，如乍雨重霓，安能不益其痛哭邪！惟余一意事主，不随众狂，而孤立无援，如彼何也。群奸畏死贪赂，复阴戴孙可望，如舍日而媚虹。北辰固为天枢，非彼所思存，暧而去之，如遗屣矣。既三谏不听，谏道穷矣。乃以病乞身，遂离行阙。而心念此去终天无见吾君之日，离魂不续，自此始也。

符威沦余离凶兮，欣长摧而数讹。诅余志之不充兮，畴饰非于未化。叶。

咸，灭。沧桑之祸，果合符于所谏。庚寅冬两粤俱陷，死于乱兵者几矣。固誓捐生，而势不便，天不即与孤臣以死，数之讹也。静言自责，盖亦志之未充，故犹波流以有今日之生。方之古人，于斯愧也。讵云遁迹穷山，不为降吏，遂得以天日之诚文饰，而致于贞夫之列！

　　后适河以拂训兮，辅志鹗而逢怒。配与旬其交佛兮，何所肆余之雅武。屏服昧于蒸原兮，震伐方以流耳。□□既余之永仇兮，王铁亦维以悼纪。侗葛苴余纠蹎兮，晒余天而未可。叶。凤延清而饮虚兮，纷莫知余之所甫。

　　天王狩于河阳。仲尼曰：以臣召君，不可以训。季文子曰：见无礼于其君者，犹鹰鹯之逐鸟雀也。《易》：配主谓君。旬，均也。谓所与同志事君也。佛，戾也。武，步也。屏，退也。服，用也。昧，幽也。蒸水出耶姜山，今谓之黄帝岭。时所避地近其处。《易》：震用伐鬼方。震，大臣之象。王铁，见《鹖冠子》，谓天子之大权。葛，蔓草。苴，柔木。言相纠萦，动即仆蹎。天，所宜尊者。甫，美也。时上受孙可望之迎，实为所挟，既拂君臣之大义，首辅山阴严公，以正色立廷，不行可望之王封，为可望贼杀。君见挟，相受害，此岂可托足者哉！是以屏迹居幽，遁于蒸水之原。而可望别部大帅李定国，出粤楚，屡有克捷，兵威震耳。当斯时也，欲留则不得干净之土以藏身，欲往则不忍就窃柄之魁以受命，进退萦回，谁为吾所当崇事者哉？既素秉清虚之志，以内决于心，固非悠悠纷纷者能知余之所好也。

　　思崩登之逝绝兮，介舀欻其无几。皓汒染于中迁兮，叹颓龄其曷改。叶。凫喙鲜而泛行兮，愈流睐以怡旅。鹗遂胥以召嬉兮，骇不信其已然。

　　为不善如崩，易斯速也。为善如登，难斯劳也。其始也一几之决，其终也相去邈绝矣。其几微之介，智汶难知，而转移欻倏。使以皓素之姿，聊且受染于淄黄，而中变其故，则终至暮年，不可复改。是则素抱清虚之志者，能安妄投于一试邪？夫泛泛之凫，随波而喙鱼，则人益喜其流荡，怡我心目。若神雀忘其内美，而亦与群游，以致人之叹赏，斯物情之所骇，而亦事之所必无者也。故余之所甫，自非纷纷者之可得而知。

　　《屯》建子于锡侯兮，《蒙》纳耦以受寅。叶。岂初柔之让易兮，丽险窞之何姬。力鱼切，叶如字。曰维命余不犹兮，奚怼位其不凤。胚父壮以济童兮，妃内景而中穆。俯思返于贞牝兮，哲惧膏之致焚。窃余不知其畔兮，遵原箓以得垠。

　　《参同契》云："《屯》纳子，《蒙》受寅，谓《屯》阳在初，《蒙》阳在二也。《屯》以济难，

《蒙》以养正，其用别矣。纳耦者，谓《蒙》二纳妇吉，退治内也。夫《屯》《蒙》各有一阳在内卦，《屯》以蚤见刚健，得建侯之利。《蒙》岂不然，而以柔居初，成坎险而让平易，所以然者，则时在蒙昧，不宜急见其刚才，素位迟疑，无容怨也。惟是保《乾》父之刚，内藏其健，纳《坎》水之景，中守其明，则蒙昧可济，而和靖于心。是故李萼赴颜公之招，臧洪同张邈之死，成败虽殊，而道在经纶，故得以烈声自送。今所遇非人，蒙晦无可别之迹，则出身盘桓，不获如彼，命之不犹，惟含贞韬明而已。位既不凤，其可争乎？俯而自思，返于正顺，以远膏火之焚。故事几幽杳，而生平素尚，甘于戢退，斯有垠岸之可遵者也。

聅当无以尚冲兮，非废用而颣滑。康违堪以木形兮，激契阔于履发。俪龙玄其贞庸兮，矧秉礼于鄹阙。

《老子》云："当其无，有车器之用。"颣，废。滑，乱也。嵇康《绝交书》自言七不堪。人目康土木形骸，谓不尚饰也。契阔，不合也。履，汤名。发，武王名。子曰：老子其犹龙乎。又人谓嵇康，龙章凤质。俪龙，谓二子皆如龙者。二子以玄为尚，然且在老，则以无为用，非并用而废之，以恣滑乱。在嵇则非汤武之征诛，而不徇司马。况秉礼教于鄹里阙党者，其得弗择地善行，而徒取进趋乎？

维食阴而质滋兮，必吸清以填形。爽脉叛其不来兮，石顽陨而失星。襄冰恻此丝鼎兮，历棘缪其难康。重遄情于荃侧兮，怨霄路之何长。

爽，清淑之气也。脉，微动也。霄路，天路。夫鄹鲁之教，以理人性，以正人纪，尽之矣。夫人之生，食阴浊以滋形质，而必受清刚之气于天，乃以充其体而善夫形色。倘此清刚之气，见利斯昏，叛去形质之内，则如星陨为石，不复得为星矣。所以怀冰自戒，忧此一丝之系九鼎，历于乣躓之涂，惧不得夫安步也。其自念名义既如此矣，而爱主之心，尤不能忘。遄寄此情，欲往就之，奸雄窒路，如天难登，如之何其弗怨也！

狂愤忧而自弃兮，耿三岁而孑迁。远清尘余稚慕兮，抑朋塞其企连。巴骨出而仍掉兮，虎灵藉而养巽。尸鼎号以隳庸兮，矧自古之多券。

稚慕，如稚子之慕亲也。《易》：大蹇朋来。又，往蹇来连。谓相率以济蹇也。巴，巴蛇也。巴蛇吞象，三年而出其骨。掉，掉尾也。藉，假也。鼎，大也。鼎号，谓天子之大命。尸，如祭者之尸，代居其位。庸，功也。自违君侧以来，于兹三岁，而孤踪屡迁，望属车之清尘，而深其慕忆。盖愿得朋以出大蹇，倘值其人，乐与来连者矣。乃如可望者，若巴蛇之饱，飏尾而游，而大君之威，虎为狐假，反退养夫巽顺，若此者岂足以有为。神器大名，不可以久借，功之无成，固其所矣。桓温失志于枋头，刘裕覆师于关内，今古如一，有心者去之惟恐不速也。

遂托膏去声以归音兮，虽先露其何怨。邻化哀而狎悻能兮，岂不知秋驾之可学。媒与鸩其沓摇兮，覆悔几之先觉。梦宵征之轻驰兮，畏失辔于罔泱。叶。昏左次余骚茕兮，徼神悯而启彭。

哀，公牛哀也。七日而化为虎。《离骚》：鲧悻直以亡身。能，黄能，三足兽。秋驾，御法。梦学秋驾事见《庄子》。罔泱，荒远貌。彭，行也。使为可望者，能如郇伯之为膏雨，俾得遂所托以西归，则虽溘先晨露，固所愿也。以今者所居非干净之土，所邻而狎者皆化兽之人，则岂不欲学御而得以驰驱哉，乃其或为良媒，或为毒鸩，沓杂摇摇，胥不可测。既已觉其不可托，是以逗留而不住，则将使我终不得遂西归之志者，斯几先之觉也。使茫然未觉，则往而不叶，归于一死而已，岂不愈于邻虎而狎能哉，故曰悔也。既已觉之，则非死之恤，而失身之为忧，是以梦轻驰而终畏罔泱。人之已穷，神或通之，故当左次忧独之际，希冀神之见悯而启以所当行焉。

俦勉释余之棼绪兮，曰穷通天以迓之。帝放箕以贞伦兮，范有事于稽疑。祓端策而氛眎兮，火出泽以章景。宗庙震于悔端兮，劳再告而益昺。

俦，友也，箕，箕子。火出泽上，《睽》卦。卦六爻，初士，二大夫，三卿，四公，五天子，上宗庙。震，动也。内卦为贞，外卦为悔。上九，老阳变动，故曰，震于悔端。再告益昺，谓凡两筮，肯《睽》上九，神之所告，其义甚明，疑可决矣。

好逑昵其姝俟兮，猾貌之庸猜。施肤寸以征合兮，群淫解而卷霓。诚狶溷其难测兮，魍冯轼而增怪。卬孤清以弗堪兮，歧不察其所夬。猜叶。

此演《睽》上九之辞，而详玩其占。好逑姝嫚以俟，谓婚媾也。猾，寇也。既为好逑而毋庸猜，则所谓匪寇婚媾也。泰山之云，肤寸而合，不崇朝而遍天下，则雨矣。雨则霓为之卷藏，正气昌而淫气不成，如此者以征则疑释而道合，所谓往遇雨则吉也。狶，豕也。溷，不洁也。谓豕负涂，难测其不洁之心也。魍，鬼也。冯轼，在车中也。谓载鬼一车，其情增人之怪也。豕负难测之秽，鬼增妖怪之情，则以睽孤之道处此，而欲保其清贞，固难堪矣。夫曰婚媾，曰遇雨，似宜往者也。曰鬼，曰豕，又似不宜往者。一爻之占，歧而不合，安能察而决之哉？夬，决也。

讼徙倚而倘逢兮，彖既章余以崇别。女同闺其各袂兮，孰嫫与施之可颉。众美少之膏濡兮，忘衷狠于饰柔。中仲淳耀其曈昽兮，盟登天而果求。虽舆袄其勿恤兮，刿弢矢之有时。保昆烈以延昭兮，翲杲质于素思。颉叶。

讼，内讼也。中心聚疑，如聚讼搜。徙倚，不定也。《睽》之彖曰：二女同居，其志不同行。袂，所以自饰者。嫫，嫫母。施，西施。少，少女，《兑》也。膏濡，泽之美也。

《兑》内刚外柔，柔以饰狠也。中，中女，《离》也。淳耀瞳眬，日之光也。登天，照四国也。舆袄，亦载鬼之义。弢矢，谓后说之弧也。昆，大也。延昭，谓致光于身也。甗，合也。《睽》上九之象辞，其疑不易决也如彼。中心聚讼，欲得遇卦意以决之，乃观于象，而知《睽》之为道，不苟同而尚别，二女之志不同，美之与恶，岂可颉颃而同居哉！今卦爻之动，不动于《兑》，而动于《离》，且《睽》者，《离》宫初世之卦，则道宜用《离》明，而不宜用《兑》说。众人无知，为少女所惑，慕其膏泽，而忘其衷情之狠躁，则以可望为归者固矣。若夫中女之含光以照四国者，则非专壹其心于忠贞者，不能求也。使诚得主而为之死，虽鬼车其勿恤，况今之张弧者，自有其说弧之时。命在天而志在己，惟观其象，玩其占，保吾正大光明之气，以体白日于丹心而已，奚复问津于少女之悦，狠羊之躁哉！于占既然，素志亦尔，神与心协，守其昭质，暗投之侣必谢，幽栖之志益坚矣。

乱曰：天昧冥迁，美无耽兮。方燠为泽，已日霆兮。凿秕孔劳，矧怀槷兮。督非我经，雌不堪兮。专伏以需，师翰音兮。幽兆千里，翼余忧兮。仓悦写贞，疾烦心兮。贸仁无贪，怨何寻兮。侵覃二韵通叶。

天，理也。昧，幽也。耽，久著也。已日，更一日也。凿，熟舂也。秕，粟皮。《庄子》：缘督以为经。督如人身之督脉，居中而行于虚。善不近名，恶不近刑，不凝滞而与物推移，所谓缘督也。仓悦，忧貌。贸，求也。天理幽隐，初无定在，迁移于无迹之中，则昔之所可，今或否矣，其得立一必美无恶之事，以眈著而沉溺之哉？如方久旱，则得雨为泽，更日不止，又为苦霆。方其四海沦胥，不余尺土，则矫制兴师者，固以足音慰空谷，而久假不归，衅深改玉，名为汉相，实汉贼矣。君子之不幸而当此也，留则河山非有，往则逆顺无垠，求以洁身而报主者，如凿秕求精，亦已难矣，况敢怀富贵之祸心，当去留之大事乎！与物推移而知雄守雌，以苟全其身而得利涉，既非所能为，则将退伏幽栖，俟曙而鸣。今孤臣在千里之外，吾君介存亡之间，住迓既绝，来踪未卜，惟幽冥之中，若有朕兆，可翼余忧以必达。人不可谋，天不可问，寸心孤往，且以永怀。思主则怆悦而烦心，仁求则坚贞而不怨，《章灵》之作，意在斯乎！

《姜斋文集》卷八终

姜斋文集卷九

赞

陶孺人像赞

孝而殉，国人所闻，奚俟余云。慈以鞠，不究其粥，奚以相暴。静好尔音，函之予心，有言孰谌。偕隐之思，已而已而，焉用文之。天或假尔以后昆者，仿佛不迷，惟斯焉之为仪。

题熊畏斋先生小像赞

炉烟篆轻，茗盌香清。天归绮阁，人在瑶京。谈霏玉屑，度挹芝英。养丹山之彩凤，族丽景而飞鸣。

杂物赞

雨坐无绪，念平生风物，或时已灭裂，或人间尚有，而荒山不得邂逅，各为叙其原委而赞之。诸有当于大制作者不与。感其一叶，则摇落可知已。

发积

糊纸作钟趏状，舋而执简，空其后，挂壁间，以纳栉余之发。

神力愤盈，食妖充馁。谓发离巅，其类维□。顾巅已□，□繁有徒。玄冠赭袍，云胡其徂。

气通

镌方玉管作绮疏，方暑籫之，以泄蒸溽。亦有冶银及刻鸟羽本为之者。

百阳趋首，郁则或臜。玲珑旁引，纾此亢息。阴升阳脱，不霜而凛。热中汗背，非尔所审。

天蚕丝

出广西府江山中，猓玀炙食其肉，有丝如金缕，以缀巾圈。

弗饱女桑，弗眠莘曲。柔坚㷀耀，缀彼金玉。干纲既裂，孰与维之。千金一茧，不及狙狸。

香筒

出纳袖中，香雾凝绮疏，则不蒸而熏。沈水木、紫檀、象齿、穆竹乃至磨竹，皆任为之。镂人物花卉峰峦，精者细入毫忽。

香魂化虚，留之以凝。褒衣闲闲，偕尔寝兴。□□之夫，菀葎是逐。无所置尔，袪如□□。

鬼见愁

亦草木之实，生武当山谷。或采令童子佩之，云辟鬼魅。状类粤西所产猪腰子，而圆小精润，荼褐色，有深黑文缘其间。

鬼愁不愁，人亦不知。如彼明王，守在四夷。尔不我佩，鬼愁何有。使尔今存，人胥疾首。

料丝灯

烧药石为之，六方合成，外如丝，内如屏，花卉虫鸟，五采斯备。然灯其中，尤为绮丽。

元夕张灯，汉明创始。穷工取丽，既光且绮。争月摇星，石茧火机。以阴以雨，夺我容辉。

太平鼓

以铁为桴，鞔羊革作一面鼓。桴下施十余小铁环，揭长柄。击鼓摇环，琅琅隆隆，灯夕之巷乐也。

三百韶年，河清海谧。欢情踔厉，播于始吉。天山笳哀，渔阳挝断。凡今之人，孰肯念乱。

活的儿

以乌金纸翦为蛱蝶，朱粉点染，以小钢丝缠缀针上，旁施柏叶。迎春元日，冶游者插之巾帽。宋柳永词所谓闹蛾儿也。或亦谓之闹嚷嚷。

喧风未动，春物已翩。人载春心，争物之先。蓬蓬残梦，生意不苏。枭巢人顶，仍啄其肤。

果罩

漆竹丝，或烧假珠子为之。中国无果，名而已矣。顾非是则不足为筵。

非以给欲，如彼绣衣。目愉心惬，何必不饥。胡孙充嗉，偃鼠满腹。安用初筵，贪饕已足。

高柄碗

茗碗下有足，可拱可把，以架承之。古者尊有禁，笾豆有房，应如此尔。

谓尔赘疣，何者非赘。苟便饭歠，放流奚害。擎拳致肃，无患捧盈。措地不可，而后亡倾。

盒袋

用乱发结绳，作大目网，纳盒其中，荷之以行。

匪丝匪枲，取彼乱发。如山既童，柯将焉伐。馈食往来，露其干糇。苟且不讳，亦孔之羞。

高阁

小紫竹为架，下敛上张，以庋字画及薰纸，挂壁间。

截彼湘筠，庋我丹策。伸臂以探，携无曰益。今作字者，匪讼则货。藏恐不密，畏尔贾祸。

茶托

缉小草结之，如蒲团状，大才如碗，藉茶具，不令蒸歊损案漆。

使僧如槌，尔可安禅。不坏色相，净理乃全。今者群□，大如修罗。炙手可热，尔其奈何。

垆几

大理石为中，乌木为边，似案而小，以承垆香匙瓶。

明窗棐几，香缕萦空。终远腥熏，愿承下风，太玄为守，介石为心。君子去我，夜气惟金。

看相

冶银作籥管粉合，钥囊线囊，盖《内则》女子所佩，实去而形存者也。

纷帨象揥，女职所勤。用细形传，聊乐我员。怒马炫妖，裹袖为姿。珊珊冉冉，奚有来迟。

袖笼

射者衣大裼，则以幅锦裹袖，《诗》之所谓拾也。

射维观德，容乃德隅。虽云縩袖，不碍卷舒。削幅见肘，恒有杀容。如鹰常攫，雀縠其空。

铭

笔铭

为星为磷，于尔分畛。为枭为麟，于尔传真。吁嗟乎，吾惧鬼神。

砚铭

余两赴端州，未能得一佳石。故水师将军南陵管灿，旧为制使丁魁楚开灵羊峡坑，家有数石，其子贻余一砚。知石理者，谓承之以日则晶荧反射，如浮金乳为独绝，不在虫蛀火齽蕉叶也。庚寅冬，桂林覆败，为叛吏挟家人夺去。既返山中，无以和墨。刘平思畀一石子，外璞中腻，参差类小龟，即非至者，亦颇受墨。相随二十年矣。平思下世来，倏已五载，钦佩故心，聊为铭之。

平思曰咨，天懋尔以死，不替尔思。尔有□知，锡尔玄龟。蠲尔心，莫尔辞，以斯人逖于迷疑。维□□乱夏，聃昙为之尸。砥砺尔锋，无滋遗种于兹土，尔尚不余遗。龟拜稽首，曷敢不式承子之光施。

墨铭

莠谰浮嚣，惜尔如珍，微言苟伸。尔不吝，灭尔身。

秘阁铭

柴桑无弦得琴理，何用挥毫而藉此。

砚盖铭

黄尘玄埃，切近其灾。苟藏身之已密，彼于我何有哉。

杖铭

莫如信。

拂子铭

所往为之，如彼为也。语助或穷，斯焉取舍。

围棋铭

子入奁，局折纸，将欲何为，勿宁事此。

梳铭

新安黄将军金台，披缁称广明大师，请余为小传，见赠玳瑁梳一合，云藏之无用久矣，非先生无可赠者。感其意而铭之。

我瞻斯人，皆可赠者。达多迷头，非无头也。岂其远而，神农虞夏。

南窗铭

北窗凉风，南窗夕曛。五柳高卧之心，梦依京洛。悲哉乎！夕堂拂蚁之志，丘首滇云。

观生居铭

重阴翁涔，浮阳客迁。孰忍越视，终谉手援。物不自我，我谁与连。亦不废我，非我无权。盥而不荐，默成以天。念我此生，靡后靡先。亭亭斯日，鼎鼎百年。不言之气，不战之争。欲垂以观，维自观旐。无小匪大，无幽匪宣。非几蠕动，督之纲钳。吊灵渊伏，引之钩筌。兢兢冰谷，袅袅炉烟。毋曰殊类，不我觊焉。神之攸摄，鬼之攸虔。蠡顽荒怪，恒尔考旋。无功之绩，不罚之愆。夙夜交至，电灼雷喧。

《姜斋文集》卷九终

姜斋文集卷十

家世节录

《礼》：大夫有家。《诗》称"有邠家室"。司马迁纪列国为世家，下况之辞也。今制：七品以下通乎士，六品以上通乎大夫。先骁骑公肇家于今十三世，虽子孙之弗克构乃家，固得以有家矣。夫之不肖，以坠令闻，又遘兹鞠凶，国绪如线，家亦以殄。呜呼！维我祖暨考之保此彝命者，宁有替也！夫之最晚生，时得敬聆庭训者，十百之一二。随节撰录，肃呈之从长兄万户、伯兄孝廉，金曰谐汝从。呜呼！后之人其尚念之哉！时□□十有二年季秋月朔日乙未，征仕郎行人司行人介子夫之谨述。

第一代 骁骑公

太原王氏，出自姬姓之后，至离次子威而分，至雁门太守昶而著。□元以上，兴替不一。元末有居高邮州之打鱼村者，断为始祖骁骑公讳仲一。骁骑公兄弟，或云九人，或云七人。群雄逐元，公兄弟亦起义兵会焉，或殁于兵中。其与公并显者，公弟仲二公、仲三公，皆从太祖渡江。仲一公以功授山东青州左卫正千户。仲二公、仲三公各以功累袭长沙衡州二卫指挥。

第二代 明威将军都尉公

骁骑公生明威将军上都尉公讳成，从成祖南下，功最，升衡州卫指挥佥事，乃宅于衡。

第三代 第四代 嗣都尉公

都尉公生嗣都尉公讳全，嗣都尉公生嗣都尉公讳能，皆袭世职，终于官。

第五代 昭勇将军

嗣都尉公生昭勇将军上轻车都尉公讳纲，累官江西都使司都指挥佥事。轻车公风裁刚正，娴治文墨。掌卫事时，与太守古公，偕见直指使。古公自司马郎出守郡，执旧属礼，与公争西上。公据祖制折之，曳落其裾，直指使以公为直。会同里刘黄公昊请于廷，修南岳庙，部推公能，檄入川采木，归督造庙，岿然帝制，崇丽冠五岳，所费不过五千金，皆公所区节也。事具商文毅公辂碑记。后官江西，与藩臬会紫薇堂，藩使以公伉直，欲以文墨相难，连缀韵语，公应口和之如凤撰，藩臬使皆为敛容焉。

第六代 骠骑将军

轻车公生骠骑将军上护军公讳震，字东斋，累官镇守柳庆参将。始轻车公所与伉太守古公者，擢大司马。骠骑公以舍人袭职，过司马门下。古公阅世系状，如为轻车公子，问曰："汝王某儿邪？"应曰："诺。"古公曰："王某文武材也，此正思擢之，以纾边急，今岂其没邪？"对曰："某父以某时历江西都使，卒于官。"古公怆然改容，作而叹曰："汝父风采，今日若在人目中。虎父不生豚儿，汝但好为之，无忧不大用。"护军公泣伏再拜而退。逮致政里居，每举以戒子孙。至先君，犹能详道之如昨日事。呜呼！先正体国用人，争而不忮如此，天下何得不晏然。顾非轻车公之大节，实有以厌君子之心者，亦无以得此。骠骑公累官二品，家无余赀。柳庆居百蛮之冲，怀柔震迭，不侵不叛，其承堂构而报元老之知，亦有所自来也。

第七代 都使公 处士公

骠骑公长子讳翰，袭职，累官都使，卒，赐葬祭。第四子处士公讳宁，号一山居士，始以文墨教子弟，起家儒素焉。

第八代 文学公 掌故公

一山公长子顺泉公讳亨，郡文学。次掌故公讳雍，号静峰，应隆庆四年乡贡，初授武冈州学训，升江西南城县学谕，致仕，卒于家。掌故公纯懿宽厚，推重伦辈，凡应贡者，类以捷得相竞。公届饩满，请让于所受业师，学使者义而许焉，公以迟之间岁。家世弁组，颇务豪盛，公苦吟清澈，不问家人业。或故诘公曰："一石谷舂几许米？"公曰："一石米。"轻薄者笑焉，公亦不怒。其敦长者行类如此。夫之童年，曾于先君箧中，见公试论一帙，今忘之矣。记其仿佛，清健朴亮，似杨贞复手笔。至论留侯用四皓争太子，非大臣体，王茂弘不得为纯忠，盖补《纲目》所未及也。

第九代 少峰公

掌故公生三子，长次峰公讳惟恭，次少峰公讳惟敬，次太素公讳惟炳，补郡文学。少峰公之始生也，掌故公梦有奇征，故小字曰梦。公姿貌森伟，长六尺，髭须疏秀，瞳光透出十步，伉爽尚大节，饮酒至一石不乱。岁时衣大褶，戴平定帽，坐起中句矩。或劝公曰："君阀阅胄子，郎君又以儒名家，独不可以儒服乎？"公笑而不应。掌故公之卒，以赀让弟太素公，随散随益之。终身不见一长吏，亦不襜裾于富贵之门。纵酒自匿，而竟日口不道一里巷语。遇人有不可者，面折无讳，而姻党敬爱。牛平如一日。

居家严整，昼不处于内，日昃入户，弹指作声，则室如无人焉者。课先君泊仲叔二父诵习，每秉灯对酒，真笔砚座隅，令著文艺，恒中夜不辍。仲父偶戏簪一花，蘧见之，作色曰："此岂吾子弟邪！"故先君兄弟终身不有华曼之饰。先君年在既立，声望已著，每小失意，犹长跽逾时，必痛自谢过乃已，或时为劳勉焉。夫之少不肖，蒙谴于先君，仲父述此以见诫，相向唏嘘已，哽塞不能竟语。公年五十三，早卒，大中丞李公煮为表墓焉。元配冯太孺人，无所出。继配范太孺人，生三子，长先君，次仲父牧石先生讳廷聘，字蔚仲，次季父讳家聘，字子翼，皆郡文学。仲父和易而方介，恬于荣利，博识，工行楷书，古诗得建安风骨，近体逼何李而上，深不喜竟陵体诗，每颦蹙曰："何为作此儿女嚅呢！"晚岁筑室坰外，号曳涂居，莳花植药，怡然忘物，每谓漆园吏、东皋先生去人不远。生长兄玉之，起邑文学，以继绝嗣祖职，官指挥使。季父儒而侠，不屑家人业，裘马壮游，敦友睦，事先君如严父，生珍之。

第十代 武夷公

先君讳朝聘，字逸生，一字修侯，志考亭闽山之游，以颜其居，学者称武夷先生。少师事邑大儒伍学父先生定相，研极群籍。已游邹泗山先生德溥之门，讲性命之学。万历间，为新建学者甚盛，淫于浮屠。先君敦尚践履，不务顽空。尝曰："先正有言，难克处克将去，此入德第一持循处，吾力之而未能也。"一切玩好华靡，不留手目。笃孝敦友，省心减务。窥所渊际，大概以克己为之基也。雅不与佛老人游。曾共释憨山德清谈义，已闻其论，咈然而退。终身未尝向浮屠老子像前施一揖。甲申岁，以寇退遗骸满野，募僧拾而瘗之，并使修忏摩法。仍曰："此自王政掩骴骼之一事，顾今不以命之僧。吾惧仆佣之狼藉也。已属之矣，固不容执吾素尚而废其事。此亦神道设教之意，汝曹勿谓我佞佛而或效之。"

少峰公早世，夫之兄弟不及见先君色养。闻诸先孺人，终少峰公之世，有所呼召，未尝不称名以应。每加戒训，则长跽中庭，非命之起，至客至不起。已乃煦然，无少见颜色。少峰公卒，柴毁泣血。免丧，亲故乃不相识。在殡食一溢米粥，力疾执葬事，畚锸栽植，躬与拥力杂作。范孺人之疾革也，先君方授生徒于衡山。范孺人不欲先君之亟归，逮属纩，仲父方以信走报，犹讳言小测。时已昏黑，就主人借一骏马，驰百里，丙夜抵家。先君体清羸，素不习驰，纵辔驰阴黑中，把火者不相及，卒无倾踬，闻者以为神助。及归已复魂矣，匍匐号血，水浆不入口者三日。范孺人以痰疾终，收所唾盂，藏之苫次，每捧以哭，殆于绝声。每上少峰公、范孺人墓，酹酒泣下。耆艾之年，犹作孺子泣。岁时荐于寝，整衣鹄立，屏息摄足。茶醴之奠，必躬执焉。_{夫之}兄弟间请分其劳，皆不听许。待仲叔二父，终身无一间言。或遇咈意事，相对二父，则笑语如常，脱然忘其所忧戚。一觞一咏，评古跋今，谐适送难，欢如朋友，而危坐正膝，不伤于媟。至于衣无私主，财无私藏，则初以为适然，未尝留先君胸中，不足细述也。

万历间，诸以理学名者，拱手曳裾，糯褶峨巾以为容。先君口无过言，身无嫚度，而坦易和粹，衣冠亦如时制，无所矜也。崇祯初，文士类以文社相标榜，_{夫之}兄弟亦稍与声气中人往还，先君知之，辄蹙眉而不欢者经日。丙戌岁乡试楚士于湖南，刘浣松水部_{明遇}以点定墨牍属_{夫之}，已授之镌者，先君怒曰："汝以是为儒者分内事邪？"卒不许竟其事。大约窥先君之志，以不求异于人为高，以不屑浮名为荣。故性不喜饮酒，而留客卒欢，或至中夜。不以断肉禁杀为仁，而启蛰方长，终无侵害。食品非鸡鹜豚鱼，未尝不筋。终身不过狭邪之门，而对歌舞亦为之适然。投牒归隐，未尝岩栖谷饮，而盘桓斗室，竟岁不履城市。自非忠孝大节，卒不修赫赫之行，此以恒久而不可乱也。

先君为制义，风味似冯具区，诣入似朱大复。每以理极一往，翔折取意为至，而不多取缋藻。论文则以极至为主，恒苦作者不能臻己所未到。早受知于邑令胡公，_{忘其名}。自童子中，以国士相期。会学使者有所嗛于邑，故抑先君以示意。继新安立斋王公_{宗本令衡}，复深相知。凡两最童子科，乃补郡文学。以文字相知许者，义兴周公_{应修}、太湖马公_{人龙}、四明陈公_圭、温陵刘公_春。

先君以万历乙卯、辛酉两副秋榜，分考胡公_{允恭}首荐，太史西溪缪公_{昌期}业定录名次，以封策中犯副考朱黄门_{童蒙}名，黄门不怿，置乙第。是年熹宗登极，以恩予副第者贡太学。先君年已五帙，倦于文场，叹曰：

"余分在此，且筮一命。或得报政而邀王言，以补禄养之不逮也。"遂应贡入辟雍。历满应部铨，时选政大坏，官以贿定，授正八品官。先君素矜风轨，及是相知闻者，谓必罢选不就。先君笑曰："积薪何常之有。我应此小用者何意，无亦聊与优游，而以悻悻去哉？"初，仲父闻之，亦为扼腕。先君自都门归，欣然尽遣诸胸中，仲父叹曰："吾兄所谓贤者不测也。"已赴谒选，会乌程当国，操切以希上旨。其姻家唐元弼者，干没副贡籍，求府判，所部核罢之，乌程怒，为罢铨郎。新铨郎蔡相弈琛<sup>会乌程意旨，苛按辛酉副贡，移仪曹，索故纸，束泾甚，暗索贿焉。先君曰："是尚可更也乎？吾以求一命为先人故，俯折至此。若出赇吏胯下，以重辱先人，是必不可。"诣仪曹辞罢。大仪慈溪冯公_{起龙}笑谢先君曰："观生气固不可折者，吾为选，君必旦暮为除遣，何有长者而作少年拂衣意气乎？"先君正色长揖而对曰："无所辱公嘉惠。某有田可耕，有子可教，终不敢欺天，以暮夜金博一官。"碎假帖而退。夜买驴出春明门，遂归。莳药灌畦，若未踏长安尘者。家居十七载，不一至郡邑庭，亦不通杂宾客，非两叔父外诸从洎及门问字者，往来都绝。长吏到门，以疾却刺。夫之举主欧阳方然先生_{讳霖}相过，请见者三，乃一报见而止，犹怏者终日焉。

先君少治《诗》，徙治《春秋》。蹑屩束经，走安成亭州问业，所向即倾动人士。已授生徒，精为研凿。及门达者，先舅氏孝廉谭公_{允都}、举首欧阳节庵_瑾、开建令经元贵阳马丹邻_{之驯}。晚岁端居屏人事。里社后进，间因_{夫之}兄弟以文字求点定，时际欣适，亦为论次。如郭季林_{凤跹}、夏叔直_{汝弼}、何伟孙_{一琦}，皆所鉴别，俱为名孝廉。会丧乱，不得竟其所至。先君和粹不立城府，燠然无所抵牾于物，顾所不可，纤毫不以折意。方谒选时，邑大常卿陈公_{宗契}、零陵铨司蒋公_{向荣}，深相引重，欲为先君地，皆笑而谢之。大参陈公_{圣典}会先君，因致书长安达者。先君受之，中涂发械，有先容语，遂不复致，囊之而归。初欲返之大参，已而曰："何用作此晓晓折彼意为？"因不果返之。营道骆都督_{思恭}掌金吾事，监修国史。史成，例荐纂修者，晋所考秩予速选。以同乡故，咨先君于部。先君亦笑受其咨，既终不以赴部，亦不以返于骆，留笥中，抵家乃焚之。盖先君大节求尽于己，而不标君子之名以自炫，大要如此。壬午冬，_{夫之}上计偕，请于先君曰："夫之此行也，将晋赞于今君子之门，受诏志之教，不知得否？"

先君怫然曰："今所谓君子者，吾固不敢知也。要行己自有本末，以人为本而己末之，必将以身殉他人之道，何似以身殉己之道哉？慎之，一入而不可止，他日虽欲殉己而无可殉矣。"呜呼！先君子训，如日在天，使夫之能率若不忘，庚寅之役，当不致与匪人力争，拂衣以遁，或得披草凌危，以颈血效嵇侍中溅御衣，何至栖迟歧路，至于今日，求一片干净土以死而不得哉！诲尔谆谆，听我藐藐，小子之弗克靖也，人也非天只矣。

初，伍学父先生与先君为师弟子，而相得如友生，先生藏书万余卷，居恒谓家君："此中郎所以贻仲宣者，行归之子。"后先生猝得热疾，懑急不能语。先君躬执药食，先生目语先君，如将有所授者，先君辄俯首不答。归而叹曰："吾宁负先生治命，不能受仲宣之托也。"先君严于取与，大率如此。夫之所目击者，未尝轻过一人饭，亦未尝辄受一人名刺。凡夫之兄弟所交游，稍有笺扇之馈，心峻却焉。伯兄己卯上北雍旋，于白下市缚〔音线〕绢制袷衣，著绵以进，弥月不敢呈，渐因先孺人奉之。笑视良久，取而藏之，经冬不御。间岁，仍返诸伯兄。伯兄复因仲父婉道意，乃以所值授伯兄，始取服焉。两兄泊夫之有茗果羹脯之献，月不敢再。间月进之，亦多纳而不尝。两兄省试归，曾买小说一帙奉先君，为解颐之助。开卷视数则，辄束焉，嗣以遗族叔，且曰："此儿子所奉也。"仲父以间言曰："兄之子，幸免不成立。所奉亦笔舌所得，何峻拒之如是？"曰："其人则吾子也，其物则非吾有也，以吾一人者用物于天地，而数人者取天地之精，不已汰乎！且清心省事，徒以行之他人而不行之吾子，其亦以此忤物矣。且吾以此教豚犬子，尚不能不缪戾浮沉于名利之际，奈何复决堤而先之泛滥也！"凡受业于先君者约数十辈，束脩之仪，以贫而却之者半焉。时亦有所赈予，及为人排急难，要未尝轻先期诺之。贤者不得而亲，不肖者不得而疏也。夏纻冬絮，拥膝危坐，间终日而不一语。自夫之有识以来，二十年如一日，亦姻党僚友所共知，无得而间焉。

先君严于自律，恕于待物，即僮仆亦未尝深加诃责。以少峰公茔墓为族人不肖者所犯，一讼之有司，此外无一字入郡邑。曾衣新缯褶过城闉，有鬻薪者，醉而突出，以所荷杖刺衣幅裂，落其裾。其人惶遽，故猖獗作不逊语。先君笑曰："待我执汝索偿，而始作此状未晚，今且不须尔也。"其人虽醉，不觉膝之屈也。先君亦顾而去之。又尝晏出，门外有鬻豆糜者，踞坐门槛，命之起不起。稍正色诘之，顾瞋目直视，捧其糜掷中先君，巾服皆渍，先君徐步入内易衣，家人皆不测所以，先君亦不语以故。徐闻门外喧阓，则邻左人共搏其人，尽以所鬻糜投之沟中，捽而将系之矣。先君易衣毕，遽出语搏者："彼幸未有所犯于我，直蠢愚不虑难尔，何忍令其荷空甔归，无用以对妻子为？"如其值而授之钱。邻人皆惊讶，余怒不已。诘旦乃笑而谓之曰："子昨者之怒，今可以忘乎未邪？"故里中之醉而号者，争而斗者，樗蒲而相逐者，惟恐令先君知。邻有贵介子弟任县令罢归，不能辑其奴客虐侮市价买小民。先君遇之，则正色视之。虽未加诋诃，而无不仓皇失措者。后遂渐畏而改焉。凡里中郡邑文学，有数至公门请谒者，皆令携巾衫人走间道，不敢经过门闾。先君后渐闻之，叹曰："夫我奈何使人徒畏！"遂以禁步门内。又曾以孟冬携夫之上一山公茔，归渡耒水，操舟人索钱不已，从人与之争，其人醉而狂詈，刺刺不休，夺石相掷，及夫之马首。夫之于马上劝止之，愈不得止。夫之怒，令人搏之。其人掉舟中流，无可如何。先君见夫之怒不可遏，从容上肩舆去。使人传命云："此何难，且归，徐告于有司捕系。"夫之乃回辔而反。抵家，先君色既不忤，又不一语及之。夫之不敢请。迟之数日，乃曰："前者操舟狂夫，何以不属之有司乎？"俯而微笑。夫之不觉汗之沾颐，先君乃为好语慰藉而起。

先君教两兄及夫之，以方严闻于族党。顾当所启迪，恒以温颜奖掖，或置棋枰，令对弈焉。惟不许令习博塞击球，游侠劣伎。间坐则举先正语录，辨析开晓，及本朝沿革，史传所遗略者，与前辈风轨，下及制艺，剔灯长谈，中夜不息。两兄淳至，无大过失，时或以小节违意旨。夫之少不自简，多口过。每至发露，先君不急加诘谪，惟正色不与语，问亦不答。故夫之兄弟亦不易自请愆焉。如此旬余，必待真耻内动，流涕求改，而后谴诃得施。已乃释然，至于终世，未尝再举前过以相戒。庭帏之中，暄日严霜，并行不悖。恒谓处人己之间，当令有余，亲如子弟，贱如奴仆，且不可一往求尽，况其他乎！昔在京师，见一名冢宰，大书榜云："本部既不要钱，如何为人要钱。"亦何至如此以为君子邪！故其施于家者，张弛如此。而夫之兄弟亦幸以免于恶焉。

崇祯癸未，张献忠陷衡州，钩索诸人士，令下如猛火，购伯兄及夫之甚急。先君为伪胥所得，勒至郡城。伪吏故为软语，诱先君致夫之兄弟。

先君张目直视，终不答。伪吏怒，将羁先君。先君叹曰："安能以七十老人，俯仰求活！"沐浴易衣，就亲故告别，将以是夕投缳。夫之闻先君在系，乃残毁支体，舁簀到郡，守候彻夜，乃不果。明日遂以计脱遁。黄冈奚鼎铉始以文字与夫之相知闻，至是陷贼中为吏，力脱先君于险，先君终不与语。

永历丁亥，夫之避居湘乡山中，伯兄匿迹东安之四望山，先君间寄手书至曰："汝若自爱，切不须归，勿以我为念。"时八月二十三日也。书发之明日，遂以觏疾。伯兄踉跄先归，夫之以次还，先君顾不喜。已乃力疾率伯兄及夫之上南岳峰顶以隐。俄而疾急，乃曰："吾居平无一言可用教汝兄弟者，况今日乎！我即不起，当葬我此山之麓。无以榇行城市，违吾雅志，且以茔兆在彼，累汝兄弟数见诸不净事也。"卧病三月，未尝有一呻吟之声。十一月十八日平旦，扶起晏坐而终。先君之于患难生死，有如此者。

先君于文词诗歌，不数操觚。盖以简栖性情，惧艺成之为累也。早岁与学父先生泪诗僧复支，颇有酬和，皆削其稿，尽无传者。夫之所获见者，送邑侯梁东铭志仁入计序，及赠处士陶翁万梧，夫之妻父。文，今皆忘之矣。又曾于刺尾得睹过应山平靖关一绝句，今附录焉："楚塞横开西接秦，平沙风起柳花春。即今江北须回首，渺渺江南愁杀人。"崇祯戊辰春所作也。

先君于书法不求甚工，而终身不作一行草及纵笔大书。易簀之岁七十有八，先卒三月，所敕夫之兄弟手札，皆蝇迹雁行如界画。少所读书，收束洁齐，五十余年帙卷如新。生平未尝败一陶器。残楮废稿，岁聚而焚之。食无兼味，饭止一盂。饮酒不见酒容。诸非时蔬果，烹饪失宜者，绝不入口。葺屋取蔽风雨，所居一室，净几垩壁，萧然无长物。禁夫之兄弟不令置田宅，仅以给一年丰凶之中为止，曰："安有儒素而求田问舍者，且贪之媒而祸之始也。"大欢不破颜而笑，大怒不虓声而呵。北还遇盗于良乡县界，掠夺殆尽，会有中丞赴镇遇焉，遣人存问，并邀往见，欲为追捕，先君谢而不往。惟一笥中余二十金，同行者多有所余，而故冈之，以穷告，先君遂分所余授之，不取偿焉。凡此皆细节不能具志，要非先君所留意，聊赘一二语以记素业，用示诸后云尔。

先君元配綦孺人，外大父掌故公讳□。綦孺人淑顺孝姻，生子一，三岁而殇。孺人以万历甲午岁卒。继配先太孺人姓谭氏，外大父处士念乐公讳时章。念乐公性和恺，为敦笃长者。顾崖岸崭峻，不可干侮。曾游巴蜀，有姻戚宰充国，往访之，因稍留廨舍，其馆客倨谐，一言拂意，不辞而出。匹马走江滨，顺流泛三峡而归。主人数道追赆，已弗及矣。其标致高远如此。念乐公配欧阳太母，生子三，长惺欿公讳允阜，季玉卿公讳允琳，皆邑文学。中子小酉公讳允都，中天启甲子乡试，乙丑上春官以文句犯权阉，置乙第。女二，长即先孺人，次适文学伍季咸公一盈，遇乱为贼所得，不屈，骂不绝口，贼以刀环乱筑致殒。先孺人生伯兄介之，中崇桢壬午乡试。次仲兄参之，弘光选贡，未就廷试，遇乱以疾先先君卒。次不肖夫之，以壬午举人，授行人司行人，予假养病归山，今行年四十矣。孙七，粏、敔、勿药、致、攽、勿幕、敳。敔，伯兄出。粏、致，皆仲兄出。勿药、攽、勿幕、敳，夫之出。粏以孝殒于难，致早夭。曾孙一，生祁，敔出。

先孺人年十九归先君。以少峰公之严，虽先君及两叔父藉甚士林，未尝少为假借，顾于先孺人，则不能不喜道之曰，此孝妇也。先孺人终未自言所以事舅姑者，今故不能述其详。间闻之叔母云：少峰公泪范孺人存日，起恒不待晓色，夜则暗坐彻丙夜。茗浆酒饵以进者，不敢使烹饪刀砧之声闻于外。隆冬不炉，惧烟焰之达也；盛暑不扇，惧其作声响也。与侍婢语，必附耳嚅呢呢，虽甚喜笑，不见齿也。少峰公昼出于外，薄暮入，则涤器移案之类，都不复作。如是者终少峰公之世。间归宁，外大母颇加慰问，则对曰："居家固如是，未见翁之独严也。"外大母后述之，辄以为笑。少峰公卒，范孺人虽慈恺，亦不忍不以事少峰公者事范孺人。执三年之丧，哀泣瘠毁，倾箸篚以襄大事。迨释服，无以即吉焉。与仲母吴太恭人相得如骨肉，白首无间言。一庭之中，兄弟闿闿于外，妯娌雍雍于内，欢然忘日月之长。后虽析居，间十日不往还，则怦怦若失。季母万晚得奇疾，性稍乱，先孺人一往问之，则流涕竟日。其卒也，一恸几绝。从大父太素公，暮年丧子，与朱太母就养先君，酒茗必清，蔬脯必治，饴粥果饵，逆探其意而供焉，二十年如一日。每逢綦孺人生忌，躬设香茗拜荐。事掌故公如父，綦太母如母，向卒五十年，言及犹为惨然变容。对先君如承严宾。先君夙有痰疾，煮药调食，必躬亲执事，不以属之子妇及委僮婢。先君疾革时，先孺人新自病起，羸弱不振，顾蚤起晏息，篝火亲事，一如其素焉。家承严政，内外栗肃者九代，自先孺人易之以和恺，育夫之兄弟恩九而威无一，遇诸新妇则纯用柔道，谈笑拊摩，终岁不一蹙其眉，即有过失，不加诃谴，徐俟其悔悟而后微戒焉。顾恒叹曰："吾性不欲以严待人，自此以往，流及于后，将有不率而反唇者乎？虽然，佳儿女岂须人诃责，不肖者操之，益横出矣。人日趋下，顾非吾作法之凉也。"先君宦学四方，家徒壁立，先孺人躬亲春饪，支盈补虚，以佐图史舟车之赀，费逾千金。而两兄及夫之灯丸书卷，衣履赠遗，娶妇饴孙，以及岁时尝荐，伏腊酒浆之属不计焉，皆先孺人之手泽也。顾每有盈余，辄尽散以施姻党之乏，及他迫而来告者，下逮僮仆，人得取给，恒需然有余，终不囊宿一钱，曰："奈何以有用置无用之地也。"居少不约，居多不丰，顺聚散以随时，故晚遇丧乱，麻衣橡食，欣然如素。夫之兄弟藉以保其砥节，实厚载之无疆也。

先孺人年七十四，伯兄泪夫之同举。外王母欧阳太君年九十有二，生小酉公，举于乡。欧阳太君母年八十有四，生元素公炳，举于乡，官郡丞。杨太母所生母年九十，生耻所杨公，举于乡，官州刺史。凡四世略相等，戚里以为盛谈。先孺人晚年尤康胜，年逾七十，起居如五十许。以仲兄泪夫之妇陶相继早世，嗣先君见背，哀怆所侵，始见衰微。己丑岁，夫之不孝，从王岭外，隔绝无归理，忧思益剧，遂以庚寅八月初二日，横罹崩摧，俾年帙劣于先世。呜呼！无始安再造之功，永天水当归之痛，此夫之含恨没齿而不慊者也。哀哉！

《姜斋文集》卷十终
《姜斋文集》全书终

姜斋文集补遗

姜斋文集补遗卷一

尺牍十首

丙寅岁寄弟侄

三兄之丧，贤弟侄跋涉远赴，隆礼致祭，固祖宗福泽所垂，实贤弟侄敦睦厚道，足知吾家自此昌盛无穷矣。愚兄且悲且喜，言不能尽。但恨客繁事冗，不能相陪快谈，以展老夫欲言之怀。病躯日衰，后会又未知何日也。愚于家族素未能致一情，但养拙自守，不敢一丝刻薄，得罪先人。今年已衰老，惟有此心，愿家族受和平之福以贻子孙，敢以直言为吾宗劝诫，此尔弥指日二弟居尊长之位，所宜同心以修家教者也。和睦之道，勿以言语之失，礼节之失，心生芥蒂。如有不是，何妨面责，慎勿藏之于心，以积怨恨。天下甚大，天下人甚多，富似我者，贫似我者，强似我者，弱似我者，千千万万，尚然弱者不可妒忌强者，强者不可欺陵弱者，何况自己骨肉！有贫弱者，当生怜念，扶助安生；有富强者，当生欢喜心，吾家幸有此人撑持门户。譬如一人左眼生翳，右眼光明，右眼岂欺左眼，以灰屑投其中乎！又如一人右手便利，左手风痹，左手岂妒忌右手，愿其同瘫痪乎！不能于千人万人中出头出色，只寻着自家骨肉中相陵相忌，只便是不成人。戒之，戒之！从前或有些小事动闲气，如往岁到官出丑，愚甚恨之。愿自今以后，长似昨在三兄枢前，和和顺顺，骨肉相关一般。一刀割断前日不好之心，听老夫此语，光明正大，宽柔慈厚，作一家风范。幸祖宗覆庇，无门户之苦，可不念哉！因诸弟侄昨日厚于家庭之义，深为感慰，故进愚言。尔弼指日二弟、我文侄，当以此遍告众位。我文公平仁恕，若有小小不平，当听其劝诫，或不妨令攽敨两人知之。止期一切忘情，一家欢聚而已。缕缕不尽。七十老人夫之白。

与我文侄

吾侄和蔼安静，一家所服。倡先远涉致祭于叔兄，相见之下，悲喜交集，而事冗客众，不能从容尽谈，为恨恨耳！一札寄众位弟侄，烦遍致之。城中众位看毕，乃寄指日叔。愚但空言之。吾侄日与周旋，以善养人，全赖涵育熏陶之力也。前有纸数幅，思携归书，为裁帖者混用，仅觅纸二幅，草次书呈，不足为重。他日衰草荒丘，如见老叔耳。承许过我一看，可辍冗作十日聚首否？生前愿见贤者也。族谱事，愚但能任撰次督责之劳。目前兴事，全在幼重，幸与决商之。叔夫之白。

又与我文侄

与侄别，遂已三易岁矣。衰病老人，更能得几三岁，通一字于左右也。前云欲枉步过我，作数日谈，甚为愿望。想世局艰难，家累烦冗，不能如愿。愚自长乐归后，未尝出户，驰情遥念，但作梦想耳。读书教子，是传家长久之要道，吾侄以宁静之姿，修此甚为易易。每戒两儿，令以吾侄为法。躐等高远，不如近守矩范。家众人各有心。淡然无求，则人自有感化耳。

与幼重侄

哀冗之下，不能与吾侄一言。闻将过我，企望企望。侄年渐老，宜步步在根本上着想。多谋多败，动气召辱，切戒，切戒！有公礼谢众弟侄，烦我文遍致之。族谱事何如？恐只成画饼耳。

又与幼重侄

无日不在病中，血气俱尽，但灵明在耳。三侄孙文字亦有线路，可望其成。但所患者，下笔太重则近粗俗。已嘱敬令教之以清秀。为人亦知顺沉潜，所不足者，知事太早。我家穷，闲住一二年，或可习为萧散。庄子曰："其嗜欲深者其天机浅。"一切皆是嗜欲，非但声色臭味也。近草一官房世系，觉有次弟。急须者别单所开祖父子孙名，侄速查来。或写或刻，总俟侄商之。

与尔弼弟

长乐一别，遂久不得一信。往来人言贤弟近况甚好，足为欣慰。而愚日衰一日，经年不能出户，未知更有相会之日否也？谱议不成，族中人错乱至此，但堪一叹！贤弟年富力强，秉心刚直，至公至正，教子侄辈亦安静守分，和睦不争，是所望也。

示子侄

立志之始，在脱习气。习气熏人，不醪而醉。其始无端，其终无谓。袖中挥拳，针尖竞利。狂在须臾，九牛莫制。岂有丈夫，忍以身试！彼可怜悯，我实惭愧。前有千古，后有百世。广延九州岛，旁及四裔。何所羁络？何所拘执？焉有骐驹，随行逐队？无尽之财，岂吾之积。目前之人，皆吾之治。特不屑耳，岂为吾累。潇洒安康，天君无系。亭亭鼎鼎，风光月霁。以之读书，得古人意。以之立身，踞豪杰地。以之事亲，所养惟志。以之交友，所合惟义。惟其超越，是以和易。光芒烛天，芳菲匝地。深潭映碧，春山凝翠。寿考维祺，念之不昧。

示侄我文

古人云，读书须要识字。一字为万字之本，识得此字，六经总括在内。一字者何？孝是也。如木有根，万紫千红，迎风笑日；骀荡春光，累垂秋实，都从此发去。怡情下气，培植德本，愿吾宗英勉之。

又

杜陵有句云："吾宗秀孙子，质朴古人风。"世何有今古，此心一定，义皇怀葛，凝目即在。明珠良玉，万年不改其光辉。民动如烟，我静如镜，空花夺目，惊波荡魄，一眼觑破，置身岂在三年下哉！

示侄孙生蕃 此篇曾刻入《姜斋诗剩稿》，今仍录之，以足十首之数。

忘却人间事，始识书中字。识得书中字，自会人间事。俗气如糨糊，封令心窍闭。俗气如岚疟，寒往热又至。俗气如炎蒸，而往依坑厕。俗气如游蜂，痴迷投窗纸。堂堂大丈夫，与古人何异。万里任翱翔，何肯缚双翅。盐米及鸡豚，琐屑计微利。市贾及村氓，与之争客气。以我千金躯，轻入茶酒肆。汗流浃衣裾，挈三而道四。既为儒者流，非胥亦非隶。高谈问讼狱，开口即赋税。议论官贪廉，张唇任讥刺。拙者任吾欺，贤者还生忌。摩肩观戏场，结友礼庙寺。半截织锦袜，几领厚棉絮。更仆数不穷，总是孽风吹。吾家自维扬，来此十三世。虽有文武殊，所向惟廉耻。不随浊水流，宗支幸不坠。传家一卷书，惟在汝立志。凤飞九千仞，燕雀独相视。不饮酸臭浆，闲看傍人醉。识字识得真，俗气自远避。人字两撇捺，元与禽字异。潇洒不黏泥，便与天无二。汝年正英妙，高远何难志。医俗无别方，惟有读书是。

《姜斋文集补遗》卷一终

姜斋文集补遗卷二

仿符命

绎思 有序

　　窃读班固书，言司马相如颂述功德，忠臣效也。论者云其曼辞导谀，阙箴瑱之义。然伯益陈眷命，中㐌赞天锡，迄乎《卷阿》《天保》，浏涟往复，缲绩丰美，良有斯义，何独深咎后起哉！顾尝寻相如《封禅》、班固《典引》、宗元《贞符》之所自作，夷考其时，履平康，睨天衢，因缘欣豫，攀附荣光，丰靡逾量，不揆古人之尺度，非但扬雄美新，为贞士所羞称已也。乡令诸子生值不造，汉社屋，唐宗慴，则言欲出而若俾偃蹇，抑恶足以挽天纲，警民彝，著其忠效哉？寻五子之歌禹德，桧曹之忾周京，固其必其言之无斁也。洪惟我太祖高皇帝，嗣赵宗陨获之后，九十余载，生民之心气萧散希微，钦承上天起枯澄垢之心，握天戈，驱匪茹，清之以秋，昫之以春。中区不齐之万族，涤然若江流之荡泥滓。衣冠礼乐，施于纮垓者二百七十有七祀。八政修，五典徽，彬彬秩秩，珍其品汇，以别于内趾蠕动之蚩迷。嗣圣云承，绍修人纪，觌文降德，旌别群生之灵秀。续万祀之绝纽，启百灵之久蛰。自有天地以来，莫与匹亚。固宜含齿戴发之伦，生死沐浴于覆焘之下，未有能喧者也。夫昊天之恩，无间于存没。故忾乎有闻，儇乎有见，怵惕自中而莫能遏抑，奚必躬承进御而始为瞻慕。斯则洛汭行吟，《下泉》寤叹，以视益旭敷扬，情文倍挚，奚但马班之拾掇已乎！忱不忘于寝梦，固殚心竭虑而不宣其百一，抑亦盍各舒情以诏方将，俾知天之不可逸于其畴，明之不可瞽以其阴。爰作《绎思》一篇，导幽滞之亘衷，不随湮没。洁诸往昔，词同意异。期以肃告于昭，抒其恋慕云尔。

粤若稽德，隆杀攸甄，岂不以其时哉！沿姬宗，溯姚姒，钦若乘御者，皆徂自侯服。盘渐于逵，相乘逜上。虽云玄矩，道绝欲从，抑因仍互王，沿涯循浃，以臻既济，匪后起之攸藉。然则居一王之宇，选美抡功，固将近迹炎刘，以为度量也矣。且夫陇西擢为天胤，天水陟于龙造，亦克卜世逾量，皈心届远。抽颖之士，咀芳属草，迨及衰晚，犹或仿佛光影，追惟遗润。太元之甲，陈桥之讧，台有口实而为之函隐，固择德言者所弗过讯也。是故柬三五之余迪，惟宜辟允谌。有汉阅世而无殊议，岂非以肇自乡亭，彝伦罔系，息滔天之赢水，拯厥沉浮，登之津涘也哉！夷考六王熄，二周烬，五服颓而三户愤兴。然灞上系组之童昏，固柏翳之令胄宾于虞门者也。尉侯一揆，胡越屏息。闺门肃贞，怀清有秩。天维皇然其未倾，地埒犁然其未圮。藻火耀于裳衣，仓籀衍于图史。徒以匹夫眕怒，崇旦而俾即于毁，则大泽踵呼，弥年蹀血者，匪冯生之景命，所争续绝者也。

穆惟圣祖，错周综汉，研端审绪。匪受锡于黄钺，罔袭义于缟素。天睨我九域，潸然悼其黝黵，爰锡元子，峯崒惨萧，若巨海之孤峰，撑云戍削，祥光兆映，哲士知归。不资成旅之辅，手秉天彗，刷江浚淮。专城巉嵝，耀其仁威，而薨谅俘诚，派流归一。于是麾指北街，与天合符，神狐教其先驱，□稀骀于朔薮。不杀之武，随颐指以尊神都。自涿野观兵以放，未有斗枢静握，镌珥销徂，如斯尤然者也。元精亭毒，宠殊华民，而消长荡乎气迁，帝靡克贞以护灵苗，俾□莠窃沙陀，始□朋以其群，揖晋三孽，浸淫相蹑，燕云始溃，中滥于汴洛，终沦于杭海。帝且侘傺无俚，而颓焉枵馁。百千万祀之沈□投于一人，匪甚盛德，罔不逡巡。而春容挐荡，敛氛澹曀，以昭苏于清晏，北苗诛奄、挞荆驱廉之伟伐烂焉。演于章句者洁以方斯，一曦光之于星汉矣。

于时珠斗旋于始和，银潢澄其清露。六冕登而褫貀貅，五辂乘而辍驰骜。士雍民恪于大昕元日之令辰，游泳以归于义轩之故宇。画漠内谧，航澥外慕，偃兵肆雅，云仍嗣祖，以忘帝力者，厥性威若而罔测其故。吏循汉律，儒依宋经。旷焉洎焉，纲缊于太虚之和，登进乎百昌之精，忧不谋已斩之纶维，独丝重系，为乐之至于斯也。重离继照，亘于裕昆。轶文子，越汤孙，舒夷阐缓，麤煜炫缊。稽天以若，享秩无文。假敬推恩，衷仁襮礼，夭札不兴，祟雺辍纪。渐抟桑，迄虞渊，朔南迨暨，由六尺以抵耆年，憺定逍遥于神皋之寥廓，咸捐识知之岐途，以顺夷行于圣嬗。洋洋乎无声之乐，因八风而吹籁。藉使矜功之辟，逢美之臣，邂逅余光，必将炫金根，扬云罕，勤辍耕之夫，走警跸之士，登顿陂陀于云亭汾脽之址，捄土部娄，刑石翠微，揆华骞藻，猷其永垂，而臣僚耻晋七十二后之谀闻，以缊美于遍德之心而涵其不显。于戏！蒙不谂蜚循之代，迄乎丰酃者，登降奚若，惟皇天不昧其眷鉴，操独契以相度，讵能引丰沛之已迹，为相淆错也哉！

夫函文不耀，藏于沕穆，道之盛也。辑伐不张，韬于醇懿，武之竞也。敬昊无文，慎其禋享，仁之竺也。铭心绌辞，依于昭质，风之靖也。则文园之遗书，兰台之荐帙，只益其怍，而以参伍巍荡之无名，固不待劝于淫溢矣。若乃俯昂今昨，昭昧不爽者，在函舆之攸奠，则夫挥散烟靡，疏理苍赤，封树坊埒，爰抃华族，昭回于上下，震叠于纤弱，岂繄有心而于焉忍射也。夫《萧韶》穆耳，遹臣得其音响，河洛安宅，异代感其疏排。矧伊浴仁波，茹圣藻，沃于肌髓者，其克罔心于昭炯之永怀邪？以眂古则不让，以俟后则不疑，以答苍旻则功延于穆，以询叟稚则恩浃荒涯，讵可谖诸而息其遐思于有既也！

蚁斗赋 庚申

曦歆方凝，浐云欲兴。玄蚼触气，载战于庭。壶子据梧徙倚，颦蹙而起曰：“夫物固有所不自已者哉！”于以蒸蒸浡浡，波飒烟委，盈气盈心，挟为成理。穷高天而无一罅之舒，亘长日而无须臾之止，平水微摇而潍溙，怒风倏彻于崔嵬。震宕无聊，不知攸似。若舍旃而莫容，惟役情于一死。夫乃不卜遄征，匪誓勿却。愤极纷纭，危偏婥妁。委佗焚藉，绵蜒闪霍。引绳孤径，凌躨驱薄。神髓不分，内外交翻。竞何求而迅奔，憭不恤夫填壑。尔乃争堂夺坳，趋衍登坟。比冯乘以撑距，彼昂击而陟垠。雍攒簇而互进，乍左次而姑屯。旁掠侵地，丛守捯门。山倾嶂叠，浪沓潮翻。械械卪卪，迷迷魂魂。前已超越，后仍轮困。趾缮其怒，须传其云。往勿返顾，来益趋援。于斯时也，参两相戟，特匹相摽，分朋相于，壹死相纠，居妖反。相诛以喙，相捂以爪，脊不谋心，足不念脑。相愚以全，相奖以妖。目光督埃，液血倾甍。折绝糜散，横陈偾倒。惨昏旦以怔营，剧自忘其饥饱。鳞鳞尘尘，暴骴载道，犹且历战场以逍遥，贾余威之虐矫。

悲哉！大造之为此也亦勤矣！诞生万汇，元气相缊。警灵蠕动，充荡芸屯。将使之含以孳荣，不即于汝闷乎？抑将流骋芒昧，以之于烦冤乎？将使之相呴相濡，乐其类以相存乎？抑将往复相制，而还以相吞乎？生生者不受，而生者又何自以魂魂也？夫有畛者无畛者也，有群者无乎不群也。俄而一橐之风，殊乎南北，一染之丝，判乎黑白。始于相矜，终于相贼。溽暑戢而商飙严，坚冰解而炎曦赫。旌摇辐转，泛滥无域。其进也如洪河之出孟门，其返也如楚塞之阻龟厄。蟹负筐而躁，蜂垂銮而螫，隼翔高而攫，卢疾走而获，骇择猛而噬，蜮潜幽而射，螗斁叶而侵，鼋张罗而弋，莫不役于一气之攸兴，而忘其元和之本醳。是以羽当筵而誓义，鞁接镳而搏昂，欢指天而偾兆，登茹血以诅苌，汴狙击以乘晋，吴枭瞑而搏襄，浯尸待封于三岁，邺指宵掬于孤航，马陵骄而朱殷成浍，上党谖而白骨如霜，成皋之烽迷晓雾，玉壁之磷夺星光，淮堰之膏饫鳗鲔，杨刘之垒泣寒螀，诚度彼而参此，奚徒一蚁之强梁者哉！

夫喷薄而无择者气也，攻取之相寻者机也，穷极而无回者往也，消谢而无慭者归也。然则天不任杀，物不任威，游魂夐求，奚其凭依。纵之也终乎醉象，敛之也函以灵龟。非夫展目千古，潜意清微，当九六之龙战，湛方寸之玄几，熏风在襟，涤雨甘飞，旋煇焞之縠，破璃珥之围，亦何以讫昆蟊之淫巇，定冯生之息吹也哉？

维时灵雨既降，秋风载清。萧森疏魄，凉润绥情。蜻蜓群游，归鸟夕鸣。俯瞭埕户，阒尔忘争。灵珠孤警，思移干精。谌不忘夫吉凶生杀之枢轴，又何患乎险毒之难平！

显考武夷府君行状

家世自太原受族以来，中衰无传。溯先君子而上，十世祖骁骑公讳仲一，始可系述。骁骑公为直隶扬州府高邮州人，元末起兵，从高皇帝定中原，累功授世秩。骁骑公配冯宜人，生轻车公讳全，以靖难功，擢怀远将军轻车都尉，世衡州卫指挥同知，遂籍于衡。配朱淑人，生嗣轻车公讳成。配崔淑人，生嗣轻车公讳能，咸以忠勤世其令绪。配刘淑人，生护军公讳纲，别号毅庵。忠勋益懋，奉命采木西川，建南岳神祠，恪慎底成，详商文毅公辂碑记。从都御史秦公金讨郴桂峒贼，为中路总统，拔贼砦，荡平之，详《皇明世法录》。累功晋骠骑将军上护军，历江西都指挥使。公配崔夫人，生上轻车公讳震，别号东斋，掌卫事，戎兵克诘，尤笃志经术理学。时庄定山先生昶谪官湖南，公与讲性命之旨，雩坛唱和，见《定山集》中。累迁昭武将军上轻车郡尉，历柳庆参将，恩绥威镇，峒蛮戢服。家世以武功显，束脩文教，弦诵不衰，则自公始也。公元配常恭人，生上护军公讳翰，字直卿，为定山门人，补郡文学，已乃拜世秩，累官都指挥使。上轻车公次室郑太君，生一山府君讳宁，配赵太君，生学博静峰公讳雍，惇笃不随世好，以文名著南楚。由岁贡荐授武冈州训导，迁江西南城教谕，配毛孺人，生少峰府君讳惟敬。崇志节，尚气谊，隐处自怡，出入欸笑皆有矩度，肃饬家范，用式闾里。配范太君，生子三。先君子居长。仲父牧石翁讳廷聘，字蔚仲，文名孝誉与先君子颉颃，晚逻筑幽居，吟咏自适，诗绍黄初景龙，视公安竟陵蔑如也。季父子翼翁讳家聘，二叔父皆补郡文学。先君子讳朝聘，字逸生，一字修侯。以武夷为朱子会心之地，志游焉，以题书室，学者称武夷先生。

先君子早颖，凤成之质，不孝兄弟生也晚，不得见先生长者，详为称说。惟孝友天植，无间于族党之扬诩，只今流传未艾。少峰公严威，一笑不假，小不惬意，则长跽终日，颜不霁不敢起。每烧灯独酌，令先君子隅座吮笔作文字，中夜夔夔无怠色。晨昏问起居，凝立户外，不敢逾阃限，倾耳听謦欬平善，愉色蹑足而退，率以为恒。少峰公中年遭暴疾，素刚果，厌人呴妪，虽自知不起，而不欲以环绕悲号处生死，屏人独坐。既不获侍左右，则匿壁间私候，泣血不敢发声。迨及卒，抱持抢地，勺水不入口者三日，毁瘠骨立，成羸疾，迄毫釐不瘳。范太君有寒欬疾，按摩承涕唾，三十年如一日。永诀后，奉唾盂涎血。拥之而泣者数年。少峰公素不屑治家人产，及大故，囊不名一钱，先君子独力经营，至哀所感，诸具辏合。蜀材吴绵，隧甃丰碣，尽诚信而弗悔。太守李公熹嘉与，为表墓焉。范太君之没也，先君子方授徒衡山。病革，报者至，薄暮借一马驰归。素清羸，不闲控驭，所借马抑驽钝，且哭且驰，马忽惊迅追风，三鼓已抵家。迨及属纩，尽力以营大事，一如少峰公。称贷既广，竭力以偿，凡十年未尝一饱食一暖衣也。至孝为通国所称，不以一事一行表异，故亦无从详识。惟内从母氏，外闻之族长姻亚者，其略如此。不孝兄弟所及见者，岁时张人父母遗像，设几筵，日侍左侧，依依如孺子。或有诏语于子孙僮仆，皆下气怡声。及荐酒脯，泪盈于睫，每拜扫茔兆，必涕下沾衣，四十年一如新丧。与仲父牧石翁，白首欢笑如童年，每相对晏坐，神怡心泰，疾病忧患，一无变容。季父才性旷达，颇事嬉游，畏先君子如严父，而终不以辞色相诘诫。规正之意，寓于和怿，故闺庭雍穆，为阖郡师表，若先世所遗薄产顷余，取硗确而让甫田，尤不在先君子意中，不足记述者也。

先君子少从乡大儒伍学父先生定相受业，先生授徒殆百人，先君子为领袖。虽从事制义，而究极天性物理，斟酌古今，以发抒心得之实。试郡邑，为邑侯胡公所首拔。会胡公不善事上官，学使者慁之，故相诎抑。郡属九长吏合荐不得，胥为扼腕。明年，邑侯王公宗本廉知才望，三试皆特拔，乃补郡文学。蹶属负笈，东走安成，北渡齐安，以质所学。归而下帷，经月不就枕席，两目皆赤。当万历中年，新学浸淫天下，割裂圣经，依傍释氏，附会良知之说。先君子独根极理要，宗濂洛正传，以是七试乡闱不第。逮天启初，禅学渐革，而先君子年已迟暮矣。辛酉闱牍，为缪西溪先生昌期所赏拔，副考以触其私讳置乙榜，用恩例入北雍，乃罢举。而所授业先舅氏小西谭公允都、节庵欧阳公瑾、贵阳丹邻马君之驯，先后登贤书。节庵公冠楚榜，丹邻以《春秋》冠其乡，陈大士大行称其学有渊源，皆先君子崇尚正学之教也。九君子食止一盂饭，饮酒不尽一盏，衣无绮縠，严寒不亲炉火，泊然无当世心。游历吴楚燕赵，不以衣裾拂贵介之门。同郡清卿陈公宗契、零陵蒋公向荣，皆以德量推重，而报谒之外，无私造焉。大金吾洛都督思恭请引入纂修，坚辞不就。顾屡试有司，后以北雍上舍授迪功郎散秩，无厌薄心，人皆不测。偶与仲父言："吾岂为是濡需者，念家世荣戟，徒受儒术，少峰公所业不就，每自快恺。冀得一命恩纶报泉壤，生不能为奉檄之喜，尚补夙心于百一耳。"言已，辄为泫然。及铨法大坏，非俸不得，谢病投组，耻循捷径，遽返林泉，则申命不孝兄弟曰："吾不能辱己以邀一命报父母，汝兄弟若徽半绾，必不可使我受封，重吾不孝。若违命相縻，陷亲之罪，汝无逭于两间也。"呜呼！天崩海涸，介之以青衫终老，夫之裹创从王而不逮覃恩之期，以此仰酬吾父之言，亦有自然凑泊，与吾父赫赫明明之遗志相吻合者乎！

先君子早问道于邹泗山先生，承东廓之传，以真知实践为学。当罗李之徒，纷纭树帜，独韬光退处，不立崖岸。衣冠时制，言动和易，自提诚意，为省察密用。闲居斗室，闭目端坐，寂然竟日，不闻音响。忧患沓至，晬容不改。不怒不叱，大喜不启齿而笑，则不孝兄弟自有识以来，日炙而莫窥其际者也。所受于学父先生者，天人理数财赋兵戎，罔不贯洽，而未尝一语及之。曾闻之舅惺歗谭公，言与释憨山德清辨率性之旨，清为挫屈。夫之举以请问，微哂不答。凡洗心退藏，不欲暴见者类如此。不言之教，渊澄莫测，非但以不孝兄弟顽不若训而故远之。凡接人弗问贤不肖，壹以静默温恭，使自愧省。里中有无行青衿干有司者，不敢以巾衫篚过衡门，必迂道往还。所授徒有行不类者，及谬持邪解者，终身不敢见。邻有宦家子仕州县，不载其仆从，嚣陵市肆，闻先君子履声至门庑，则匿避恐后。后遂革而与闾里相安。晚岁谢病归里，以中椆为穹谷，郡邑长吏，闻风请见，皆称疾谢绝。亲知后辈非以学业见，不得望见颜色。而迄今数十年来，语及先君子，无不追慕含戚。所以感通，固非不孝兄弟所可亿度也。岁丙寅大疫，学父先生及舅氏小酉公皆染疾不起，其家人子弟争匿避去，先君子独日夕躬省，不离床榻，执手以待瞑。尝遇盗于良乡，下马凝立，神色不变。盗为愕眙而去，张献忠陷衡州，勾索不孝兄弟充伪吏，日投人水中。先君子为里魁胁执，出手书，戒不孝兄弟，言此自我义命，汝兄弟万勿以我故，苟苟作偷免计。至郡则易衣履，将投缳以坚不孝兄弟之志，会夫之所识黄冈奚鼎铉陷贼中，为保护得缓。夫之乃残肢体，出扶先君子逸去。逮丁亥病革，遗命以南岳莲花峰之麓，幽迥远人间，必葬我于此，勿载遗形过城市，与腥臊相涉。盖于死生之际，毅然无所却顾类如此。素志不肯著书以近名，夫之稍与人士交游，以雕虫问世，每蒙诃责，谓躬行不逮而亟于尚口，孺子其穷矣。呜呼！奉若不恪，既不能自立不朽，而家学载之空言者且将无托。吾父之言，炯若神明，一至此乎！又尝谓子孙不能通六艺者，当令弱者习医，愚者习耕，不可令弄笔墨，以售其不肖，吾宗籍衡十世，未尝有此，不幸而或然，血胤其危矣。此则屈高怀而下谋败类，不敢不敬述之，以诏后人者也。先君子所著文字，多自焚弃，经乱以后，微言益绝，记忆规制，大概在孙月峰、冯具区之间，清和微至，非经生之业也。诗笔约仿储王，亦不恒作。兴至微哦，不以示人。夫之仅从卷尾见《过应山顶》一绝句，又于故笥中见与欧五德翁及释藏六支唱和一笺，及再寻诵，先君子已焚之矣。凡夫之所受命于介之，略为记忆者止此。其他鞠孤甥，收族众，矜容愚横，与夫一蔬寸缕不受非义之污，自游庠序，迄于归老，不以一牒尺刺入公门，不敢琐述以掩大德。而潜修密用，又非前识所能阐发。情迫于三十余年，辞穷于一旦，哀哉！

先君子以隆庆庚午十二月朔日申时生，得年七十有八岁。永历丁亥十一月十八日卯时，则不孝兄弟天崩地裂求死无从之时也。先配綦孺人，宁远教谕綦公文佳女，生长兄，未命名，夭。继配先孺人，谭公讳时章女，生子三，长介之；次参之，弘光恩选贡生，先先君子三月卒；次夫之。介之娶欧阳氏，思恩府同知炳子岁贡生珠女，生子一，敞，乙酉补邑文学；女一，适文学萧鸣南子式。参之娶蒋氏，文学大操女，生子二，敉、致，皆夭。夫之先娶陶氏，处士万梧女，生子二，长勿药，夭。次攽。继娶郑氏，襄阳吏部尚书继之孙，文学仪珂女，生子一，敔。侧室女一，适文学李报琼子向明。敞先娶邹氏，生子一，生祁。继娶李氏，举人李孟韶孙，文学维翰女，生子一，生郊。女一，未字。敔娶刘氏，文学刘近鲁女，生子五，若、兹、苍、莲、萬；女二，长适兵部尚书刘尧诲嗣孙克谨子法忠，次适文学熊荣祀子时干。攽娶湘乡举人刘象贤女，生子一，范；女二，长许字邵阳文学罗圭子智大，次未字。生祁娶文学杜焌女，生子二，绵、续，女一，许字萧侨如。若聘鄱县文学周士偪女，范聘文学唐克恕女。先君子之封，在衡山县崇岳乡莲花峰下曾家湾，首艮趾坤。谨泣血以状。岁在癸亥仲冬，不孝季男夫之状。门下后学邵阳刘永治填讳。

哀哉！不孝兄弟之罪通于天也。鲜民叠耻之年，正故国天崩之日。伏念先君子履道之贞，表章无托，忍死穷山，属目靡骋，亦俟有日者获从当世之君子游，以纪幽光，而待之三十七年矣，昔之孺子，今已衰朽，天不可回，人非我与，介之乃泣命夫之曰："以介之幸而事亲较夙也，仿佛先君子可见可知之应迹，视尔差详焉。而先君子尝以记序之学诏孺子，几可以言而不溢也。尔其如吾言以状。虽亡可告语，而函之幽谷，延望于身后，或有竢也。不然，吾与尔旦夕下拂蝼蚁，追悔其将何及。"夫之泣血稽首受命，谨状如右。而墓中片石，则犹翘首四顾，不忍绝望。阅四年丙寅，介之复侍先君子幽壤。夫之欻孤衰老，痼疾弗赦于鬼神，终无可望于人间。乃戒介之之子敞，以愚朴略志而登之石。未几，敞以哭父死。戊辰冬，始藏志石于岳阡之隧前。石有定制，工无善巧，管窥既诎，约言益穷。惟兹一状，稍有伦次，附赘表末。倘泽不永斩，传于后嗣，尚知先世全生全归，以道传家者如此。虽德自不孝兄弟而衰，而战战栗栗，日恐陷坠，固先君子明昭型戒，临愚昧以鞭挞其骞驽也。

己巳孟秋上弦夫之手录，时年七十有一。

显妣谭太孺人行状

不孝夫之既受命于介之，述先君子状，遂状先慈谭太孺人。哀哉！先君子几筵方彻，太孺人遽罹终天之惨毒，抑三十四年矣。不忠不孝之兄弟，偷活人间，弗能率迪慈训，以处一死，而厚载之恩，有心未泯，何能自昧邪？先君子以德威行弘慈，而粹养简靖，尚不言之教。虽不孝兄弟之顽愚，不能默喻，终不征色发声，以施挞戒。每有颠覆违道之行，但正容不语。侍立经旬，不垂眄睐。不孝兄弟怅罔，莫知咎所自获，刊心欲改，而不识所从。太孺人乃探先君子之志，而戒不孝兄弟以意之未先，志之未承也；详揣其动之即咎，复之终迷，而祸至之亡日也；申之以长敖从欲之不可终日，而不勤则匮之必仆以陨也。发隐恧以针砭之，而述先君子之暗修，以昭涤其昏旨，既危责之，抑涕泗将之，然后终之以笑语而慰安之。呜呼！吾父如油云在天，而吾母承之以敷甘雨。然而伊蒿伊蔚，终为枯稿，则不孝兄弟之负吾母，尤甚于负吾父也。如是者不孝兄弟胥有之，而不肖夫之早岁之破辕毁犁也为弥甚，劳吾母之忧也为弥笃。至于今老矣，追数生平，须眉空负，犹然一十姓百家之蚩氓，啄粒栖枝之生类，不亡以待尽也，何敢复述慈范哉！虽然，懿则昭垂在宗族姻党者，人不忍忘，固不以为蒿为蔚者之弗克负荷而掩令德，姑衔恤以略述焉。

凡太孺人之事舅姑也，不孝兄弟俱不及见，但闻太孺人之以身教子妇承事先君子，言当严侍之日，祁寒不炀火，畏烟之出于牖隙也；盛暑不扑蚊，畏篓声之遥闻也；涤器不漱水，引濡巾而拭之；猫犬扰不敢迫逐，拥袂而遣之。每一语及，夔夔竦立，对子妇如为子妇时。及述范太君疾痛倾背，则泪盈于睫，不异初丧。以此测太孺人当年爱敬之深，知非涯量可穷，哀我生之晚，不及详见耳。佐先君子之襄大事也，太孺人自不忍言之，无敢问者，但家徒壁立，时先君子勤素业，慎交游，薄田不给饘粥，而慎终之厚，倍蓰素封，称贷繁狠，一皆酬偿。斥衣襆，销簪珥，固不待言，抑数米指薪，甘荼如饴，以成先君子之孝，又不俟有缕言之者而后知矣。不孝兄弟所见者，先君子十年赵燕，娶子妇，构堂室，终不孝兄弟读书之事；且润及宗姻，无干糇之失，类出于太孺人之搏节，则襄大事时心专力竭，宵旦不遑，从可知已。叔母吴太恭人，长太孺人二岁，互相敬爱四十年如一日。焉追既异居，经月不相见，则皇皇讯问不绝。每促席对语，呴呴如两新妇。从兄玉之，年逾四十，谢诸生，拜世官，冠带入省，犹手酒浆相劳苦，如抚童稚。季父子翼翁，早未有子嗣，置侧室，或颇轻之。太孺人礼待之如姒娣，曰："令叔氏有子，母即贵矣。"姑母适范氏，早寡，守志孀居，鞠其子女，恩逾己生，为毕昏嫁。至教子妇以宽，畜僮婢以慈，诃叱绝于口，荆笞绝于手，而自然整肃，莫敢衰越。及今念之，不孝兄弟在膝下时，如生时雍之世，春风一庭，灵雨四润，不知三十年来堕此烟霾中，遂成昨梦也。哀哉！不可复追矣。前母外王父学博綦公，晚年尚未有子，太孺人承事敦笃，不异所生。綦公垂没，待太孺人而瞑。叔祖太素翁罢诸生，落拓无胤嗣，叔祖母朱，并臼不给。太孺人迎养敬事，怡然终老，盖推事父母者以事綦公，推事舅姑者以事太素翁，诚至而礼洽，亦不自知其厚也。不孝兄弟遭皇天之厄，癸未丁亥，婴勾索之酷。戊子已丑，夫之愚不自量，思以颈血溅干净土，屡贻母以不测之忧。介之奉母匿草间，茹无盐豉，病无医药，层冰破屋之下，极衰年不可忍之苦，而一意奖砺，俾全蜂蚁之节，怡然顺受。惟以天倾莫补，人溺无援，邑菀终日，以至于不起。夫之间关岭表，不得奉临终之训，遗命介之，更无余语，惟归葬先君子岳阡之右，远离城市秽土，协先君子清泉白石之志而已。哀哉！在吾母心安志遂，翛然顺命，而不孝夫之通天之罪，固百死而莫赎也。

谭宗故籍茶陵，移于衡阳之重江乡，世为甲族。外曾祖乐亭公讳世儒，外王父念乐公讳时章，以隐德世修儒业。外王母欧阳氏，赠奉直大夫和之女，年九十三乃卒。舅氏三，长惺敂公讳允皐，以积学老于场屋。次小酉公讳允都，从先君子学，中天启甲子科乡试。乙丑会试，以闱牍触阉党，置乙榜。次玉卿公讳允琳，补郡文学，笃孝养母，国亡后弃诸生不就试。从母适文学伍公一盈，遇乱骂贼不屈死，详郡志。子妇具先君子状中。太孺人生以万历丁丑闰八月二十二日寅时，得寿七十有四。永历庚寅八月初二巳时，介之奉讳于祁阳山中，其明年合祔于先君子之右。岁在癸亥季冬月，不孝男王夫之泣血状。

己巳孟秋，夫之手录。凡我子孙，非甚不肖，尚谨藏之。

行状二首，光绪戊寅夏六月于井头江市先生八世裔孙德忠家见手写本，装成册者，亟录副以藏。前一首，曾刻有目无文，后一首已刻。字句详略，间有不同。故仍录入补遗，以备参考。平湖张宪和谨识。

自题墓石

有明遗臣行人王夫之字而农葬于此，其左则其继配襄阳郑氏之所祔也。自为铭曰：

抱刘越石之孤愤而命无从致，希张横渠之正学而力不能企。幸全归于兹丘，固衔恤以永世。

墓石可不作，徇汝兄弟为之。止此不可增损一字。行状原为请志铭而作，既有铭，不可赘作。若汝兄弟能老而好学，可不以誉我者毁我，数十年后，略记以示后人可耳，勿庸问世也。背此者自昧其心。

己巳九月书授攽

汝兄弟二人，正如我两足，虽左右异向，正以相成而不相螯戾。况本可无争，但以一往之气，遂各挟所怀，相为疑忌。先人孝友之风坠，则家必不长。天下人无限，逆者顺者，且付之无可如何，而徒于兄弟一言不平，一色不令，必藏之宿之下？试俯首思之！

唐钦文六秩寿言

永年之道，一言而括矣。一者何也？一也。故为养生之言者，甚似乎君子也。其侈而之于缥渺之神山，句漏之灵药，蔓也。其析而之于子夜之天回，卯酉之月仲，曲也。乃其甚似乎君子之言者，曰三五一，一言而括矣。龙与虎一，其体用之谓尔。铅与汞一，其性情之谓尔。四者与戊土一，其身心之所谓尔。君子言固曰言与行一也，行与心一也，初与后一也，故君子之尤重乎得见有恒者也。《易》曰："恒久而不已。日月得天而能久照，四时变化而能久成。"于戏！永年之道，至此而奚余哉！吾尝求之乡国而弗觏，求之天下而觏者，如晨之星，一再觌而已。是殆其生者众而生生者鲜乎？如采灵草者，陟名山，历穷谷，倦归而得之左右之庐畔，乃三十七年而居然吾老友钦文翁之在我祛襡也。吾奚以知钦文翁而信之哉？曰一而已矣。颂称钦文翁之美者，童叟一矣。意者其外之一乎？进而数闻钦文翁之言，条理一矣。意者其发之一乎？乃博而历稽钦文翁之行，以朴以方，以睦以式，蔑不一矣。犹意者其勉行之一乎？于是而浚窥其心，得与失一矣，险与平一矣，恩与怨一矣，荣与凋一矣，然后信之曰："斯其以恒为道者也。"自今日而溯乎三十七年之前，少而壮，壮而且老，风涛釜岑，阅万折而不改，钦文翁之所以行年六十而如婴儿也。则自今日以往，风涛息而釜岑平，安而敦之，以引伸于期颐，犹今日也。果奚以信之哉？盖其与养生者之言而既合也。其合于养生者之言，非其卮言，而合于君子之言者也。则自生其生，而非倚生于形气之母矣。日月之得天，得其恒，旦旦晖而夕夕映；四时之变化，不变者其恒，春春喧而秋秋清。于是而日月之光，施及于群星；四时之成，绍之以成岁。钦文翁以斯道也，被其子孙而式谷之，维尚胥勖之哉！《诗》不云乎："勿替引之。"奚但勿替焉，加隆焉矣。钦文翁始与其伯子从家石崖游，登堂而拜先征君，吾因得定交，以至于今，三十七年如一日，此之谓也。浃六秩而为之言，以侑两郎君之寿觞。三山鸾鹤之歌，万石花封之颂，非翁父子所欲，亦非野人之所习也，故以永年之说进。

苏太君孝寿说

庚戌新秋，两唐子为其母氏六秩寿，征侑词焉。蒙惟无仪之义，声称所难。苟以多嘏之辞进，奚以殊夫涂之人寿涂之人之亲也。矧唐母之孝，得于姻党之耆旧者盈乎余耳，因而为之说。顾悠悠者何知，仆将赘耳。今寿钦文翁，复举而联之峡，既于相从之义合，且祈引之于唐氏世世子孙，俟采彤史者不遗焉。德不孤，百世而一遇，犹旦暮乎！

请言以寿其亲，礼也。是故唐子古遗与其弟须竹，以其母氏苏孺人六秩而请言于壶子。壶子曰："今奚以寿子之母哉？无亦惟子之母有其寿者存，而余言以为之征也。闻之唐母之事其舅姑，犹夫人之事其舅姑，而异者存；乃自视其事舅姑，若无异于夫人，而不知其异者存。然已异矣。闻之唐母之事其姑，甫笄入门，而尽代其中馈之劳，以逸之也。姑婴奇疾，而涤除拭抑，调粥糜，躬药饵，宵以及旦，以为恒者二十年，盖几不延而延之也。闻之唐母之事其舅，疫而不恤其躬，子女交病而不分其志。其葬舅也，兵猝至，执绋者溃，而誓夫子捐身以护其柳车。是两者，临难而无渝也。闻之唐母之事其庶祖姑，瞀而养之者五年，痹而养之者二年，浣揄涤第，奉衣梳发，手手目色而不匿，以广其舅姑之孝也。夫如是，足以寿矣。天其无吝于期颐矣乎，而予奚言？"须竹进曰："笏不敏，忏于心而未能达也。"壶子曰："余尝语子以生之说矣。有自生者，有引其生者。斯二者均之生无殊也，而又奚以殊？未生而生之，自生者也。已生而益之，引其生者也。自生者天，而乾坤之道在父母则亦人也。引其生者己，而己之意欲不足以生，亦将益之以己之天，是犹天也。夫孝者己之天也，凝天之生于身，天之生存于身矣。通诸其所自生，则父母凝于吾心矣；父母凝于吾心，是吾心之即为父母而生找者在是矣。生我者在是而即以生我，是非徒木之于火也，方钻而固已炎也。虽然，有疑庄周氏之言，以父子为无可解，君臣为无可逃也。妇之于舅姑，则君臣之推矣。以为无可逃，借有可逃而故将逃之，非犹夫父子之必无逃之心而不待言其不可也。于戏！知臣之于君，妇之子舅姑，其亦有不可解而非役于不可逃者解矣。故《易》曰：'天尊地卑，乾坤定矣。'是不相逮之说也。又曰：'天地纲缊，万物化醇。'尊卑定分，义秩若不相逮，而纲缊者化醇焉。庄周知其不相逮而不敢逃之，而未尝见其纲缊也，故君子不取焉。而于以言尊生者，亦末矣。天亢于上，地俯于下，位定而义著，可见者也。地勃生而不自已，不仅安其义之俯，而上感天以其心。于是而纲缊者翕兴萦系，以敦其生之化，则人未之见也。人未之见而不可解者固存。臣之于君，妇之于舅姑，又奚仅其无可逃而殊于父子之不可解者哉！故《思齐》之诗云：'大姒嗣徽音，则百斯男。'嗣音者，如嗣其胎孕怀鞠之化，妇与子无殊之谓也。以孝以生以寿，其又何殊焉？吾与子信之而已矣。"两唐子得其说，归而诵以告其母。母曰："吾何知哉！虽然，是其为说，何其似吾心也。吾亦惟有不可解者，今兹之固未有忘焉尔。"

壶子夫之再书。

唐氏自翔云公以来，恂恂乎孺子，庄庄乎士，五世如一人一日。荣之者或不能知之，知之者亦不能知其深也。余以世谊，得尽悉其内行。故人林以来二十余年，如黄杨逢闰，笔舌尽缩，而一再为之引伸，不能自休，非直以须竹之数相与游也。汉东平有言："为善最乐。"则见人为善之乐亦可知矣。蒸江南清，岳峦北媚，春草尽碧，繁莺乱啼，篮笋冲烟，柳风到袂，登其堂，见其人，不知心之何以释然。于举似蒉岩兄，言不能及，眉笑而已。人之所以相取者固自有在，非世情景界所及。苟所取者不在世情之中，则造化之欣厌，庶几不远。故余两祝皆以期颐为言，窃自谓造造而化化者，在于披襟燕语之间。司灵宠者，应责余丰干饶舌耳。壶子夫之再书。

文学孝亮翁钦文墓志铭

执友孝亮翁钦文唐君，卒于正寝。悼谈笑之未旬，遽幽明之永隔。嗣子端典端笏以志铭请，含悲增病，不能受命。端典方躬役圹事，端笏越苫次踵门而泣曰："吾翁待此以安于泉壤。"辞不获命，辍泣而志，以翁之信我为知己也。唐氏自钱塘迁居衡阳，八世而至沙溪公大表，隐君子也。配刘氏，生文学翔云公凤仪，以文章理学着。配王氏，生知几公虞际，醇笃世其家。配龙氏，生二子，长文学克雍，受业于余伯兄石崖，次则翁也。翁讳克峻，钦文其字也。天性敦恺，仪范端凝。早年事知几公，道尽力竭，自然与古为人子者合符。知几公安之，以从容林泉，恶言不入于耳者终其世。翁兄先知几公卒，时湖上攘乱阻饥，墟陌无烟，翁独冒锋镝，执亲丧，慎终如礼。唐氏世居郡西之马桥，为望族，甍鳞宇栉，及是再被焚毁，僮仆逃丧，乡里恶少称兵侮夺。翁以敏慎靖安，不吐刚而茹柔，垦莱督耕，剃草葺室，和易与物，物乐与之有成。僮仆匿者归，仅存者长育，未二十年而龟坼之田成绣壤，燕巢之林有苞竹，较知几公时倍殷盛矣。翁则囊不名一钱，困不陈一粟，以与当世钜公长者游。于时龙蛇起陆，风尚豪举，翁游其间，恂恂秩秩，言不及臧否，事不及私，当世莫能间也。物情崄巇，旦夕百变，而翁一以礼处之。草泽起家至大位者相项背，或怂恿公出簉仕，决相剟保，翁笑而不答，人莫测焉。翁静澹素规，不为外诱，壹率其自然而已。惟延宿学教三子成文章，为当代文学最，用守翔云公旧德，制科之得失，匪思存焉。至于庭训有秩，述先进之风，劝诫之于淳庞虚淡，则翁提撕申警，独伸己意，间一令折中于予之不敏，不欲莠言之相间。故翁子有请事绝学之志，皆翁密授然也。翁心无贰操，事无贰轨，言无贰辞，进与荐绅先生，退与田夫牧竖，皆一致也。即心即言，即言即事，后生虬诈者，始以为可欺，一见翁而恶缩，翁亦泊然如未有诈不信者。故承里役之繁劳，出入于纤介不容之世局，而如海潮之暗退，不知者以为有术，翁婴儿已尔。性能容物所不能容。余目击一二事，翁绝口不以语人，今亦不敢暴以伤翁志。而自念垂老学道，褊衷不悛，思取法于翁以免咎，老未逮而愧之深矣。终日雅谈，暇则寓目书史以自怡，口不一言财利。每叹曰："读者知读，耕者知耕，舍是而喋喋于赋役狱讼，吾见先辈多矣，未有以此矜能者也。"率此类，壹皆以古道望人，而人不能受，亦且漠然无知者。此世教之所以终不可挽也。余与翁交悼之。翁少年周旋先征君杖履间，今四十余年矣，见予辄怆然道之，不孝不能仰答。与予仲兄砠斋交，每称述，相与欷歔。故尝欲仿佛先征君之典型，则于翁庶几见之。翁之没，四方士友及乡人士少长五十七人，谥之曰孝亮，余以为允。孝则善承其光，以式谷于后；亮惟明于德之大者，知人情物理无所容其智力，一因本然以应之。于翁非溢美也。翁三载以来，颇示微病，而精魄炯炯，寄意益远。病既革，犹矜饬如平生。岁在己未仲冬月二十一日辰刻，翁坐而逝。距生之年万历癸丑季春月十九日丑时，得年六十有七。配苏氏，生子四，长端典，邑庠生；次端揆；次端绅，郡庠生；次端笏，邑庠生。女一，未字夭。侧室朱氏，生子二，端遇、端迩。端典娶康氏，生子三，常捷娶丁氏，常省娶王氏，常沦聘刘氏。端揆娶方氏，俱早世，未有嗣。端绅亦先翁卒，娶周氏，生子四，常腰娶廖氏，夭，未再聘；常浑娶陈氏；常柬娶魏氏；常坚娶刘氏。端笏娶王氏，生子一常适。端遇聘杜氏。孙女六，一适魏士杰，一许蒋泰阶聘，余尚未字。曾孙三，若性、叙性，常捷出；存性，常坚出。曾孙女四皆幼。翁以是岁季冬月壬申葬此永福乡延寿里七里胡衙塘，首酉趾卯。系之铭曰：

石可泐，泉可塞，韫素令终，与壤无极。其仪兮不忒，君子哉尚德。大布敛形，因山为域。式墓者自生其恭，兆于龟墨。呜呼！兹为孝亮翁之藏，于万斯亿。

躬园说

须竹将为园于蒸武二水之湄以读书，而名之曰躬园，请予为之说。

壶子曰："存乎天地之间者，岂不以其躬乎？是故非际何色，非聆何声，非咀何味，非觉何有。凄然谓秋，暄然谓春，能游得空，能践得实，存乎天地之间者，惟其躬而已矣。是故君子吾亲斯孝，吾君斯忠，吾长斯逊，吾友斯信，躬之不得背也。是故君子不为不可安，不行不可止，不亲不可交，不念不可得，不处不可长，行则行之，违则违之，躬之不得而拂也。是故君子天地以为宫，古今以为府，经纬以为财，节宣以为用，大而函焉，远而游焉，立于万年而不遗，躬之充也。是故君子贫而不以富易，贱而不以贵夺也，死而不以生贸也，知其是不恤其非，履其实不骋其名，躬之塞也。是故君子非道之世，荣而辱之，非圣之言，美而恶之，符考天下，差之毫厘而知其非，进退古今之言而无所让，斟酌百世之王而知其适然，躬之券也。是故君子不歆其息，不惧其消，死生亦大矣而不见异焉，外物不累而无所节焉，夙兴夜寐，旦旦寻绎而不穷，躬之恒也。是故君子恭以永心，诚以永性，强以永命，九侯在目，《九夏》在耳，礼乐盛于中而血气荣于外，躬之翕也。是故君子游于春台，嬉于良风，琴之瑟之，泉之石之，陟降函舆，咏吟六寓，靡不康焉，以受万有而不固，躬之辟也。以言乎德则其藏矣，以言乎道则其枢矣，以言乎天地之间则备矣。是故惟其躬而已矣。"唐子曰："先生之言博矣。夫守之而入者之不失，则奚以焉？"壶子曰："静不丧有，动不丧无，其庶几乎！静而无有，其与物徂也。动而无无，其物之贷也。夫躬者，不可徂而无所贷之也。静不丧有，繁盛而不可以要括之。动不丧无，一而已矣。不见有于天下，乃有天下。故周子曰：'静无而动有'也。"

唐子无适墓表

湘西学者唐常适，字无适，年十八而没。其父躬园子悼之不欲生。以从予游，有所授而不能底于成也，予亦悼之而不欲生。缘其天性醇笃，内含明莹而外不形，故宜悼之甚也。方能言日，即瞻视渟凝，步履安祥，清癯骨立，在侪类中如孤松之出丛樾。既就外傅，读书之外，无他嗜好。甘粗粝，不喜饮酒，衣无寸帛。篝火对书卷，墨渍襟袖，炷爇裾齐，不以为念。尝以涂泞，借一骑过余，见余数目之，面发赤，自是不复乘骑。余省而志坚，欲问津于理道，故无汲汲求名之意，而函之心者自得也。为文清畅，能达其所欲言。以居母丧，不克就余卒业。依太母侍汤药，分躬园之劳。极其所可至，必能超流俗而遒上，以有所树立者。遽以疹疾，为庸医所误，遂致陨折。余以为士莫尚于志，莫贵于气。其气清以毅，其志遒以闳，不待其有成，固可旌也。此其永藏之土，勒石以表之，知者知之，不知者固非无适之所求知也。无适凡两纳采，皆未成礼。其一先者予少女也，亦谨慧，七岁而夭。躬园为之立后曰继性，其再从子。躬园名端笏。母王，先卒。

《姜斋文集补遗》卷二终

《姜斋文集补遗》全书终

姜斋五十自定稿

姜斋五十自定稿

四言诗

和陶停云赠芋岩五十初度 乙巳

蒸蒸良稼,涤涤灵雨。滋滑以荣,炎威莫阻。君子不遐,如琴在抚。
无念古人,空尔延仁。

道延今者,爱如鸿濛。靡明靡日,靡流靡江。如彼暗室,召晖于窗。
匪君子任,其孰能从。

有梅有梅,霜裹其荣。人恤尔寒,尔怡予情。不愆日迈,不负月征。
维仁引年,以保尔生。

乔乔豫章,执彼斧柯。匪不日劳,许许维和。天期不假,物望实多。
蓬生知化,日益云何。

杂诗 丁未

清夕始澄,孤月出林。繁阴绎绎,今我乍歆。昔者驱车,适彼四野。
求我友生,赠以瑶羿。昔者乘舟,顺彼中流。解我冲牙,以赠同仇。迢迢南山，崔崔峻峦。暮云群飞，谷风泻湍。阳雁差池，矧彼鹰鹯。余生不再，余命不双。短襟自寒，朔风摇缸。岁暮薇枯，饥谁与同。

五言古诗

分界岭 戊子

行役杳穷极，愁心积纷诡。薄暮庵霭宿，晨望霏微起。蜃气迎山云，苍流奔海水。桂开信天枢，南条迁物理。挥手谢寒烟，回头讶枫紫。溟游渐穷发，行歌聊匪兕。勾漏引丹砂，云何驻芳纪。

晨发端州与同乡人别 己丑

海甸见新草，故园入春心。天涯共萋萋，谁能辨浅深。寒潮落沙影，晓塔郁曾阴。日南绝征雁，桂水孤归禽。遥分前渚泪，共湿故人襟。

苍梧舟中望系龙洲

暮云笼山碧，绿树沉流影。中江瀑珠分，孤屿画檐整。团圞紫茸合，森萧翠光冷。秀挺既歃别，高涵亦危秉。烟浦极远天，榭香吹隔岭。凌晨溯两桨，即目饱幽境。万古苍梧愁，因兹慰孤耿。

初入府江

粤草易春深，驶流知潮远。樵火垂野云，滩花媚绝巘。林迁委岸阴，水绵俯萝偃。江介爱栖回，芳菲惜迟晚。昔来取慰庄，吾穷良悼阮。生事有幽栖，天游恣冥返。

佛山

昔闻沧波兴，挂席奖微向。荔棹戒晨征，苇田果迎望。山尽时远飘，川分故微漾。星河摇碧缀，天气复青荡。寄身良已孤，行吟空自壮。万端散纷诡，吾道有兴衰。无取笑支离，徒滋冒禽尚。繁虑本物先，冥欢辍想像。迟尔海鸿飞，明珠怀佳觊。

杂诗四首

结璘耀东方，摇辉散庭戹。褰帷视玉衡，何为倏东指。泛爱惜流光，合恉抚逝水。鹍鹉天涯鸣，繁英怨游子。东园积落芳，安问桃与李。悲歌无与听，拊琴复中止。

孤云起江汉，摇影自徘徊。飘风不相待，吹落阳云台。肤寸既违阴，炎威已复开。清音闳广野，鸾歌谁为来。欲因广成子，返此元息胎。时哉不易遇，摧折使心哀。

昔我游汉水，遥与神女期。琅玕非所欢，玉佩空相贻。愿托双凤鸟，当时听者谁。不惜蘼芜死，将为蔓草欺。沟水自东下，繁星已西驰。幽谷返椒岑，琴心终自知。

悲风动中夜，边马嘶且惊。壮士匣中刀，犹作风雨鸣。飞将不见期，萧条阻北征。关河空杳霭，烟草转纵横。披衣视良夜，河汉已西倾。国忧今未释，何用慰平生。

胡安人挽诗序 庚寅

小司马彭然石焱，征其元配胡安人殉节诗。余方移疾待罪，不敢居风雅之列。已蒙恩得赦，唐宫詹诚以次金黄门堡韵七言四章，付余属和。余别为五言，拟《神弦》之曲。安人沈玉黔阳，司马从王岭外，妥贞灵，招义魄，抑必有深情将之。李少翁、临邛道士之事，抑非贞魂所惬。闻楚有二《招》，用以慰烈陨，返幽素，连类而铭之，不亦可乎？

幽兰自著花，菖蒲自成节。激流难久生，溪风易吹折。凤昔兰闺英，金韬送远道。历历视明星，悠悠思春草。春草生有时，黄尘飞不已。白玉忍蒙沙，清流怨何驶。上有龙标月，下有沅江水。沅水自东流，梧云向南开。蒲花生石上，芳节待归来。

晨发昭平县飞雨过驴脊峡上泊甑滩会月上有作

孤游息魂营，凉泛叶形美。清晨理桂楫，薄言遵远水。遂欣斯望协，遗彼群象诡。微雨前峰来，清光错表里。胥飒歊飞雪，婉约弄明绮。下倚惊濑鸣，俄开新翠起。云倦偶失群，雷殷欸何止。金光界波流，大火循西指。飞鸟归有期，劳枻聊文叙。历忆众峰外，延秀纷可纪。人籁偶旁托，真赏归大始。

游子怨哭刘母 辛卯

北风吹凝云，游子行不息。易挽游子车，难驻桑榆色。车轮遽已远，流光太相逼。游子岂不知，遐心荡凭轼。

凭轼日以远，流光日以晚。夜望曷旦鸣，夕待牛羊返。寒风动明烛，疑见游子饭。夜梦续晨愁，九秋成偃蹇。

偃蹇不相期，迟暮岂自持。昔为倚闾叹，今为绝命思。讵怨游子去，翻怜游子悲。啾啾孤鸟鸣，飔飔垂风丝。

丝断不复理，鸟鸣哀难止。三年九春绝，衰草凌霜靡。行行向隧道，邑邑歌《蒿里》。掩涕会有时，苍天终何已。

小霁过枫木岭至白云庵雨作观刘子参新亭纹石留五宿刘云亭下石门石座似端州醉石遂有次作

松级偶晨登，樾馆聊夕止。轻裾挟馀滋，溪烟宛方起。夫君碧云期，良会伫难委。凌霄岂有扪，步秀方可纪。流耳延雨声，惊华粲石理。架阁驭微霄，初英散新紫。云观权众木，神楼耸弱水。仙游亦在区，魏榭空云绮。淹宿有余清，实归载留喜。

三岁度岭行，薄言观世枢。壮心销流丸，林泉聊据梧。归心存醉石，取似在枌榆。江湖忧已亟，神尻梦可趋。漆吏称昔至，周臣怀旧都。流止互相笑，外身理不殊。委形凭大化，中素故不渝。兴感既有合，触遇孰为拘。海尘无定变，聊崇芳兰躯。

春日书情 乙未

春云覆千里，飞雨来微霄。良阴不待旦，宿昔非崇朝。蘅皋英犹缓，蕙圃芳未遥。连卷仍故花，覂被丽新条。佳人阻采若，含情虚握椒。行迈匪康途，中心写长谣。

西庄源所居后岭前塈古木清沼凝阴返映念居此三载行将舍去因赋一诗 丁酉

物遇日屡迁，流止暂不遗。浮云出丹巇，游倏遵绿漪。心知既无滞，躯质匪有期。俯仰同久乍，令我奄宅兹。修竹丛尚稚，冈桐荫每移，云岫半明灭，霞嶂时参差。坐闻春鸟鸣，亦睹秋叶离。凌景延圆晖，迎寒却凉飔。回首舜帝峰，濯足春水湄。芳草良未歇，佳期行可规。行道昔已靡，槁木今何居。俄顷已借用，乘乘将焉之。

冬遇

太华蜕奇骨，黄河问灵躯。风雨恣所狎，金石等不渝。坚脆各叛纪，正襟守中枢。观悯婴陆沉，阒问戒斯须。吾生匪蜃雉，物状漫紫朱。聊息朱鸟麓，梦无金简书。延彼堪舆情，充兹营魄虚。晶宇涤宿云，回风荡椒隅。薄岚开夕暾，寒英媚霜趺。佳期无定轸，元化随与俱。悦心道已广，栖贞邻岂孤。三寿同修促，二见息肥癯。

山居杂体卦名 己亥

豫子殉其道，井生贵所希。坎流邀殊途，既济愉同归。比肩通异理，蒙袂轻调饥。蹇余纫秋兰,升高搴野薇。剥芋充晨餐,畜荷资霜衣。离离劈椒房,鼎鼎闭松扉。履石探晴云,临崖款夕晖。益知荣公乐,渐看卜子肥。颐生喻明窗,观物避炎威。随兹寒暑谢,遁迹冀无违。

来时路悼亡 辛丑

　　来时苦大难,寒雨飞瀼瀼。今者复何日,秋原称叶黄。遵路行以悲,飘风吹我裳。流目心自喻,剧结车轮肠。

　　人生苦经历,精爽定往还。踟蹰行俟之,轻烟霭容颜。飞鸟过我前,流泉鸣其间。欲语不得接,浮云云何攀。

　　迢迢荒原路,曲曲粤楚甸。匪羊亦匪牛,穷日历郊箐。蘖苦梅复酸,宛转遂所缱。凛矣秋霜心,哀哉白日变。

　　此先君子觏先妣郑孺人之诗。孺人,襄阳人。外祖父文学公讳仪珂,字履声。宗伯公鸣岘先生讳继之之从孙。外祖母高氏,男敌谨志。

感遇　甲辰

　　海国有嘉卉,绍古兰蕙名。迢递致远道,绮靡发檐楹。悦彼情所合,矜兹芳有成。稷下宠琴客,梁园夸词英。物玩已亦劳,枝叶非天荣。

　　迢迢黄姑星,临河发光耀。织女扬熹微,脉脉如相炤。被以缠绵情,指彼佳期妙。高居无通理,下士纷疑料。鉴貌以测真,悱然贻姗笑。

　　湛湛北辰表,沆瀣充寒门。安知光影微,不有众星繁。言穷至弥寡,心绝理已谖。容成置象外,义和辍纷论。大地有疆畛,群生各本根。《甫田》空忉怛,念兹息心魂。

　　韶月知为春,百卉欣及时。精英取不息,掠美悦其姿。元化遗糟粕,忻合无迟疑。芳华及零落,悲愉各在兹。商山有高歌,烨烨三英芝。

　　汉南婵媛子,临歧忧清露。罗袜惜已微,中心良有故。美人去我遥,心之若晨暮。莞簟有余清,肃肃警宵瘵。

　　飞萤弭清昼,熠熠流暗空。炫影从彼异,匿光背所同。胡不怀应求,

殊德乐为攻。忾然念吾生，晶宇共昭融。捐情不矜己，云日相雍容。嗟哉
猖狂子，何为悲道穷。

绾绾西塘柳，垂丝荡春色。天情亦容曳，元化无悁亟。骀宕不损贞，
萧森非尚力。昭质岂枯槁，乐天消逼侧。迟迟春日心，悠然庶相识。

浮云起岱阴，萧屑积空微。翕合非一气，灵雨千里飞。如何彼姝子，
孤爱俄顷辉。光影或相报，寸心先已违。歧路勿相问，行行各是非。

涉洛想宓妃，游楚梦高唐。宫中多婵媛，弃置如遗忘。岂其浊河流，
独有鲤与鲂。芸堂是燕寝，兰阁有芳香。归来欢日夕，至乐方未央。

阪月漾初暄，桃李耻未开。既欣新绪荣，亦畏霜雪摧。迟疑志不决，
东风徒增哀。两者谁为佳，旁人难与裁。静女远逢迎，置彼良愿乖。巫咸
已上天，鸩鸟非吾媒。欢怨物自劳，于我何嫌猜。

清风起蘋末，吹荡兰与芷。迨其明灭间，欻然迷端委。相望不相见，
幽动无能纪。万岁亦匪他，今者为我始。条绪皆芬芳，勿为欢逝水。

夏日端居 *乙巳*

岫云无本始，飘风善因依。暑坐一以望，空明两不违。白日舒中陆，
绿草澹鲜辉。游蝶池阴飞，双鸟云际归。自治欣有合，炎情中已微。

云山妙峰庵云是申泰芝炼丹处

松阴合绿雾，本末飞空光。幽瞩既云密，遥情欻已长。首夏积翠鲜，
亭午条风凉。烟容澄岳垫，水气辨蒸湘。圆宇目所镜，孤立心未央。寓形
俄邂逅，仙游昔回翔。恻彼鸾鹤情，引兹丘海望。羽蜕固有待，仁乐讵无
方。怀炎登天庭，悲忧陟首阳。缮性良有藉，终生胡弭忘。

秋阴 *丙午*

徂夏气未澄，涤暑期久误。西爽欻浮云，落晖难再驻。轻霄泊霏微，
星影见回互。疏雨润晨光，余霭亘日暮。冷吹不更惜，昭融逝何遽。惊兹

四序改，迁此百年遇。天物无宿留，吾生阅已屡。藏舟壑谁在，流丸迹匪故。大力非我知，瓯臾亦何措。但此欣萧清，迟回惬幽素。

欧子直自南岳返讯之

灵堑有冬荣，幽人时晏出。天物无孤清，闲情自相匹。徘徊度飞鸟，乘凌俯落日。虚旷断不穷，丹碧绚非一。夕宿抱余爽，各言纷欲悉。岂无濠上情，言眺双径逸。神晤遗形区，于焉记良昵。

古意　丁未

堂堂背春日，悠悠送落英。春日无返暄，落英无固情。遥知当决绝，中心澹不惊。济水穿河梁，河水无为清。女萝萦枯枝，缠绵待新荣。荣谢意亦尽，移言怨媚贞。

问芋岩疾

二仲浴清肌，三五养妙婴。相顾云已敛，待尔月将盈。化碧既乖期，伫鹤方含情。狞龙诚就辔，画虎何足烹。袅烟自离合，泛舟无回萦。念彼非心竞，释兹若羽轻。黄芽抽别颖，金蕊有冬荣。元笈君已授，勿为吝玉笙。

五言绝句

滇峡谣五首　戊子

弹子矶空峙，翻风燕不迷。朝天台已筑，何处著丸泥。弹子矶
烟水凝眸远，蘼芜且着花。章台扳折后，依旧属韩家。望夫江
苍壁空青破，清江拂翠开。越王虚胜概，留待佛东来。观音岩

辛苦浈江水，晨潮接暮潮。飞来金碧影，劫火不曾烧。^{飞来寺}
故山元有主，新宠讵难忘。犹恐孙郎妒，相邀弄夕阳。^{归猿洞}

秦王卷衣 ^{甲午}

渭南宫草绿，上殿带香归。识得邯郸美，丛台旧舞衣。

长干曲

秦淮通北固，流月带潮来。郎今渡京口，日暮使人猜。

白鼻䯄

柳絮随檐帽，香尘污马鞯。春光无赖甚，谁与醉芳年。

江南曲

自有《三台曲》，齐抛八宝簪。可怜秋色里，独唱《望江南》。

为晋宁诸子说春秋口占自笑 ^{乙未}

腹借征南库，灯邀汉寿光。伤心难自遣，开卷是春王。
蠹死墨魂失，鼋饥远视仍。纸窗钻不透，大抵是痴蝇。
南岳经声苦，东林眉宇犟。似他添强笑，犹恐隔邻嗔。
荥泽弘演肝，伊川辛有泪。未知家则堂，云何宣此义。

春尽从子敞寄山居雪咏绝句欻尔隔岁聊复和之 ^{丙申}

春去天涯雨，南留客影单。梁园裁赋好，遥送杏花寒。
残雪留双鬓，余寒抱死灰。君还愁岁暮，不畏老夫猜。

痛

阿旁□□□，严霜杀人鬓。刺□日千□，十年皆□尽。

哕

河间酒垆前，常愁欢见绝。絮杀采桑人，同心若为结。

颤

白刃甜如蜜，清流险似波。羊牢须壁立，臧谷较无多。

寒

借书败蕉叶，索字黄菅梗。一倍粟生肌，霜衾未恁冷。

热

真作寒灰好，禁他冷灶头。烧灯围傀儡，鲍老汗珠流。

痒

汗虱亦我液，疥虫亦我肌。喉间冲败絮，鸟爪复奚为。

哭

背我堂堂去，随他昔昔来。无情犹有恨，独上望春台。

笑

牛湩持作酥，渴分犊子饭。客作不得尝，垂头打闷顿。

山居杂体吃口诗 己亥

晴即前岫樵，峰分方未返。路乱笼绿罗，云晕涌愈远。

口字诗

岩路临磊砢，高棁营观皓。蝉语敛嚣喁，鸥侣欢沤藻。

为宋子主人送高渐离入秦 壬寅

每见关中客，无心理筑哀。征书昨夜到，不待曙光催。

绝句三首 癸卯

乍暖回亭午，云生叶叶低。轻云将雨足，侵入夕阳西。
弱柳垂新润，春风款款中。縠波飘一晌，绿影过池东。
转转春条缓，鳞鳞野水肥。疏云飘雨白，缭绕鹭丝飞。

咏百合 丙午

莲瓣浓含粉，药房素养胎。由来千种束，不放寸心开。

结袜子

初识张公子，投琼气已横。匣中报恩剑，不为汝曹鸣。

五言近体

月斜 戊子

月斜空碧合，河汉几时生。杳霭岳莲出，萧条露叶横。归云飞带雨，凉雁过留声。只讶西峰上，清宵有奏笙。

永兴廖邓二君邀宿石角山僧阁是侍先君及仲兄硜斋游处

十月寒潭改，三年客艇过。画榈星影近，甃草夜霜多。急难迷原隰，飘零废《蓼莪》。郴江无限水，不与挽流波。

清远城下忆湖湘旧泊

乍放浈江峡，疑连青草湖。星河摇古岸，渔火历蒋菰。霜后迷南雁，日斜忆庙乌。佳人多楚塞，谁解赠明珠。

春江古体 己丑

春鸟弄芳洲，初英照碧流。晴云卷山入，晓露炫烟浮。昨日宾鸿北，来时木叶秋。湘江连桂岭，瑶草趁新愁。

南中霜降

北候怀青女，南飙拂白蘋。墟烟深漠漠，江草故鳞鳞。翠袖寒犹薄，黄华泪已新。炎洲无限橘，谁与寄湘津。

不寐 <small>庚寅</small>

夜火榜人惊，江沙依舸平。落花逢昨日，潮月应初生。芳草空凝望，绿云讵有情。含凄愁梦杳，鱼柝警严城。

刘端星学士昭州初度时初出诏狱

昭州迁谪地，清冽道乡泉。过岭金风缓，当秋暑日悬。重开初度酒，莫诵《四愁》篇。萧艾吾何有，灵椿正大年。

落日遣愁 <small>辛卯</small>

落日群峰外，青空邀晚红。晴山添雪色，远树缓霜鸿。心放闲愁后，生凭大化中。天年聊物理，楚国想遗风。

癸巳元日左素公邹大系期同刘子参过白云庵茶话二首 <small>癸巳</small>

晴鸟曙山天，林光卷宿烟。墍阴藏雪润，麦露泫珠圆。江树南开早，唐松东向偏。殷勤悬有待，请组旧行边。

昨夜梅边约，春情悄不禁。刀环光阵阵，佛火照心心。箕颍徐生拙，江湖魏子深。南阳凭羽翼，恩泽放山林。

春尽三首

高树莺飞尽，流声能几闻。微晴通雨色，深绿过花熏。病浅心心在，欢遥曲曲分。定知双鬓谢，无复惜殷勤。

杂甸与芳洲，当时不可留。还持流景谢，长遣故心愁。云际仍行药，东皋倦理畴。滔滔属孟夏，骚怨寄灵修。

止竟春须去，灰心揽鬓丝。薄晴长景困，余冷晚风欺。啼鴂犹争序，藏鸦已后期。寄芳终契阔，阴绿听繁枝。

哭李一超 甲午

鹓鹥春先逝,龙蛇斗未开。容头余子在,匕首酒人灾。白发摇风木,丹心亘夜台。报恩无意日,留取劫前灰。

再哭季林兼追悼小勇匡社旧游

古寺青溪路,东窗隔一峰。绿花忘柳径,驱酒试蘋风。墨冷袜材客,巾残垫角雄。余生悲梦赋,不与勒新宫。

晦日二首

春色去堂堂,清和损岁芳。夕烟青带远,晴树绿浮光。秋稻江乡雨,琅玕竹径香。定情裁古怨,迟晚意偏长。

白日奈朱颜,流光几暂闲。九春余此夕,落照已前山。红豆留谁折,落花去不还。逢迎他日恨,旧上鬓丝间。

夏夜

裛露青林合,微凉生未央。太清平野阔,薄雾远山长。南树惊乌鹊,双星忆凤凰。吹来何处笛,急调欲清商。

重登双髻峰 丙申

拾级千寻上,登临一倍难。日斜双树径,云满曼花坛。龙雨腥还合,佛灯青欲残。振衣情不惬,北望暮云寒。

二贤祠重读义兴相公诗感赋

谢傅青山志，羊昙旧见招。千秋余版椠，孤榭托云霄。弦望何时合，杜蘅今已凋。清浔二千里，遗恨在军谣。公于苍梧以军谣十首授余梓行。

花咏八首 丁酉

樱桃

艳深消雪冷，行密迓春酣。弱蒂东风试，繁枝细雨堪。大官谁复荐，啼鸟定先含。献岁摇新恨，群芳且未谙。

迎春

玉峰疑菡萏，绛珮诅辛夷。蝶醒初春里，香寻未绽时。云生仙袂重，月上素痕滋。愿结青萝好，亭亭寄远思。

山矾

韶月飞金粟，春云降瑞霙。暄风别有约，芳草共含情。须浅容寻蝶，香过恰趁莺。仙轓来早暮，即此玉为京。

紫荆

珍第偕金枕，同欢感异株。虞渊衣未浣，汉玺泥应濡。疏干捎莺羽，繁英碍蝶须。桃蹊别弄色，泫露泣邢姝。

杜鹃

采缬轻红药，丹痕竞紫榴。仙归十里崿，云指九重楼。晴雾笼深晕，平塘炫碧流。如何蜀鸟恨，夜月未消愁。

黄杜鹃

啼鸟愁如歇，闲情寄浅绸。眉新欲试喜，额晓待添妆。酒色醺莺羽，春情驻柳香。愁心迷望帝，聊学赭袍黄。

金钗股

金虎胎含素，黄银瑞出云。参差随意染，深浅一香薰。雾鬟欹难整，烟鬟翠不分。无惭高十韵，赖有暗香闻。

冈桐

樾馆辞寒候，江乡记稻春。笑迎朝日上，繁映晚霞匀。紫沁侵铅粉，青跌借绿茵。似怜芳草弱，飞覆玉鳞鳞。

即事

秋晚翠娟娟，寒条经雨边。断云藏半树，归鸟没孤烟。筱弱梢梢重，藤轻叶叶便。上方夕磬早，亭午落清喧。

山居杂体药名 _{己亥}

白日及闲年，寻常山色妍。古松香满径，修竹叶参天。紫菀朝霞雨，黄连夕照烟。柴桑寄生理，不受督邮怜。

山居杂体县名

月上林间夜，烟含山际秋。蛙吹传静乐，尻马足仙游。抱瓮安园蔌，忘机定海鸥。余生随大冶，沤沫委东流。

岳峰悼亡四首 _{辛丑}

不愁云步滑，慊慊故憁来。多病霜风路，余生隔岁回。凤绡残染泪，蛛网誓封苔。旧是销魂地，重寻有劫灰。

到来犹自喜，仿佛近檐除。小圃忙挑菜，闲窗笑读书。忽惊身尚在，莫是客凌虚。楚些吾能唱，魂兮其媵余。

关塞天涯黑，精魂一倍丹。停云迷鸟宿，舞雪耐梅寒。不遣琴心寂，相怜剑影残。三年烹白石，余沥咽龙湍。

岳阡初甃罢，君此拜姑嫜。地下容能聚，人间别已长。蝶飞三月雨，枫落一林霜。他日还凄绝，余魂半渺茫。

迎秋八首 壬寅

昨夜月初明，青枫引露清。稻香三日雨，虹影一溪晴。落照低犹赤，蘋风晚更轻。定情凡几日，银汉映阶平。

斜日飐垂树，因风欲上黄。侵苔依浅碧，漏月透微凉。去鹭惊溪改，跳鱼拂荇香。森森芦叶满，幸缓一头霜。

长日倦何曾，棋枰早不胜。杨枝愁少府，杜若老吴兴。星影微侵幌，萤光几背灯。西风才一夕，先与客愁应。

旧不解惊秋，于今预理愁。雄风三楚国，残月四更楼。天外芙蓉剑，人间竹叶舟。凉宵聊邂逅，不似梦中游。

青山秋缓缓，白发鬓匆匆。赋笔期霜雁，琴心款夜桐。藕丝侵水碧，鱼眼泣波红。莲唱歌年少，江南一梦中。

当暑病犹轻，离魂几日阴。羽笙天上曲，沟水路旁吟。渡鹊无聊事，归禽有限心。炎光劳缱绻，回首怨寒砧。

投分留纨扇，怀恩记葛衣。兴亡凭一泪，去住恨双违。戏蝶情还在，玄禽巷已非。贮愁蜻蜓馆，旧已遣莎肥。

吴茧初成练，商声畏上弦。到来拚落叶，先事怪鸣蝉。暗湿三更露，公收万里烟。亭亭苍壁外，云岫弄余妍。

寒月 甲辰

寒光清不极，一半上东峰。霜净初弦小，烟平素影重。江山群动息，河汉九宵封。迥绝宵钟后，吾生定几逢。

早春三首 _{丙午}

光气浮莎径，红滋点药畦。晴丝弱柳外，夕蝶小窗西。风细千波绿，云生一片低。天情随物理，色色与春齐。

不觉故心移，年华冉冉知。晴窗熏午睡，暄步爱芳吹。幸缓西园梦，还留朔雪悲。含情方几日，谁道鬓添丝。

向夜月迎人，空烟合望新。落梅轻去影，乳鸟乍啼晨。碧水涵苔暗，流光散露匀。良宵仍蕴藉，凄恻奈何春。

十二月八夜看月

寒月静不迴，中天白霭分。烟空含树色，星浅入冰纹。梦觉疑无定，凄清受已勤。遥情谁寄托，千里一缊缊。

初九夜再赋

迢递缓当天，浮光始出弦。桂丛含雾隐，梅影弄霜妍。分镜知谁照，寒蟾苦欲仙。明珠期有赠，还恐雪侵年。

正月十六夜重赋 _{丁未}

出岫试娟娟，光侵落照天。昨宵深困雨，初夜未亏圆。透碧融霜气，凝晖款夕烟。梅香来近远，稍觉送微暄。

与唐须行夜话 _{戊申}

九春初歇雨，花展不相期。踏薜亦何适，临风久系思。秋毫分九级，火电掣双眉。不与通消息，含情更待谁。

鼎鼎千秋意，劳劳夜语传。六经谁楚汉，一击试鹰鹯。偶觉空群马，人疑泛月船。名心消已尽，无望古今怜。

始晴

春尽试新晴，高天起夕清。南飞双鸟白，西上一星明。润叶沾青露，凉萤傍紫萍。当年未萧瑟，曾此晚愁轻。

湄水月泛同芋岩

泛宅非今日，清欢任偶携。滩光月影上，山色晚霞西。极目随移棹，生涯试杖藜。江洲无载酒，还似武陵溪。

排律

八月梨花　*乙未*

夕吹喧风叶，初暾炫露条。途阴新紫荐，大谷早英飘。留蝶寻香薄，迟莺忆梦遥。迎凉催晓色，倚雪抗清霄。恨讵青春谢，姿矜白日昭。洁纨悲汉扇，瑶馆驻秦箫。抱影空含碧，凝魂映沉寥。云痕将桂粟，湘怨亘兰苗。修月飞琼柿，凌空舞素潮。西乌歌正急，南树梦犹妖。瀚海寒偏耐，哀家韵未饶。一桐虚井砌，片叶点诗瓢。衔去玄禽远，归来白雁邀。余芳回羯鼓，幽约后星桥。江介芦花冷，扬州玉蕊凋。函情摇落日，芳信在山椒。

新秋看洋山雨过　*丙申*

南楚秋风日，轻阴太白方。参差分远嶂，明灭互斜阳。旋度云间树，还吹山际香。鹭飞初掠润，燕语乍矜凉。云断天逾碧，林疏野乍光。余霞侵月浅，晚雾过溪长。薄袂冷冷善，闲愁鼎鼎忘。萧斋聊隐几，吾道在沧浪。

山居杂体建除 己亥

建宇依回岫，锄畦沿涧流。除云无过客，留鸟伴孤游。满径萦霜带，遥天珮月钩。平泉空木石，玄晏自春秋。定里窥僧际，醮余缓宿愁。执交顽石古，送远野鸥浮。破雪寻新蕈，迎晴验午鸠。危烟征杳汉，细草借香柔。成绩缘蜂课，纷争笑蚁谋。收书祛粉蠹，篆壁写蜗牛。开圃蛛丝密，支床龟息幽。闭关思物理，杜德拟天休。

哀管生永叙 辛丑

落叶风喧夕，啼鸦柏冷霜。如何悼亡客，还有丧予伤。岳径云藏雪，洋泉月引凉。培兰将九畹，炼镜已三商。带草先摧绿，传灯独秉光。思深千里驾，望属百身良。烨烨芝房折，悠悠蒿里长。紫囊悲太傅，缃帙冷中郎。春谷江流远，南云塞路荒。人情谁剑挂，天道岂弓张。交绝怜东里，狂歌问子桑。贡生空委珮，鲍叔未分粮。笛咽山阳馆，琴残子敬床。宁知哀《九辩》，不及待沈湘。

恺六种凤仙花盈亩聊题长句 乙巳

光风何处好，樾径启朝阳。竹里天凝绿，梅村月旧黄。名花拚物玩，小品眷幽芳。蕉露分长润，苔茵荫午凉。学仙初羽化，字凤欲歌狂。茎脆空清入，阴圆碧霭张。欲言鹦味曲，如舞蝶襟忙。紫晕飞初日，华吹结绀霜。凝丹猩褫血，浅素雪添香。不解邢憎尹，终谐鹔侣皇。分妍矜色色，薄袂共洋洋。蛱臂虽多妒，黄尖得上妆。素轮宜晚拍，义甲惜春藏。小触娇旋怒，多灵敛亦翔。清琴蛇腹古，丸药寇胎康。瑞约宜男早，心同栀子长。闲居人自洛，至止客怀湘。相约秋光里，娟娟誓不忘。

六言

咏史二十七首

箕子生传《洪范》，刘歆死击《谷梁》。叛父只求媚莽，称天原是存商。

堕泪曲江《秋燕》，白头小范黄花。变《雅》三年《破斧》，续《骚》一部《怀沙》。

桎梏荀卿性恶，逍遥王衍无为。指鹿不迷物则，问蛙方证希夷。

安世不藏父恶，南轩尽掩前羞。迁史直承《尧典》，紫阳曲学《春秋》。《尧典》不为禹讳鲧，《春秋》为亲者讳。

公主盘飧赌命，上卿片唾输头。偏是羁孤臣妾，贪他菌蟪春秋。

中垒传经烧汞，东坡抗疏逃禅。梦傍昌黎床榻，炉兼万毕铜铅。

信陵饮酒近内，步兵泣路驱车。赢得不知别苦，难忘聊复愁予。

田丰死争官渡，鸱夷不谏夫椒。未到水穷山尽，难回坠石狂潮。

凤杳扬雄拾羽，龙乖谷永探鳞。奇字诒痴万卷，危言卖绽千春。

元载饥寒扫迹，苏秦车骑迎门。襄马装妻勾当，髑髅血肉乾坤。

李勣逢人便杀，西巴见鹿犹怜。自让孟孙眼孔，何须武瞾金钱。

泜水潍城垓下，陈仓子午褒斜。先手偏争后着，一羊不奈三叉。

曹魏登坛舜禹，萧梁塔庙瞿昙。酸得不禁太苦，悟来妙在无惭。

代契丹憎延广，为司马爱谯周。一线容头活计，二毛肉袒风流。

肯死魔留佛种，再来鹰化鸠啼。借问邦昌伪相，何如任永淫妻。

方寸止知老母，始终惟报韩王。家鹜仅供玉馔，玄禽长寄雕梁。

魏篡陈思堕泪，晋亡谢客挥戈。夺嫡封侯愿力，顽民义士风波。

孝逸妆台授钺，崔生穿帐修文。临镜妖狐国史，护阑鹦鹉将军。

郗鉴生怜逆子，沉充死愧贤孙。桂蠹何伤芳树，兰芽不染潴根。

着面维州黑子，还魂免役青蚨。皮砌只争焊揉，头倾忘却支吾。

狄青非万人敌，韦皋亦百里才。学击鹰鹯夸俊，知音黄雀生灾。

子厚县崖题壁，昌黎华岳投书。小人可使有勇，君子其蔽也愚。

擒守忠如捉鳖，奉嘉王亦建瓴。流汗帆风摇橹，埋头白昼囊萤。

习气齐邱说法，门头唐主参禅。圆顶方袍天子，黄扉紫阁神仙。

家法销兵杯酒，朝章决狱风波。无信人言采苦，其则不远伐柯。

蟋蟀消归秋壑，鹦哥生受思陵。几队吟虫语鸟，一抔秋草冬青。

乍可黄冠归宋，羞将白血殉元。蜜蘖不争甜苦，猿虫各有精魂。

七言近体

耒阳曹氏江楼迟旧游不至 <small>戊子</small>

野水瑶光上小楼，关河寒色满楼头。韩城公子椎空折，楚国佳人橘过秋。淅淅雁风吹极浦，鳞鳞枫叶点江洲。霜华夜覆荒城月，独倚吴钩赋远游。

圆通庵初雨睡起闻朱兼五侍御从平西谒桐城阁老归病书戏赠 <small>己丑</small>

秋井拖阴柳色阑，疏云开碧整归鞍。梧桐新坠平津苑，鸊鹈遥飞御史滩。愁里关山江北杳，尊前星汉粤天寒。棋枰应尽中原略，莫遣苍生属望难。

李广生自黔阳生还归阙率尔吟赠并感洪一龙三阳太仆山公及邓君郑石诸逝者浮湘亭之游 <small>亭在湘乡涟水西南，郭天门司马建，今毁。庚寅</small>

涟水东流落月横，浮湘亭上似三生。汉庭旧节归华表，粤道旌旗乱早莺。酒侣垂杨悲墓合，世情蛱蝶到春惊。如君豪气矜淮海，恨到消沉泪亦倾。

答姚梦峡秀才见柬之作兼呈金道隐黄门李广生彭然石二小司马

遥求勾漏寻灵饵，却背仙坛访上元。初服偶然抛竹簝，融情一倍感芳荃。云畦过雨怀红药，春泛消愁畏绿尊。千古英雄无死处，酒徒高唱感夷门。

五日小饮兼五舟中寄人时两上书忤时相俟谴命故及之

垂垂江上瘴云飞，也听莲舟挝鼓归。炎海蛟龙吞楚客，绿云烟水吊湘妃。故园蒲草空盈把，过岭笳声尚合围。哀些远凭清思抑，目前殊觉解人稀。

留守相公六帙仰同诸公共次方密之学士旧韵

千古英雄此赤方，漓江南下正汤汤。情深北阙多艰后，兴寄东皋信美乡。进酒自吹松粒曲，裁诗恰赋芰荷裳。萧森天放湘累客，得倚商歌侍羽觞。

凉生恰恰桂江天，万里吴皋秋信传。月拟上轮分海晕，风初过岭雾蛮烟。雕戈数转三襄影，花坞凭留七月仙。莫讶维州争论亟，河山清晏自平泉。

石板滩中秋无月奉怀家兄

颓岸清江隔晚烟，鳞鳞云起夕阳天。秋声已觉频喧夜，明月心知不易圆。桂阙参差疑羽客，芦中迷离访渔船。刀头飞镜终无准，今夕何年倍惘然。

读指南集二首 乙未

绛节生须抱璧还，降笺谁捧尺封闲。沧波淮海东流水，风雨扬州北固山。鹃血春啼悲蜀鸟，鸡鸣夜乱度秦关。琼花堂上三生路，已滴燕台颈血殷。

扬州不死空坑死，出使皋亭事未央。鸣鸠春催三月雨，丹枫秋忍一林霜。碉门鹤唳留朱序，文水鱼书待武阳。沧海金椎终寂寞，汗青犹在泪衣裳。

冬尽过刘庶先夜话效时 丁酉

端自莲花瓣里来，幻身真作冻蜂猜。世如棋弈辘轳劫，话到文章婪尾杯。三公叔夜龙鸾客，兀者郑侨斥鷃才。金销石泐寻常事，惭愧寒香一径梅。

续哀雨诗四首 辛丑

庚寅冬，余作《桂山哀雨》四诗。其时幽困永福水寨，不得南奔，卧而绝食者四日，亡室乃与予谋间道归楚。顾自桂城溃陷，霪雨六十日，不能取道，已旦夕作同死计矣。因苦吟以将南枝之恋，诵示亡室，破涕相勉。今兹病中，搜读旧槁，又值秋杪，寒雨无极，益增感悼，重赋四章。余之所为悼亡者，十九以此，子荆奉倩之悲，余不任为，亡者亦不任受也。

寒烟扑地湿云飞，犹记余生雪窖归。泥浊水深天险道，北罗南鸟地危机。同心双骨埋荒草，有约三春就夕晖。檐溜渐疏鸡唱急，残灯炷落损征衣。

晴月岚平北斗移，挑灯长话桂山时。峒云侵夜偏飞雨，宿鸟惊寒不拣枝。天吝孤臣惟一死，人拚病骨付三尸。阴晴旦暮寻常极，努力溯洄秋水湄。

羊肠虎穴屡经过，老向孤峰对梦婆。他日凭收柴市骨，此生已厌漆园歌。藤花夜落寒塘影，雁字云低野水波。樾馆无人苔砌冷，桂山相较未愁多。

《桂山哀雨》旧诗留，读向泉台忆得不。卞壶可容魂大笑，王章不为死含愁。丹枫到冷心元赤，黄鞠虽晴命亦秋。韶月年年春日暖，倡条冶叶漫当头。

人日 甲辰

人日犹余寅正腊，深阴不识月初弦。春光荏苒虚梅信，朔雪霏微乱柳烟。何处暄风催彩胜，谁将病骨祀华年。中宵欲待清霜霁，珠雨还飞玉粟田。

又雪同欧子直

溪边林外转霏微，几处新莺禁不飞。即次青春欺白发，叮咛酒力试寒威。连天朔雪悲明月，昨日西清忆落晖。为报春光多蕴藉，来朝一倍报芳霏。

五日携放儿同子直泊贤从哲仲小饮分得端字

今年五日尚余寒，剪剪菖风摆露难。雨歇罩鱼垂柳径，人归赊酒白云端。丹心彩笔三湘事，霜鬓朱颜一镜看。彭泽无田供秫米，何须粗粝饱龙餐。

即事有赠

青门绿野两情忘，柳宅桃津一径长。四海交穷怜白发，双星夜永看珠光。梅香早透胧胧月，酒坐寒侵款款霜。咏史已惊开竹素，挑灯无事话沧桑。

人日新晴 乙巳

昨宵弦上晴天月，人日青开媚景烟。柳带小吹摇露颗，红芽纤出破苔钱。胜常难问求凰意，怀旧空吟落雁篇。为恼新莺惊午睡，不容梦蝶驻华年。

秋雨同子直

秋阴何来飞雨淙，杜陵欢之后尧江。井桐已落不知数，水鸟无愁聊自双。游屐几曾过柳岸，青尊只少对兰缸。犹传锦字开幽独，湿月穿云上小窗。

又雨

昨日余暄黄稻天，轻雷斜过晚霞边。林光留日犹多碧，暝色侵云不耐烟。凌借晚红欺菡萏，风光苔色长连钱。栖迟藋径经过少，几厌溪声柳外喧。

夜

始夜枫林初下叶，清秋弦月欲生华。凉凝露草流萤缓，云断西峰大火斜。藏壑余生惊逝水，迷津天上惆星槎。兴亡聚散经心地，高柳萧森隐荻花。

元日过子直奕 丁未

今日何年复岁朝，晓窗新梦试逍遥。韶光流转谁消息，春赏殷勤久寂寥。竹径云深通绿蔼，兰芽雨沁透红苗。高斋奕散前溪路，回望炊烟隔小桥。

故孝廉李一超以怀贞穷愁死不及有嗣息元配林孺人披呵太孺人于瘭病中十四年不舍榻右猝遭危疾临终悲咽以不得躬亲大事为憾啼声未绝而逝余于一超不浅视道路感泣者自逾涯量裁二诗以将哀尤为太孺人愍悼焉

怀清台上望孤忠，剩水余山恨尽同。块肉无留犹赵氏，炊烟不热自梁鸿。亭亭宝婺邀残月，转转金轮御朔风。十四年来千种事，凄凉彤管不书功。

从知生死一浮沤，大誓宏深不易酬。萱草幸留春百岁，桂轮难满月三秋。鸡声五夜闻遗语，鹤发千梳绾别愁。犹有寒荠青半亩，留调膏粥侍晨羞。

刘若启为余兄弟排难已招泛虎塘叙其家乘会当六峡帨辰欢宴之下遂允觊室子敬儿

此生相聚太从容，海徙山移梦后逢。急难情深赠缴缓，根株心许茑萝封。百年初识团圞相，双径从看偃盖松。拟煮丹砂回白首，年年吹笛上嵩峰。

湖外遥怀些翁

心心长不断湖天，满月孤星旧有缘。野烧三叉余幸草，湘流九面惘胶船。寒深鹤带尧年雪，海阔龙分佛口涎。闻说当机惟一指，皈心欲扣逆流舷。

寄怀青原药翁

霜原寸草不留心，一线高秋人入桂林。哭笑双遮∴字眼，宫商遥绝断纹琴。情知死地非长夜，屡卜游魂得返吟。惟有寻思归计好，黄金装额怕春深。

春日山居戏效松陵体六首 戊申

垂垂雨足晓雷收，草阁凭崖似倚楼。上赤数莺吹几叠，之玄一瀑写双钩。云生右史蟫餐润，花坠中丞蚁渡幽。已过清明瓜未种，憎人相拟到秦侯。

小窗日卯破清酤，渐老帘帏上午岚。梵夹偶披惟以九，丹图横看亦函三。西峰月瓦从飘练，曲径苔茵稳卧蚕。千亩琅玕溪涨外，经旬玉版不曾参。

即栗无多染沁泥，危桥不渡只前溪。杨花甲坼占风北，鹁鸠叮咛唤日西。漏白蘋开十字眼，路青薇试五花蹄。行滕还惹空青湿，篝火炉边恰煮藜。

夭桃十树柳千条，诅雨迎晴意两消。活影玻璃沉曲沼，吹香靺鞨糁平桥。游龙依藓红鳞密，鱼虎分波翠晕摇。莫厌溪声喧午梦，乘流初好泛诗瓢。

荠美先登讖岁饶，回塘及暖浸长腰。圆餐韧雪春猫耳，瓶瓮庵香糁鳖苗。带雨饁妻簪踯躅，催耕抟黍啄螺蛳。高斋寓目忘天暝，黄犊将鸠上小桥。

垂杨护径转依依，绿掩芇眠不置扉。茧室拟营桑叶少，虫书欲就柿林稀。闲栽生芐蒸寒药，拟架番松却暑威。新韭半畦钟乳长，无妨览镜诧新肥。

期徐蔚子虎塘迟至余暑病先归蔚子独留万绿池与若启月饮共相太息寄此谢之

稻花风转接罗吹，系辔萧条占桧枝。画扇红牙前夕酒，青山白雪几年诗。千秋华表留仙语，一曲沧浪鼓枻悲。为惜君愁须缓缓，相逢知有泪双垂。

答黄度长

东篱花冷候虫惊，资水连湘一雁征。霜色已凋隋岸柳，秋风遗意武昌城。传经鲁壁闻丝竹，述酒柴桑访秫粳。心迹元同难举似，云飞叶落两含情。

得青原书

青原题书寄南岳，经年霜雪中回还。夕阳秋雨各津涘，鸟道别峰许跻攀。西台江水流清泚，东林菡萏开斒斓。春鸿社燕皆旦夕，不碍幽忧长闭关。

七言绝句

河田营中夜望　戊子

夜烧连山接暮云，牙旌高卷管弦闻。负恩自笑夷门客，魂断邯郸晋鄙军。

桂林偶怨　己丑

灵药成虚旧恨空，征衣无那楝花风。丝丝春雨垂帘下，又向天涯识塞鸿。

自南岳理残书西归慈侍困于土人殆滨不免太孺人怛愁废食既脱谕令去此有作聊呈家兄

春零慈竹惜徘徊，孤燕孤飞鹰隼猜。莫是渔郎归棹错，桃花不为避秦开。

题彭然石舫壁　庚寅

旧曾相识此扁舟，江黑云低对戍楼。象帝祠前秋似叶，伏波山下月如钩。

偶闷自遣　辛卯

鸡声残月夜如何，水级危轮又一过。扯断藕丝无住处，弥天元不冒修罗。

过涉园问季林疾遣作早梅诗四首

雨轻偶破山云出，花浅时闻小径香。总是村烟开不彻，尽教无月也昏黄。

晚香消尽寒香接，无日无花不早开。莫倚文殊能问病，现身天女出檐来。
江南塞北总阑珊，幽谷嫣然一破颜。无数明玑垂屋角，牵萝何必卖珠还。
先机买隐君能早，后着投生我自痴。也共巡檐吟不了，耐他冷蕊共疏枝。

过西明寺追怀怡一上人示苍枝慈智 壬辰

缥缈诸天缟雪飞，炉烟初焫湿云衣。重来春水迷苍翠，凄绝苏阃画板归。
冬葵滑熟菠薐脆，云子抄香凤乳花。惭愧千金无报处，三生客在自蒸砂。

从子籹遭悯以后与予共命而活者七年顷余窜身徭中不自以必生为谋籹因留侍伯兄时序未改避伏失据掠骑集其四维方间道往迎已罹鞠凶矣悲激之下时有哀吟草遽佚落仅存绝句四首 甲午

斜日荒荒打枣天，山头回首杳墟烟。当时不道今生别，犹向金风泪黯然。
黑海难全一叶舟，谁将完卵望鹓鶵。含羞含恨无终极，稚子牵衣笑邓攸。
割骨分肌亦屡禁，如今万矢倍攒心。岳阡秋草应含怨，万树严霜杀一林。
情根悔不锄苗早，蔓草萦丝自惹愁。至竟潘安悲白首，人间何有坠珠楼。

哭欧阳三弟叔敬沉湘 丙申

菖雨蘋风杜若香，《怀沙》千古吊潇湘。迟回怕唱招魂曲，不信人间别已长。
通眉旧是玉楼仙，昌谷春消野竹烟。誓倒奚囊传好句，人间差有外兄贤。
荆榛小径对春溪，月上芭蕉碧影迷。池馆山阳留不得，愁来惟伴野猿啼。
枯木难消只赋心，散愁长欲寄知音。调孤雌霓休文句，哭碎灵床子敬琴。
瓣香洒血气奔雷，《采葛》歌残击筑哀。十四年来争一死，英雄消受野棠开。
南荣枝叶各相当，抛玉挥金意共长。岸谷消沉羊叔子，推恩无分到中郎。

小步 丁酉

新虹酿暖带余清，云里东峰一曲晴。步步看花兼看叶，胎红乳白各分明。

吟得

双溪欲合声逾急，孤鸟将栖晚更飞。惟有小窗人睡起，不知香尽落春衣。

拆杨柳

儿家门前杨柳枝，南来北往折残时。去去青骢都不返，郎行莫再挽青丝。

明妃曲 戊戌

金殿葳蕤锁汉宫，单于谈笑借春风。黄沙已作无归路，犹愿君王斩画工。

南岳摘茶词十首 己亥

深山三月雪花飞，折笋禁桃乳雀饥。昨日刚传过谷雨，紫茸的的赛春肥。

湿云不起万峰连，云里闻他笑语喧。一似洞庭烟月夜，南湖北浦钓鱼船。

晴云不采意如何，带雨掠云摘倍多。一色石姜叶笠子，不须绿箬衬青蓑。

一枪才展二旗斜，万簇绿沉间五花。莫道风尘飞不到，鞠尖队队满洲靴。

琼尖新炕凤毛毷，玉版兼蒸龙子胎。新化客迟六峒远，明朝相趁出城来。

小筑团瓢乞食频，邻僧劝典半畦春。偿他监寺帮官买，剩取筛余几两尘。

丁字床平一足雄，踏云稳坐似凌空。商羊能舞晴天雨，底用劳劳百脚虫。

清梵木鱼暂放松，园园锯齿绿阴浓。揉香接翠三更后，刚打乌啼半夜钟。

山下秧争韭叶长，山中茶赛马兰香。逐队上山收晚茗，奈他布谷为人忙。
沙弥新学唱皈依，板眼初清错字稀。贪听姨姨采茶曲，家鸡又逐野凫飞。

初度日占 辛丑

横风斜雨掠荒丘，十五年来老楚囚。垂死病中魂一缕，迷离惟记汉家秋。
一万五千三百三，愁丝日日缠春蚕。天涯地窟知音绝，新鬋牛衣对雨谈。
十一年前一死迟，臣忠妇节两参差。北枝落尽南枝老，辜负催归有子规。
新买茱萸半亩堂，苔侵床足月侵墙。天涯芳草迷归路，病叶还禁一夜霜。
十载每添新鬼哭，泪如江水亦干流。青髭无伴难除雪，白发多情苦恋头。
陈抟驴背笑难禁，龚胜床头饿称心。雪搅九微香炬暗，未知除夕是晴阴。

竹枝词十首 丁未

杨廉夫唱《竹枝》于湖上，和者麇集。以初体求之，非《竹枝》也。长庆始制，同出而
歧分，如竹枝之相亚，应篙楫之度，登顿挫沕漓，用近藏远，庶几风人之旨，故聊为之。

嫩鹌鹑斗不相降，野鸳鸯飞不作双。昔年挑冰上雪岭，今年贩水下长江。
暮雨朝云神女峰，三朝三暮黄牛踪。入峡来回看不厌，出峡对面不相逢。
巫山不高瞿塘高，铁错不牢火杖牢。妾意似水水滴冻，郎心如月月生毛。
洞庭湖北汉水横，青草湖南湘水清。两道湖光争潋滟，两般艇子各分明。
黄陵庙前班竹丛，巴丘湖上水连空。生受鹧鸪啼夜雨，生成江兔拜秋风。
鸬鹚衔鱼只道饥，鸡鹡运目也孤飞。江花笑水郎不去，白浪掀天郎不归。
荷花有日绽金须，荷叶无心系水珠。浪打萍开从恼妾，萍留浪去恰怜渠。
江边寒梅自着花，江上女儿自斗茶。浪向花前爇片脑，浪疑茶里点脂麻。
杨柳湾头娥䯄开，杨花飞雪逐船来。郎爱杨花随舵转，侬怜杨柳倒根栽。
巫山欲出三峡中，狼山还隔海门东。何人不打开船鼓，何人解使斗帆风。

忍俊

金鸡只遣报青蝇，发箧探丸等不应。东海未亏输一粒，无妨郭索与横行。
鲔眼红如鲤尾红，吹沙蚀岸尽春风。任公无用钓缗处，毕竟鱼还死水中。
腊月桃花带雪妍，迎头早唱卖花喧。若教赊贩春千日，借问姚黄得几钱。
豺祭羔豚獭祭鲜，不须欣享且争妍。王唐瞿薛当年盛，又束潘妃步步莲。
波斯匿王不自知，恒河未改雪飘眉。流沙弥弥鱼虾少，惆怅滩头立鹭鸶。
勾芒跣足苦争先，昨夜酸风雪满天。不见旗亭游冶客，春归才著土牛鞭。
苦为侯城惜道穷，姚师闲泪洒秋风。螟蛉若续读书种，上计偷香是贾充。
悟尽人间得未曾，食轮先转法轮僧。莫将负鼎嗤伊尹，草具匆匆杀范增。
五色云中鸂鶒衣，凤凰池上带香归。并刀剪落金风里，乞与谁家作舞衣。

乐府

长歌行　己丑

榑桑无落景，瑶水无逝波。千岁有问津，微生遂经过。偶零玉露浆，
聊弄素女蛾。不知人间秋，落叶纷已多。进酒白玉觞，侑之缓声歌。长旦
无凝云，毕景皆赪霞。俯睨星火流，停欢待伊何。

独漉篇

独漉浊水，江水浊，菱叶青，不畏浊水寒，但畏浊水腥。水腥鱼乱，
虾蟹相半。风起月黄，菱叶苦绊。东家孤儿西家妇，夜闻啼声旦拍手。宝
刀旧结并州豪，春风日醉新丰酒。耐可死浊水中，不能宿秋草陌。挥刀难
割空中烟，长叹流光坐闲掷。

君子有所思行 乙未

天道不可见，往来孰令亲。求仁信由己，循我得其真。宿粮陟穹谷，问彼度世人。浮屠东入汉，老聃西去秦。弩神离宝命，欻景骞轻尘。屈理遂所欢，淫曼增迷沦。孟轲丧齐梁，辩言隐千春。坚垒拒输攻，墨守固重闉。倾筐贵所置，室远愿不伸。夜闻曷旦急，秋惊络纬新。时哉随逝水，极渚暇逡巡。

枯鱼过河泣 戊戌

笼中鸭，声唶唶。水中鸭，游渫渫。谓水中鸭，何妨分我以余湿。越王赏吴溲，宫中皆含蒇。汉有张良楚项伯，泾清渭浊皆吞吸。凤凰餐竹花，桑扈啄场粒，嗟尔嗖嗖今何及。君不见枯鱼过河泣，胡不早淤浊水学鳛鳎。

来日大难 壬寅

来日大难，毛凋羽残。不知今者，谁为妙颜。醇酒肥牛，何用解忧。仙人王乔，足可遨游。黄金可作，尘世可度。鳅游浊水，龙上天角。没命黄泉，志存偓佺。遗物独往，杳若孤烟。轩辕乘龙，仿佛云中。天老操觱，仿佛云内。精魂相存，生死同门。千秋万岁，乐以忘言。

长相思二首

长相思，永别离，愁眉镜觉心谁知。蛛网闲窗密，鹅笙隔院吹。年华讵足惜，肠断受恩时。

长相思，永离别，地坼天乖清泪竭。油卜罢春灯，寒砧谢秋节。宝带裂同心，他生就君结。

箜篌引 丁未

弹箜篌，击鼍鼓，款留君，君不住。素丝玉壶白水清，博山兰膏飞烟轻。华月微风吹凤笙，他人不语君含情。胡为乎凌狂波而乱流，从君不果心繁忧。东海之鱼不可得，西飞之鸟不可留。往者不谏，来者徒伤。寸心炯炯明月光，千里万里随君傍。君凌浊水不见影，青天高悬独傍徨。

歌行

休洗红 己丑

休洗红，洗多颜色坏。东园桃李花，阳春不相待。去时罗衣薄，来时罗衣寒。天风日暮急，举袖君自看。鸣蜩札札落柳枝，深闺年少犹不知。

莫种树戏代山阴相公赠怀宁朱侍御

莫种树，树长青扶疏。羯来九子凤，故是白门乌。白门乌，柏台鸟，欲啼不啼天未晓。街鼓咚咚星欲稀，还向羽林门外飞。

康州谣追哭督府义兴相公是去秋同邹管二中舍会公地

可怜康州城，泷水从南来。龙旗翩翩去何由，苍梧迷密云不开。秋风起，秋叶飞，旗翩翩，去不归。乌头黑，雀头白，城上飞，声哑哑。羽林军，神厩马，昨日灵羊溪，今日康江下。杨花自飞鸟自栖，相公白旆清浔西，康州城下生蕨藜。

劚蕨行 乙未

清晨上南坂，芜草深没腰。黄云冒山起，雪花零乱飘。雪子穿棕笑，雪花漫棕衣。飘衣湿尚可，悬愁空筐归。土皮滑白劚断柄，短茎泥重淘寒井。黄茅盖头雪侵领，奋椎力尽刚过颈。绵绵咽咽声可怜，阿儿涕堕牵丝饼。流泉浑浑浊如蓝，朦胧犹见伶仃影。伶仃相扶过眼前，黄绵袄子雀儿毡。梦里春光快活天，君不见，马槽□□□东去，雪花洒血痕丹鲜。

山居杂体两头纤纤

两头纤纤水溜绝，半黑半白烧岭雪。膈膈膊膊冻竹折，磊磊落落飞霰屑。

山居杂体五杂俎

五杂俎，采野蕨。往复还，沿溪谷。不获已，黄农伏。

哭内弟郑忝生 庚子

悠悠重悠悠，送子冈陇头。乍可为陌上之秋草，繁霜一夕同荒丘。不能为磷磷之白石，相看逝水旋东流。与君别何所，庭前绿竹下。日夕君不来，春云覆平野。与君期何日，三五轮魄充。君归黄泉去，月轮故未空。君家旧住鹿门溪，君魂欲归道路迷。与君相逢入桂城，铁骑斥野飞箭鸣。旧愁疑在春梦惊，乃知君死而余生。生亦不可期，死亦不可悲。鸡鸣月落杉桥路，且与须臾哭别离。

管大兄弓伯挽歌二首 序 甲辰

有明文学管嗣箕弓伯，以今癸卯冬，卒于南岳百丈山。病乃使余有宿草而不得哭。其明年，姬六以亡托将改造，返灵莚于高节里之故居，乃申一恸。良慨然矣，将复何言。抑夫生人之役，荣凋欢恶，咸有二三，惟一而不两者，死而已。惟一而不两，故昧者迟回，觉者引决。但一忍之须臾，无他畏难矣。慷慨之捐，惟一斯易。假令试之二三，在壮士之频繁，不能鲁缟之穿也。今勿说弓伯兄之死，得年五十有二，考终于寝，弓伯兄固久不期此。癸未贼投人于湘水，雁行相接，兄犯其不测，以保难弟之节，一死矣。戊子起兵不利，缧而系于潭狱，刻日就白刃者，一死矣。庚寅流离困病于岭海，犯难以护难弟于长林，一死矣。以身突其三死，而谁期为一者之考终。弓伯兄弄死如丸，死去弓伯兄如鹜，复得此十三年于荒山樵径之中，兄余食而赘形视之。昔不为兄骇，而今为兄哀邪，妄也。兄磊磊不为愿人之容，人或以为兄诟，此何有哉！兄善饮，亦善饮人。兄善以财假人。然以二者故，引其溪壑之涎而终不能充塞之。兄不慕炎而弃寒，以是睥睨炎者。而虽不炎者，亦妒兄之不与己同调，以欷歠于炎。途诟之兴，自此积矣。虽然，彼流者且龁腥草，唼腐頮，宝敝帚如拱璧，而嚅唼于寒云酸雨之中，浸不诟兄，则兄病矣。兄家世宣州，寓籍蒸上，族寡而未有血胤，则或有为兄惜者。夫万汇之息，形生于下，神传为上。今兄以其孝友义烈之气，如云如日，其晖荫所注，且将孕为千百奇男子，以似续古人。彼区区保有其血肉之产，呴呴噢噢，卫之如君，爱之如父，此一藕之丝，其联能几哉？故凡此者，不足以哀。不足以哀，则亡用其挽，聊绍古《薤露蒿里》各一章，以娱兄于漠漠焉耳。

薤上露，光油油。日出瞳瞳，其光易收。乐日之匮得久留。将何奉，奉咿嘤。室有妇，膝有儿，儿为父，妇为师，夔夔终日夕，鸡鸣晨起以奉之。妇步亦步，妇趋亦趋。伛伛偻偻，为儿觅肥腴。如何令死心怦揣，姝姝媚媚，眉不得开。将此悲君胡当哉！日已匿，阴已霾，轶云霓，足徘徊。露晞朝阳乐无涯。

蒿里谁家地，不在蒸江上，不在湘潭城，不在苍梧黄茅瘴。祝融为盖，白石为舆，安安缓缓驾辒车。挽人勿谊，听我唱言，魂归湛湛之青天，形返茸茸之墓田。鼓毋怒，笛毋悲，庸夫不骂鬼，世间何用庸夫为。以尔笑骂代痛哭，鸺鹠乾鹊齐上屋。主人弃屋返青山，庸夫他家觅酒肉。我有酒，不酬黄泉将润庸夫口。肥牛十觭，醇醪三斗，辘辘轴轴，狂鼓庸夫死奔走，黄泉之人应拍手。

避暑王恺六山庄会夕雨放歌 乙未

杨梅塞前杨梅熟，草覆溪流绕南麓。雷声昨夜破疏星，片片余云留岳足。云留云去争新晴，蕉叶回风绿倒倾。吹灯相照两含情，良宵不负新凉生。我不能饮君不歌，华月山云光奈何。电漾金液雷颤牖，浮云上头悬北斗。放棹惟寻杜景贤，倚藤长爱支离叟。就君销夏借君闲，无归之客身阑珊。稻脚将圆子鱼长，高枕无心谋往还。

些翁补山堂诗和者数十人今春始枉寄次韵奉和并敩翁体 戊申

当其为人不知虎，何妨疑虎能生羽。罗刹刀兵诸天花，此土强名之为雨。山非山，湖非湖，无弦之琴知音孤。凭空结架飞楼琼岛八千仞，东海之西疑有无。肃慎之矢其长咫，公孙见鸡有三耳。清波不犯自垂纶，何但胸中五岳起。东藏郓欢龟阴之田西虞芮，倒影晶天无表里。有虞之嫔吮毫腐，九疑云霾十疑补。非公拄杖划破苍梧烟，下士痴将修眉黛茎数。我不出门登公堂，公勿谓我精神荒。别峰凝紫鸟道碧，从门入者徒彷徨。

《姜斋五十自定稿》全书终

姜斋六十自定稿

自叙

境识生则患不得，熟则患失之，与其失之也宁不得，此予所知而自惧者也。五十以前，不得者多矣。五十以后，未敢谓得，一往每几于失；中间不无力为檃括，而檃括之难，予自知之，抑自提之。

诗言志，又曰，诗以道性情。赋，亦诗之一也。人苟有志，死生以之，性亦自定，情不能不因时尔。楚人之谓叶公子高，一曰君胡胄，一曰君胡不胄，云胄云不胄，皆情之至者也。叶公子高处此，殆有难言者。甲寅以还，不期身遇之，或谓予胡胄，或谓予胡不胄，皆爱我者，谁知予情。予且不能自言，况望知者哉！

此十年中，别有《柳岸吟》，欲遇一峰白沙定山于流连骀宕中。学诗几四十年，自应舍旃，以求适于柳风桐月，则与马班颜谢了不相应，固其所已。彼体自张子寿《感遇》开之先，朱文公遂大振金玉。窃谓使彭泽能早知此，当不仅为彭泽矣。阮步兵仿佛此意，而自然别为酒人。故和阮和陶各如其量，止于阮陶之边际，不能欺也。

庚申上巳湘西草堂记。

姜斋六十自定稿

五言古诗

拟古诗十九首　庚戌

临歧送远道，春草生道傍。春草生有时，远行去无方。逝水无西归，游子怨流光。高台多夕风，平原足晨霜。去者日益永，留者情益警。玄云迷四郊，方望不得遑。思君褰罗帏，灭烛无余影。弃置良独难，没生誓幽秉。

东园桃李花，南国蛾眉女。灼灼相矜悦，遥遥动心语。清歌不再发，无袖无双举。昔为弦上思，今为梦中聚。芳菲非我春，为欢复何许。

灼灼三春风，萦萦杨柳色。年少去我徂，芳菲不再得。迟我心所钦，良书寄怀忆。迢递千里间，神皋有仙宅。朱凤遗清音，青天回羽翼。玉轸动鸣琴，素月辉相即。仿佛垂丹梯，云笺降消息。愿言欣相从，含情无终极。

殷勤重殷勤，置酒遥相期。华烛摇虚牖，流光动哀丝。中筵促密坐，欲言还自疑。怀情不忍戢，劝勉当及兹。为欢托荣观，结爱在新知。飞蓬非久要，胡为守枯枝。词终起相谢，微生命有涯。

客从淇水来，导我游朝歌。广陌聚高居，冠盖影绮罗。良夕奏哀弦，繁声惊素波。师延亡千载，遗怨何其多。黄鹄感其音，群飞以阿傩。高楼离思女，长夜颦青蛾。闻者无厌情，歌者益以和。清琴有希音，吾心将如何。

日南有归客，问讯珊瑚枝。海水深不测，飘零无反时。相见既无端，相忆无与知。惟持憔悴心，毕命以为期。

太阳敛西晖，纤月出云际。夕风改晨色，群星相连缀。征鸟怀故栖，遥天方远逝。巢燕依梁宇，流萤漾池砌。念我结发游，纳交相砥砺。去者日以疏，遗我成孤赘。宵露不及晨，余霜无久丽。自非金石心，谁能永匏系。

梧桐生井干，桐叶落井中。结缡事君子，飞蓬附秋风。秋风有息时，飞蓬委荒阡。间关逐君行，中道悲弃捐。依君日苦短，别君日苦延。伤哉惊飙集，吹此雨绝天。日没群星出，长夜未有端。

桂树萦晨霜，芳滋久不渝。采之无所赠，不忍置路隅。怀袖经岁年，中心良自殊。殷勤自畴昔，谁为爱斯须。

涤涤秋宇清，泫泫华露滋。冉冉弦月微，杳杳双星期。良辰既不屡，终夕亦有涯。脉脉相视间，为欢还自疑。未必经年中，绸缪无转移。

日落登崇冈，顾望青天高。四维何茫茫，浮云但萧骚。群动既非一，吾身若秋毫。自非精诚彻，蠕动徒已劳。精魄无固存，奄忽成焄蒿。及今百年内，何者终吾操。

所思不可见，所怨不可移。忽如飘风集，贸贸何所之。平生交与好，长逝相追随。中野飞磷光，白日为之迷。函意以永世，千载将谁知。

南山崔以嵬，上与浮云连。俯视何浩浩，飞鸟翔其间。延眺须臾中，心目凄以闲。置身如流波，旦夕空百端。焉能役心志，随物增忧烦。畴昔邀大梁，结交多英贤。千里不相弃，良书托归翰。宝玦白玉光，系以双金环。佩之四座惊，彷徨发长叹。所叹非偶尔，白璧当自完。

阳春二三月，绿草被修路。青林无鲜华，啼鸩亘晨暮。凄彼泉下人，不知春风度。驱驱无返辙，谁者为新故。往古既复然，非我独忧惧。天物各推迁，胡为滋惊怖。虑苦不得甘，早计良已误。灭性以求真，浮光栖月露。鼎鼎百年中，含情抱贞素。

古人不可期，今人当奈何。对酒乍相忘，援琴发清歌。适意方在兹，忧患徒相加。愤世而忘己，吾生亦有涯。商山采芝人，迹迹心自退。

和月春已徂，林鸟有余声。落英无返顾，流览怛中情。宝刀垂鞶带，昔我何所营。中宵不自戢，仿佛感精灵。邂逅良人姿，执手相徂征。心好自旖旒，随风飘长缨。虽非思所臻，乍觏亦不惊。愿言托白首，畴云中路倾。绸缪不相释，屡顾念平生。怀抱申此夕，感之双涕零。

白月流素天，微霜满空际。开轩极远目，清霄何迢递。仲秋玄鸟归，季秋阳雁至。染丝弄机杼，纵横成锦字。上有永别离，下有金石誓。不知将寄谁，绸缪结封识。经年藏宝箧，置之不忍视。

昔我游日南，中道至合浦。池水碧以寒，暖嬾莫能睹。得此径寸珠，云自鲛人所。缄以金泥封，借之龙文组。中夜投君怀，当知寸心苦。

清风吹华灯，明星启东方。起步中庭间，形影相彷徨。夙昔志远游，迟暮迷津梁。灭烛从假寐，欲罢固难忘。浩叹以彻旦，不知泪沾裳。

拟阮步兵咏怀

出门何所适，极目延云容。白月照广川，绿畎生清风。飞鸟去天末，萧条无余踪。置意良独难，归来扣哀桐。

阿环握灵符，翩然降桂宫。执戟侍清宴，佩玉相从容。嘉会虽迢递，畜意无终穷。二八妙娥嬎，筝璇荡虚空。穆耳注心感，欻焉返阆风。怀情不再觌，徒乃见狡童。万年独离伤，精爽谁为通。

凉风西南来，吹此浮云兴。连蜷相异态，奄忽如有凭。日暮灵雨飞，消释如春冰。步上商南山，挥手谢太清。肝胆一胡越，百年非我生。明灭随须臾，吾心固不能。

石隖睢阳都，夙昔为明星。顷刻不自信，哀乐异其情。韶风荣腐草，春霰摧初英。去日亦已往，来日自多惊。惟有王子乔，凌空吹玉笙。

结士苦不早，黄金何足言。远闻悲歌士，屠狗近居燕。揽衣欲就之，时命忽我迁。蟠泥中道困，蛟龙无羽翰。归休南山下，日月如流丸。弃置平生心，荒忽如秋烟。

鸾鸟栖开明，玕琪映毛羽。西日不匿晖，永夕炫金缕。深心非世知，有时戴戈舞。览德无良期，裴回生愤怒。慈俭以全身，高深定何补。

芳春去我远，九夏行将迁。靡草阅炎日，鲜蔓无久延。归禽避飘风，深林相哀喧。披衣视河汉，恻怆悲高天。当时非所谋，及今良固然。

白日闷寒云，长夜复阴雨。夕萤流湿光，因风欻相聚。奔兽不违林，惊禽亦怀侣。下士情不深，目迎心已许。悲歌难自固，上蔡余酸楚。失弓原郢客，逐日非夸父。要领诚不惜，孰为同草腐。

泛舟浮湄水，逶迤青枫林。湄水去不息，言下湘江浔。停楫长太息，明月照我衿。天宇幂广野，平原气萧森。夕鸟瞑不飞，游鱼喧籁阴。寸心不自得，何况飞与沈。

邺台闶新宫，高阳矜广宅。游冶相纷奔，追欢倒屐舄。黄雀在枌榆，取之若芥珀。华山有高士，烧金方结客。舒卷无浅心，灵蜕托仙迹。

燕台多高风，易水扬洪波。白日照绮疏。冠盖相经过。踸厉古今间，感慨何其多。望诸无返驾，洹上计复讹。黄金台已芜，北望空山阿。宋子迹云远，谁为绍悲歌。

蔓草萦咸阳，云是阿房宫。雏凤复双飞，莫辨雌与雄。山河既绸缪，宴处时从容。挟弹鸣金镞，垂杨骄青骢。意气生豪族，芳尘散春风。努力拾新翘，无言恤飞蓬。秉烛继白日，为欢无终穷。

长夏生景风，飘然过我墟。蓬居困呆日，颓影过桑榆。延睇望广天，胡为自挛拘。西台有余哀，聊城无报书。生我自有天，憔悴与之俱。

白日回南辕，草木芸以黄。时改心易惊，哀情随大荒。远视无所怀，但念有悲凉。西晖徐以下，微风过墟冈。庭宇旷萧森，披帷延星光。

早岁好词赋，文酒相追随。引誉动当时，将为名在兹。抚剑游广都，悲歌归山涯。玄冥共白日，何者不吾欺。驱马上高冈，咫尺生釜歆。乃知杨公叹，非缘道多歧。

湘水千里来，东下巴丘湖。迢递连广野，青山闶幽墟。云气浮远白，西南接苍梧。落日登迥冈，飞鸟去已孤。瞑色没高树，墟烟下平芜。俯仰求寸心，不知意所俱。姣女多情向，烈士无旁趋。皎日照此怀，行歌一歆歔。

悠悠青天高，不知生所终。巫咸已上天，欲诉将奚从。但见大壑间（大壑，《沅湘耆旧集》作“丘壑”。），日暮生清风。惊鱼跳渌水，秋蚤吟兰丛。怀我心所钦，邂逅相迎逢。

浮云起东南，悠然骛西北。驶影无淹留，凝望滋迷惑。前者既萧散，后来空悁默。岂为仰观者，仸迹从察识。稚鸟空翔飞，冯风鼓羽翼。达人知其微，驰驱无轨则。蘋末生轻风，孤心自相得。

念我心所欢，远在玉山岑。戴胜冠崔嵬，文鸾奏知音。妙药青麟脂，薰风生瑶琴。日夕延仁之，绵邈心淫淫。三五明月满，光晖发云林。神爽一相接，携手连讴吟。企望亦不遐，悲哉年岁侵。

楚人得亡弓，塞叟有归驹。乍尔亦为欢，达人哂其愚。明月照形影，恻恻夫何如。回风扬秋毫，宁转造化枢。闷彼柔曼子，犹知泣前鱼。玄珠握重渊，金石终不渝。

心颜诚自我，云容悲素苍。耿耿霜月霁，长啸惊八荒。青天有鸣鸿，孤飞不成行。闻其哀嗷音，疑尔悲稻粱。所志在鸾鹄，枋榆亦可翔。

支祁降横流，十日恣炎焚。英灵相委顺，千载无秋春。刀圭讵偶尔，灵液起沉沦。凤笙非世响，十载将上宾。自信匪无功，勤立丹台勋。

方壶与圆峤，相去无黍米。星河流其间，日月荡其里。孤游忘岁月，奇璨争纷诡。调良驾河车，六龙就方轨。补天西北倾，奠地东南委。清虚非久居，沉沦安足纪。

夙昔惊我怀，离合遂无端。结好在中途，绸缪苦不安。飙风吹落叶，夕阴凄以寒。握手未及终，裴回歧路间。骇兽啼我前，离怨无与殚。焉得三青鸟，从之生羽翰。

五言绝句

怀入山来所栖伏林谷三百里中小有丘壑辄畅然欣感各述以小诗得二十九首　庚戌

排子岭

稻亩绿茸茸，平田接回坞。桥下流水声，龙湫昨夜雨。

狮子峰

飞鸟摇岭色，渐与峰顶齐。凝眸绝涧影，已转碧潭西。

黑沙潭

苔冷千年绿，春寒一片云。回襟避疏雨，人语不相闻。

续梦庵

旧梦已不续，无如新梦惊。溪云沾竹尾，滴沥过三更。

双髻峰

西峰亘铜梁，北岭蠹荆紫。百里见阴镫，遥知光发此。

黄沙潭

落叶绝行踪，随意披疏箓。龙气动乔木，空潭无猿鸟。

溪波岩

棕笠溅飞珠，回头不知处。徙倚望前山，斜阳转高树。

妙高峰

阴光浮石壁，长如春水生。僧归夕磬后，回首见西清。

车辙亭

偶然成辙迹，古人意何取。伫立无与言，前峰正疏雨。

方广路

未从方广游，知为方广路。定有夕烟霏，天光露晴树。

啸台

午日尚瞳昽，紫光衬玄叶。暄气上台阴，香风吹冻蝶。

补衲台

闻有补衲名，学之跏趺坐。蒻叶摇森森，竹鼠穿裙过。

洗衲池

瀑布良可观，临之喧不清。水帘垂一尺，微送佩环声。右岳后

青溪石门

欲作飞猱度，不畏苍苔深。森森开一面，斜日照前林。

西石门

循壁渡泉桥，知有幽人宅。山气动翩翻，香獐夜来迹。

松纹石亭

僧归绕曲涧，回首望林端。遥知爱啼鸟，也向树梢看。

坞云庵

曲逐峡田上，遥期松径终。凉风中岭合，西日一尖红。<small>右祁邵之间</small>

钓竹源

杉竹迷千嶂，豆苗萦一湾。麏麚不相避，肥草隐潺湲。

云台山

佛宇不可知，云留高树里。日落钟磬声，随云度溪水。<small>右零陵北洞</small>

西庄源

古树何年种，归禽来一双。茅斋读《易》罢，摇影入闲窗。

小祇园

宛转破千嶂，平畴起绿烟。自然知兰若，不过鸟飞边。<small>右宜江</small>

小云山

夕气澄若浓，星光敛清炯。林外露悬灯，未知何峰顶。

昭阳庵

归鸦度何所，夕照移西岑。荫入蔚蓝色，萧萧松桧阴。

驳阁岩

欲以贻来者，锡之驳阁名。终古知不知，今兹自含情。

桃坞

曳杖行何适，桃花一坞红。回塘积落英，从君识东风。

雪竹山

杨坟一竿竹，空外影千寻。六月飞冰雪，埋心直到今。

茱萸塘

绿苞绽绀珠，红泉酝香屑。采采及清秋，汝南有真诀。

败叶庐

败叶留不扫，钹铮扣哀弦。虫吟凄切外，秋色倍清喧。

观生居

寒月出东岭，流光入浅廊。万心函片晌，一缕未消香。_{右湘西}

昭山　乙卯

曲曲见昭山，孤青不相舍。湘水送千帆，凝眸几人也。
终古石自碧，深春花欲红。澄潭凝一碧，云末出双虹。

避乱石鸡村同载谋小憩　己未

苍壁不受春，转入溪流曲。桃花影外天，微波动新绿。
飞鸟随风叶，梨花漾碧晶。溪山得圆净，鸡犬亦萧清。
不知身忽轻，已度青茸表。疏雨何妨飞，林端露清晓。
仇池九十泉，桃源千万树。古人丧乱中，自选林泉住。

五言近体

过芋岩不直 己酉

隐几非畴昔，天游各徜徉。古槐珠蕊熟，曲岸蓼红香。晴稻收云白，秋瓜切粉黄。呼炊忘主客，撰屦已斜阳。

深秋望欧子直

萧萧夕吹外，云敛一痕青。杖履随天地，山川见典型。借棋迟画纸，酿酒已登瓶。但觉闲情损，归舟忆洞庭。

因林塘小曲筑草庵开南窗不知复几年晏坐漫成六首呈桃坞老人暨家兄石崖先生同作

营筑非吾道，林塘适物清。吹瓢疑稍释，逃影妄初成。无闷炊烟损，多徽曙月晴。暄风凌小雪，当砌炫冬荣。

七尺一丝存，余生半席温。浮沤仍往迹，块土认谁恩。飞鸟消云际，幽虫蛰草根。小东皋畔客，今日暂招魂。小东皋，瞿虞山先生读书处。

一日一生留，无缘谢白头。天情垂粥饭，家学志《春秋》。月影虚窗满，云滋砌草柔。濂溪香菡萏，孤棹试中流。

耕钓传先志，人知德不堪。铡声原宿业，崖蜜自先甘。寓目团栾浅，初心冷暖谙。鸿踪沙外雪，聊谢盖棺惭。

病畏朔风寒，南窗背岭安。林风迟九夏，日影梦三竿。乞种谁家树，旋成几尺阑。死生还似此，倍觉有心难。

隐几愿经年，垂杨左肘穿。虚空战雷雨，血骨袅霜烟。紫蚓通幽迹，惊鱼遣熟眠。天情随近远，何有息双肩。

家兄观夫之抄稿云墨迹似先征君垂示以诗哀定后敬和四韵

鼎鼎孤生在，迢迢百行非。皋鱼身世恨，鸿雁一双违。斗气埋长剑，霜风绽葛衣。惊闻墨影似，还欲惜残晖。

二中园纪事为懿庵作 壬子

入阁几重重，双开曲径通。穿风分柳径，随藓度兰风。鱼服双绯盛，花阶九锡崇。居然成绿野，何必蔡州功。

万折历嵯峨，天输小邵窝。书声花影月，曲尾柳莺歌。看奕人无倦，临觞政不苛。清泉四十八，何处着风波。

即事 癸丑

暄气熏寒月，微霜不改晴。光冲西极影，月转北街明。川泽清难已，龙蛇蛰不争。乾坤余一泪，长对暮烟横。

仲冬微雨息，霜吹卷空晶。深紫余枫在，疏黄片柳轻。余年消永夜，寒月约孤清。自问沧江侣，谁为共濯缨。

晴步

清韶陶始曙，凉润即新林。风定叶当影，云开岫出阴。遥禽如往日，近蝶有营心。四顾谁天损，行歌复自今。

上湘旅兴 甲寅

寒山犹半绿，浅日动浮光。习习江南暖，淫淫小雪长。杖藜随鸟度，涉涧有花香。不信闲愁在，千峰一徜徉。

墟烟何处起，渡口已樵歌。空外篙音发，晴滩柏叶过。生平还草屦，世事尽藤蓑。惭愧玄真子，清时畏绿波。

一嶻复千峰，参差万壑松。夕烟飞不定，落叶转相逢。古寨传银穴，仙坛记石封。金丹及铁马，吾意定奚从。

柳阴谁竹外，几叶带疏黄。浴鹜动金绮，夕阳生暗塘。归人欢妇子，明发有风霜。居者忘情甚，萧条客感长。

山城犹百里，战伐不相知。禾黍经时毕，冠裳入望疑。微霜开驿路，落日返樵吹。回念巴丘北，银涛卷绣旗。

舟中上巳同须竹

客思荡如何，心知令序过。韶吹先闻□，花信绪风和。瑶草从谁拾，落英念已多。盈盈双白鸟，著意浴清波。

伊山

心识回峦外，沿溪曲径深。云烟开绿亩，金碧动青林。香篆迎风入，钟声过鸟寻。萧清初觉好，风雨更幽岑。

读书云外迹，梵刹劫前宫。蕴藉清歌日，萧条夕磬中。古今藏客泪，勋业寄真空。牛首虚天阙，何因卧懒融。

衡山晓发

击汰迟枫浦，归心就翠微。江空双古岸，天小一双围。岳气云侵县，墟烟月掩扉。松杉回望里，一谷曙光飞。

绿润不知冬，岳云第几峰。身轻随白鸟，裾冷夹青松。江近前时棹，碑留故国封。渔樵知近远，目赏已从容。

陈耳臣老矣新诗犹丽远寄题雪诸咏随意和之得四首

居然穿雨际，的的炫轻盈。高阁今相望，遥心一倍生。玄云光渐曙，

浅水影微萦。经岁含情待，天涯已赠琼。初雪

息心寒夜永，无奈小窗何。恻恻情还定，胧胧影未讹。空涵西照合，月转北林多。坠玉惊幽响，知谁度薜萝。映雪

稍稍墟烟度，归禽尚一双。喧风柔落木，珠雨缓流淙。夕气先孤幌，云阴上半窗。悬心清赏极，酒力未须降。欲雪

弥望盈清迥，还疑溪外踪。鸿飞昨日影，龙蛰几株松。曲曲忘前径，山山遂一容。扶筇谁早过，窅迹恰迎逢。访雪

东台山 乙卯

百里初见山，西晖客望闲。半峰明紫树，群岫倒苍湾。仙馆箫声歇，渔舟隔浦还。祝融知近远，清梦骛云间。

草堂成

归舟湘水北，伐木逮秋清。鹤馆松云剪，萍踪雪径成。南窗仍夕暖，东岭迓春晴。萧瑟乾坤里，蓬茅亦太荣。

早起草堂寓目篱间牵牛花追忆懿庵 丙辰

秋色生空外，微晴始素晖。篱花深碧紫，风蔓小霏微。酒坐怀迎目，林轩怅启扉。故心犹宛尔，何事岁华违。

新秋望章载谋 丁巳

湘山犹曲曲，畴昔故天涯。偶合添离恨，轻分有后期。灯残知弈误，月上尽诗迟。芳草王孙在，闲愁付杖藜。时载谋授馆于翠涛。

干戈方万里，摇落又三秋。霜鬓久无据，云踪幸缓愁。周秦焚后字，时《礼》注方竟。荆楚赋中楼。郑重清波意，君无忘野谋。

寄徐蔚子 戊午

黄鹄一癯仙，重逢腹已便。檄从邛部草，诗授郑公笺。柯雨先征梦，樵风恰满船。褚公池上月，珍重到秋圆。

送载谋归吴淞二首 己未

相逢及送别，都在落花时。霜雪添双鬓，兵戈共一枝。江湖空在望，天地尽堪疑。顾陆烦凭吊，吾生未有期。

马当湖水北，南望杳潇湘。陆海英雄踬，船山烟草荒。客台留蠹简，谒者恋幽芳。片石延陵字，他年待报章。

闻圣功讣遽赋

闲愁生死外，回首故人无。南望墟烟迥，西飞片鸟孤。藤花开独坐，萝月照霜须。泉下□□泪，艰难付钓徒。

排律

咏菊答须竹 癸丑

选芳宜隐秀，经岁得秋情。苗浅春滋弱，心微露贮轻。啼莺无醒梦，飞絮谢思萦。雨浃浮光上，吹暄逸态呈。蠹憎痕屡剔，丝系玉防倾。爱惜消长日，从容养静萌。荷风熏晚绿，蕉雾洒孤荣。叶叶容迟上，亭亭有独擎。艰难出畏景，珍重享西清。紫葆光初透，珠胎润已莹。竹枝留上番，梅影剪疏横。专气邀金液，丰仁长玉婴。星榆方历历，云朵遂盈盈。土德先推王，冰心亦保贞。有时浴紫水，终不炫丹猩。香外幽难似，薰余静不撄。肃然登鼻观，嗒尔偃心旌。龙脑痴谁妒，蔷葡逸未平。霄空霜一色，天迥月三更。倦赏愁寒夕，邀欢暂晚晴。袂辞歧路把，目厌满堂成。桂酿聊孤酌，莼丝小佐羹。催开辞羯鼓，过访待猴笙。已事开三径，端居爱九名。同床犹各梦，顾影易魂惊。身后从冰雪，魂归返日精。摧芳宁问落，涤月不辞烹。君意如相念，殷勤访夕英。

青草湖风泊同须竹与黄生看远汀落雁 甲寅

荻芽沉绿影，汀际合晶光。遥识归鸿集，从知梦泽长。云移千点曙，风转一行将。凝立迷烟树，轻迁动夕阳。参差香尾乱，珍重羽衣凉。陈列龙沙白，书成太古苍。修眉涵镜曲，仙桂缀蟾光。沙起帘钩荡，洲平瑟柱张。涛惊聊静婉，野旷恣疏狂。酣寝云田腻，栖心蕙圃香。气矜三楚国，神带九秋霜。整翮聊烟水，回翔岂稻粱。浣纱人伫久，垂钓客情忘。凄怨依筼泪，闲愁托杜芳。经寒知柳色，访旧忆莲房。北望关云紫，西清落照黄。息机非倦止，清警正遥望。平展纹波縠，经浮玉照肪。遥天开画苑，活谱写潇湘。

七言近体

同唐须竹游驳阁岩 己酉

昨日初收梅雨天，青光四幕碧光圆。微风引袂分溪草，断嶂当眉露岳莲。片石偶然留太古，同心无待问他年。斜晖已长青松影，尚惜苔茸映绿烟。

昭阳庵同须竹夜话云乘木叶秋波探五老之胜因便送之

尽觉当年不易谈，披云蹑石意犹贪。袖图有迹传河画，血字无心锢井函。白日只今原不损，青山向后定谁堪。知君欲访匡庐瀑，摘去莲花池上参。

不揆五十齿满懿庵见过留同芋岩小酌

枫阴荻岸晚烟开，鹤膝逡巡践碧苔。隔岁相看颜似旧，衰年无据漏仍催。清霄疏雨喧梧叶，草阁归云腻竹胎。薄遣新欢消夙昔，临觞聊罢筑声哀。

偶望 辛亥

平田无那素光何，稻叶娟娟浸碧波。白鸟试飞疑远浦，玄云微断影高柯。墟烟小困双湾树，砌叶全低一径莎。不碍小窗消午睡，炉烟孤袅绪风和。

极丸老人书所示刘安礼诗垂寄情见乎词愚一往呐吃无以奉答聊次其韵述怀

洪炉滴水试烹煎，穷措生涯有火传。哀雁频分弦上怨，冻蜂长惜纸中天。知恩不浅难忘此，别调相看更辗然。旧识五湖霜月好，寒梅春在野塘边。

宿雪竹山同茹蘗大师夜话

不知情在与无情，丈室挑灯魄自惊。海溅云飞千嶂断，烟笼雪压一枝轻。破船载月浮寒水，别路寻芳驻晚晴。自护杨坟茎草绿，春归闲唱踏莎行。师嗣法嘉兴杨坟山。

刘庶仙五十初度即席同唐须竹 壬子

未解平生因底事，华筵诗思不相通。逢君悬弧聊莞笑，垂老临觞偶自容。竹塾午窗双总丱，梅花小阁一春风。童心几皱恒河水，何必襄城问小童。

半语逢人吞不得，于君烧烛耐春寒。年华縠运有如此，谱样翻新孰与看。但祝羲和留万转，长披黄袄到三竿。华山呼取坠驴客，共说当年行路难。

闻极丸翁凶问不禁狂哭痛定辄吟二章 传闻薨于泰和萧氏春浮园

长夜悠悠二十年，流萤死焰烛高天。春浮梦里迷归鹤，败叶云中哭杜鹃。一线不留夕照影，孤虹应绕点苍烟。何人抱器归张楚，余有《南华》内七篇。

三年怀袖尺书深，文水东流隔楚浔。半岭斜阳双雪鬓，五湖烟水一霜林。远游留作他生赋，土室聊安后死心。恰恐相逢难下口，灵旗不杳寄空音。

冬夕

夕风楮叶有清喧，片紫西收碧未圆。河汉依微倾北户，流霜容与润高天。寥寥空界魂孤往，鼎鼎长宵梦小年。欲与禁寒邀白鹤，齐州不耐暝横烟。

天物何归剩碧虚，霜飙难挽日南车。哀弦短剑留魂梦，雪鬓雾花空赘余。蚕妾报收双瓮酒，故人诺借满床书。不知哀乐将谁得，恻恻寒心逼岁除。

咏雪 癸丑

素绡幂岫浅黄通，倒影青冥一片浓。雁背皴含天阙景，鱼鳞云烈晚檐风。乾坤迥合摇山泽，形魄孤清接混濛。回首少年心绪迥，冲寒狂折野梅红。

霰外闲飞几片轻，回瞻平甸已盈盈。梅跌出色翻红栗，草甲栖心映绿晶。云幕空轮千影转，风迥池縠万双迎。南塘曲岸谁相待，不惜明珠百斛倾。

皑光晨射凝脂肥，海日轮孤腻不飞。红药隐尖疑月冷，梨花摇梦想春晖。池云压顶团鱼阵，松粉铺翎散鹤衣。遥想玉峰长似此，清寒应悔学仙飞。

清空无际奈寒何，万岫参差卷白波。人在冰轮迷海岸，天回平野倒云窝。松风吹咽笙三叠，楮叶微留碧半柯。不信人间有春日，桃花红雨点青莎。

送蒙圣功暂还故山 甲寅

秋风淫淫吹我衣，送君言归君欲归。不知天地消逼侧，已觉江山忘是非。疏星照水方昨夜，凉日当襟返翠微。青山料理勿取次，留之待我慰调饥。

残雪 乙卯

寒心肃肃拥孤清，断岸无心弄晚晴。旧恨半消随去雁，新欢难待到流莺。莎丛绿浅愁轻护，薜砌痕欹感易倾。凤昔南枝曾有约，不贪春早逐初英。

珍重凋零劫后身，人间还遇可怜春。和霜和月犹前日，争柳争花非此辰。睥睨青天悲寂历，淹留丹巇赏嶙峋。双飞燕子来何暮，不见琼田万顷新。

苍烟黄日久迷离，犹有墙东片月窥。身外江山还似旧，梦中蜂蝶尽相疑。东流彻夜银涛急，平甸矜春碧草欺。不识瑞香花落后，几人还赋玉楼诗。

回塘曲径偶相依，不拟春归尚未归。向后生缘随旦暮，当时心绪在霏微。球胎含泪禁疏雨，玉骨凝寒傲夕晖。子夜轻冰聊邂逅，素心元不藉霜肥。

长沙旅兴

江上红芽始试春，乳莺调语正迎人。人间韶日还相识，花下暄风已试新。鹤杖恰逢苔迳软，渔舟初绕碧波匀。乘乘生事余年在，随处桃花可问津。

郡归书怀寄懿庵

雨滞花残不解飞，此身无主更无依。乾坤何梦到清昼，生死难忘只翠微。卷幕棋终归燕缓，敲尊歌阕荐鱼肥。如君贫病真天上，莫惜清秋共钓矶。

出郭赴李缓山之约桓伊山下遇雨

葛衣疏透雨珠间，习习轻风宿暑阑。白练半飞分木末，丹虹双绾护云关。笛声恰在桓伊步，饭颗初逢杜甫山。珍重碧烟开玉镜，明宵何夕照双颜。

萍乡中秋同圣功对月

白头还作他乡客，不负青天只月明。自笑渔樵非泛宅。聊听鸿雁有新声，晶瓶浸魄一双影，玉镜当心无限情。莫为银蟾增怅恨，孤清直上即瑶京。

春夕同章载谋看月 丙辰

草堂新筑延新月，夕望春烟散夕清。天地空轮原自昔，莺花流目不须惊。东风摇柳拖柔影，绿晕莎肥炫露明。莫拟华亭归鹤怨，湘山布谷未催耕。

先秋一日作

西峰半影逼天青，闪闪斜阳紫焰明。木末一丝云影渡，稻畦千绿水痕平。麟洲梦觉余香雪，鹤发身轻忆凤笙。菡萏梧桐双在眼，他时摇落不须惊。

重登回雁峰 丁巳

碧树江烟小散愁，青鞋雪鬓又重游。朱甍如梦迷双岸，绿草当春覆一丘。纵酒华年凌石级，题诗夕雨认高楼。渔舟战鼓皆今日，惭愧乾坤一影浮。

遣怀

求仙无诀问蓬壶，缥渺神山一片孤。溪水冰融随岸阔，天风霜起任桑枯。霜起《沅湘耆旧集》作声紧。田畴死记卢龙塞，司马生惭瑞兽符。为问今宵寒夜月，照来还似旧时无。

乾坤极目不消愁，生事峥嵘只敝裘。渔艇可容人钓雪，故乡还似客登楼。探梅的皪丹砂蒂，问月殷勤白玉钩。尽有风光相假借，无妨孤棹试中流。

青箬笠还在短墙，渔汀樵径尽披霜。明年春在柳仍絮，前夜雪深梅自香。天地龙蛇消一泪，河山乌鹊且孤翔。情知华顶酣眠客，蜕骨难留笑汴梁。

人间口耳总无权，对影忘言且问天。刘宋科名原荏苒，苏张车马自喧阗。水沉香篆青烟细，海雾空轮赤日悬。匣有宝刀随老病，无劳堇土淬龙渊。

桐城余兼尊昔为青原侍者归素以来崎岖岭外相值见访为录前寄极丸老人诗仍次原韵赠之

沙上鸿踪昔岁心，堞楼鹤语旧时林。已知罢钓能忘饵，何必登床更碎琴。月影偶留传雁字，秋声不断有蝉吟。闲愁杜口从君语，为受青原记菿深。

小楼雨枕 *戊午*

江城二月催寒雨，山客三更梦岭云。青镜分明知鹤发，宝刀畴昔掩龙文。援毫犹记趋南史，誓墓还谁起右军。飞鸟云边随去住，清猿无事忆离群。

长镵斸术自生涯，短棹冲萍有独知。偶测天心容杖屦，不从人事整须眉。孤情琴外传昭氏，病眼花前待子规。闲坐小楼清澈极，垣衣绿润带烟垂。

小圃桃花发几株，暂时潇洒且江湖。柳风乍得吹乌帽，燕垒莫惊长绿芜。符玺可容徐广泪，山河难授马融图。千秋历历凭青史，不信兵戈有腐儒。

客窗倦雨晓朦胧，乍有晨光半纸红。江岸夜喧春水长，沙汀波漾燕泥融。乾坤即事容心广，老病随缘自德充。莫问渔津知处否，绿杨绕屋已阴浓。

春山漫兴

青山一曲古今谁，曾向藤萝挂接䍦。古树几逢新藓长，落花聊遣晓莺知。乾坤旧日容双鬓，战伐随时老一枝。拟上悬崖寻片石，苔函无字禹功碑。

碧磴朱樱始试花，定知红药孕丹芽。晶含斜日摇余雪，縠长轻风皱浅沙。游屐未抛资药力，渔蓑欲卷过霜华。堂堂永昼相容得，卧看窗西映绮霞。

雨敛平田一惊轻，西峰新展半围晴。叶光浮上通云绿，天影低沉透水清。柔草待收园客茧，冷风欲和子乔笙。百年俄顷春情极，未羡商山摘紫英。

东海无能钓玉璜，岳阴从昔咀金姜。刀圭鼎鼎千春白，蓑笠悠悠一雨航。棋劫屡翻怜日永，琴心自寡到春忘。东方笑尔诙谐甚，滥借金门作隐乡。

丹霞白雨夹分霄，浴鹭栖鸦各自饶。夕爽清吹生水影，晴光片碧动山椒。青鞋蹑迹违珠露，紫笋依痕剥玉苗。*依痕，《沅湘耆旧集》作"分明"。*假借春光安病客，天年恰恰在今朝。*天年句，《沅湘耆旧集》作"不妨诗思满唐瓢"。*

南国春从积雨过，西清云奈夕先何。褰帷阴壁生青藓，倚杖空阶上绿莎。
肺病久拚临下湿，心期不但畏风波。晴丝曙月容他日，几厌落英覆碧窝。

余春春闰太从容，即次莺花老渐慵。送夕柳边斜照浅，留寒雨外湿云重。
烹龟自惜千年表，放鹤先栽九里松。人事天情宜痼疾，草堂曲曲暮烟封。

同须竹送芋岩归窆竟小艇溯湘转郡城有作

谁将今古作浮烟，人各为心亦自怜。饮泣当年闻国变，埋心遥夜但天全。
青编无字酬双泪，赤县何时慰九泉。千计不如归尺土，飘零人在钓鱼船。

断云影里溯湘隈，回首荒阡半亩才。纵使君还生几岁，可容春去有重来。
寒灰堕地皆千载，老病逢人但一哀。不是躬园相识久，孤山错拟万株梅。

咏木鱼引 己未

观生居壁黏比岁人士酬赠韵语，时复迎目，如相扬榷。仆与当世偶一往还觞咏耳，亦可
不容志之。兵警后，为俗恶寓人尽掷弃之，非有长吉睚眦之怨，浪施和仲笺云之惧，能使人
不气尽邪？惟攸县陈耳臣二笺仅存，装回不忍舍目，用觉其咏木鱼诗未当作者，辄和二章，
不能寄耳臣，差贤于存没诸公之逢盦鐾，无从静对己尔。

绀宇虚堂敞肃阴，莲跗直下启孤音。霏微乐句香烟合，肃飒清喧坠叶侵。
梦觉乍如星漏永，帘垂间遣梵筵深。初机涂毒难酬得，定借惊鱼警凤心。

崔嵬忘情受众吹，息机何用作鳞而。敲空别证生公义，弹指还拈宝月诗。
驯鸽依檐春雨静，蒲牢息杵晓空知。新翻罢钓离钩句，从遣榠槌客尽疑。

七言绝句

蚤春 壬子

侧砌新苔透暖融，回波摇影碧痕通。东风向晚吹疏雨，却送归云上浅红。
小窗春浅不中春，径次啼莺煞恼人。忘尽故心消不得，夕烟约莫柳条新。

得须竹鄂渚信知李雨苍长逝遥望鱼山哭之

孤雁哀吟带泪飞，南询雁岫钓鱼矶。寻常雁塔称兄弟，鱼稻汀洲各拣肥。一期生死有千秋，欲语逢人剪舌休。刚遭西风吹片叶，黑云栖断洞庭舟。青原罢棹石门寒，柳岸霜风月已残。欲转金轮须换面，红炉别铸紫金丹。密之阇老，天门司马，俱以是年弃世。

赤壁雄风百战酣，新安碧血洒江南。大观绰板先君歇，凄绝吴江老蘖庵。雨苍尝与金正希、尹洞庭、熊鱼山齐名，时金已殉难，尹亦先逝，熊公僧隐吴江，存亡未审。

白杨衰草楚云天，孺子生刍奠暝烟。忍泪欲弹须剪烛，霜风偏缓上滩船。须竹赴哭未归。

新秋同唐古遗须竹游钟武故城归坐小轩夜语　癸丑

岳阴万片惹云肥，暑气犹留凝不飞。野径偶然成远望，江湖何地卜渔矶。荆榛苍浅古城秋，脉脉蒸江碧玉钩。野旷天低飞鸟度，不知何处吊孙刘。野人爱菊亦偶尔，种菊满阑秋已清。但为爱君兄弟好，欹眠闲看绿光晴。间堂剪烛夜如何，银汉疏风古树多。便把一竿随尔住，江门原有旧藤蓑。

水口道中　乙卯

丛竹低垂过雪斜，森寒绿气透青霞。乳莺啼处春无几，才见樱桃一树花。

走笔赠刘生思肯

故园枝叶记君家，兄弟风流竞笔花。泛宅五湖君自远，相逢犹幸在长沙。水绿洲前鱼艇多，也来相伴晒渔蓑。逢君剪烛当深夜，奈此干戈满地何。老觉形容渐不真，镜中身似梦中身。凭君写取千茎雪，犹是先朝未死人。

题林良枯木寒鸦图图有李宾之题句

未辨斜阳与暮烟，枝枝不堕早春前。此中无放莺啼处，留待桃花二月天。
便得春风也是枯，藤萝不挂尽萧疏。遥知练鹊过新绿，只似河阳掷果图。
内苑春风万树皆，文鹓掠彩艳心谐。寒山古木啼清怨，只有梅斋与木斋。
三十年来认得真，吉凶无据自无情。鹊声纵好非归计，塞耳春风第一声。

戏作七夕词三首 戊午

甲子须臾一局棋，人间荏苒岁华迟。经年莫为添惆怅，离别曾无片晌时。
晶轮不惹少商风，银汉无波一派通。博望仙槎容易度，何须乌鹊掠清空。
织锦无成上帝嗔，憨慵长夜望河津。何从更得蛛丝里，剩巧年年乞与人。

梅花

墟里寒烟罩断桥，年来春色最萧条。船山半曲清溪里，霜日黄曛一树遥。
不知浅素更轻红，遥望长疑烟霭中。除取梅花心自省，看花人隔小桥东。
老眼看花似隔纱，临风偶爱一枝斜。香生微晕初轮月，紫透轻魂破体砂。
开从小雪入新年，雪妒霜侵不损妍。珍重深寒禁冻蝶，低飞不过浅阑边。

乐府

石流篇 乙卯

石上流水，渐彼蒲英。涤根孤弱，植芳不倾。抚我平昔，居然既往。揽景无及，何用追赏。水无旋流，卉木有方。冬春屡易，天故不常。一善可师，万端方迷。授我坎坷，天故不齐。浩浩方隅，茫茫圆轨。有命艰贞，紧惟今始。愠不可长，逸不可终。含默难言，孤置我躬。乌玄鹤白，其辨易知。分芒析微，何者忌疑。

雉子游原泽篇

雉子游原泽，芒芒非故林。寒秋草叶短，离离露华襟。念昔志节士，抱道阅飞沈。龙争而蠖屈，华屋若丘岑。辗转万变内，崎岖北与南。若辱全大白，皎日破重阴。瘠痹岂不思，力弱无能任。申旦劳太息，悠悠但长吟。

门有车马客

林径晴风生，鸟雀喧夕树。策马何方来，遥遥驻光度。依依相慰深，转转将情愫。谣言既不轻，珍重托微谕。仰睇青云飞，光采殊新故。各有怀心端，孰为目击遇。耿耿非自韬，殷勤慎维护。

夜坐吟

长莫长，冬夜寒，明霜流空天宇宽。朱灯明，思未阑，昔日之日未足叹，今日之日百忧攒。古人不可问，流俗空漫漫。吾何归，归何叹。明星烂，晨鸡喧，抱孤心，临万端。

豫章行

遵途出郭门，待远有来期。新欢寡所谐，旧好良多违。分手亦已薄，弹冠安足希。洪流从问津，危岑将共之。商山非孤云，海滨有双仪。夔旷诚不作，吾生将见欺。

顺东西门行

良夜徂，皓光盈，东方历历白日生。酌醇酒，吹华笙，阅世迢迢心不惊。发清讴，荡闲情，九州万年谁相撄。乘逍遥，归太宁，驰骋无羁驱空□。□□□。

猛虎行

途长不息空舍亭，道迷不随飞蓬征。飞蓬无去心，空亭多夕惊。寸心有端绪，歧路劳屏营。衔忧非死亡，膺福非华荣。危途厉修节，游衍悲俜零。

短歌行

临觞不辞，当歌不悲，明月迟空，天汉离离。南有玉衡，北有营室，明明两间，达者自逸，鸿雁惊霜，飞必有乡，鹦雀栖迟，东西回翔。登山善疑，临水善忆，古人有心，千秋不测。东望碣石，大海环之，横波施楫，谁能代持。陈余绝交，冯衍悲老，佩玦千金，轻丧其宝。剖臆出心，与天而游，回风在御，何用繁忧。

箜篌引　丁巳

河水流，蛟龙游，我闻昔夹神禹舟。斥以蝹蜓爪角弸，后启云维神禹子。驾之骖骊渡河水，非不欲公效其美。公非夏后与子孙，胡为与之争吸吞。天风有静波有驯，公虽欲渡姑逡巡。

歌行

寄和些翁补山堂诗已就闻翁返石门复次元韵寄意　己酉

无字之碑谁帝虎，无弦之琴谁宫羽。角尖不挂羚羊痕，随意天花散春雨。我公昔浮玉沙湖，湖上突出孤山孤。补山未了公南返，螺髻眉修半有无。下士之见不越咫，谓公勤勤补山耳。支祈平吞江南之云江北梦，息壤欲埋何处起。公笑卷山山为藏《沅湘耆旧集》"卷"作"掩"，青苍缩入椰杯里。折脚铛中冰不腐，煮烂须弥将芥补。湖南空有青莲七十二万茎，总不入公补处数。无土不现补山堂，峥嵘日月开幽荒。飞来之峰弹指已过洞庭水，北山愚公嗟彷徨。

粤奴初识雪歌

剪发粤雏年十四，闻人说有霜雪字。正月梅残度岭来，桃花郴水春流腻。经年绝望望南天，落叶黄云栖暝烟。飘空冉冉光摇目，疑絮疑花两不然。心知是雪情难决，借问方知寒雨结。此生今日乍相逢，掬玉寻香向谁说。可怜觌面未相亲，故是阳台梦里云。垂杨风细梧桐月，总道龟毛重九斤。

孤雁行和李雨苍

当年回雁峰头住，雁影云开天际路。夫君缥缈雁峰心，遥寄湖南烟雨渡。谁知白雁杳寒沙，断使青峰遮日暮。日暮云迷雁阵哀，逢君千里雁书来。欲分宝瑟银筝怨，似向沙明水碧回。一水盈盈乌石戍，千秋渺渺楚云台。楚云台乃白沙留雨苍五世祖大崖先生读书而筑。楚云台高芳草齐，湘干北望鹧鸪啼。虞卿著书亦何有，建阳卖卜还自迷。瘦影难双矰缴满，寒更欲警露霜凄。清霜白露飞不前，亭亭片月当高天。前身忆住青龙寺，血迹还埋古井边。遥飞尺帛君边去，沙上鸿踪隔暝烟。

读泾阳先生虞山书院语录示唐须竹

泾阳先生不复作，泾阳遗编悬高阁。彩虹垂天漫璀璨，大造徒尔鼓空橐。永陵之季狂澜惊，倒吹枯瓠为玉笙。平地跃起攫光影，失足犹漫夸轻清。先生两足不妄插，矗立欲撑银汉倾。鸟舌无从说鸟梦，人头定可作人鸣。毫发析作千万片，一丝独飞挂匹练。亭亭万岁终不歆，世人皆见莫能见。呜呼乎！吾不知麟衰凤去将谁传，区区下界萦寒烟。秉烛对读过深夜，诘旦赤日生高天。

听月楼倦客归山留别翠涛王孙

我梦听月楼已久，不意今生登此楼。楼前湘水腻碧玉，细细纹波送远秋。我有狂歌知者谁，古人不作今人疑。夜阑酒熟相对笑，男儿不受双眸欺。我今归卧蒸南谷，黄菊将开酒将熟。烂醉三万六千年，柳生左肘石穿肩。君勿疑我不相就，听月无声月自圆。

效柏梁体寿王恺六

铁墙拗头绿凤栖，就君踏花蹀香泥。君今僦宇当湘西，阳禽回翼空凄迷。人生即久如蹑梯，骎骎不舍相攀携。我旬过五君始跻，欲呼苍天问端倪。谁为龙翁配虎妻，活烝煎之如婴啼。东兔藏金西木鸡，战酣四壁休鼓鼙。得之圜中一刀圭，与君分吞如馎饦。倒骑白卫驰丹霓，俯听螟蚷声益鼙。长笑尔曹延蜎蜍，睨高欲就终无稽。我摘月华沁心脐，君胸洞开消日镁。斫麟为脯尧韭虀，团星作饼甘露醯。命鸾歌哳如黄鹂，羿妻婉娈出金闺。疑贞疑谑相嘲诋，提。如此与君终不睽，乃称丈夫心交缔。嘶，千春万朔留品题。非炎索箠寒就炷，短歌隆隆苍虬

风泊中湘访张永明老将吊孙吕二姬烈死读辛卯以来诸公奖贞之篇放歌以言情孙吕事详故中舍管公记 乙卯

昭潭万波叠霜縠，南望漓江暮云绿。惊鸿叫云天不开，秋夕孤飞遥痛哭。二十六年春蔓长，我与张君四鬓霜。衰颜不死犹前日，湘女空灵郁杳茫。茫茫岣云结烟草，贞魂不舍苍梧道。哀歌血泪洒青天，管子嗣裘金郎堡。而我悲吟独待今，二十六年愁埋心。左掖蒙生俱未死，军中弹泪秋阴深。呜呼乎！往恨迷离无再说，一死人间万事决。君不见张君二妇漓江滨，俄顷千秋如截铁。

梅阴冢 戊午

　　船山老人幼女七岁，许字友人唐君之子者，以戊午八月夭。败叶庐左有梅一株，老人夙所玩息。庐圮梅存，因瘗其侧。老人女早晓字，动有闲则。尝自言：使我且死，必不乱。垂亡果然。老人哀之甚，且恐此土为樵犁所侵，诗以志之。

　　秋露溥，梅叶丹，莎根草虫吟初寒。梅根千年荫野土，鹤发衰翁泪如雨。梅叶落，梅花开，棠杜无人釂径苔，寸肠蛊立望思台。

　　《姜斋六十自定稿》全书终

姜斋七十自定稿

序（增补）

　　曹孟德言："老而好学者，惟孤与袁伯业耳。"陆务观以名其庵曰老学。伯业之学未可知，孟德务观之所好，则予既已知之矣。故老而所惧者学，尤所惧者好。好之不已，穷年无竟。秋未尽，蝉不能不吟，已则为蜣蜋而已，如之何弗惧邪？六十以后，汗漫不复似六十以前。如拾楮实于败叶，逢之即掇。居恒谓杜陵夔州后诗大减初年光焰，予且自蹈之。减邪，未减邪，衰邪，思不属邪，神不凝邪，抑惧而夺其好邪，不能自知，将孰从问之？其闲情事不容异于六十以前。世犹尔，吾犹故吾，奚异哉？其或不尽然者，观其愈入于汗漫可知已。过此以往，知不能更得十年，或夙习未蠲，复有汗漫之云，当随年以纪，要不敢以此为学，则使如务观九十，亦终于汗漫而已。

　　戊辰岁杪戊辰日草堂自记。

姜斋七十自定稿

五言古诗

翠涛携诸子游瞻云阁有作见寄遥答　庚申

嘉游成畴昔，企叹奄方今。金闺郁龙种，玉山宛鸾吟。迟向深秋兴，摇荡先春心。足知襟带敞，遂及松桧阴。大云崎霜萼，虚室函霄岑。缅彼鹤上客，所怀玉浆斟。声息坠人间，羁绁逮幽林。无乃大还诀，犹为陆海沉。宁含衣中珠，抚兹弦外琴。天问固难酬，孤心还自谌。愿言云关闭，勿惊雪发侵。

春尽有会而作　辛酉

春生情未极，序改心难为。俯仰各有会，踟蹰良在兹。初暾耀幽砌，夕风鸣远枝。清畅遥天感，迟回碧云期。胡然屡天损，耿尔视星移。逝川非昔叹，歧道有余悲。空霄难仰问，圆规无返曦。雄剑不偶合，雍琴长自疑。怀袖有瑶草，将为赠者谁。

始冬寓目

东峰展苍翠，夕阳散平川。天容函空谧，阐缓飞孤烟。寒日将易暝，秋心仍未捐。慷慨寄寥廓，通幽无绪言。霜气警归息，坠叶飘阴喧。迢递仵清梦，远游惊八埏。

和周履道对春雪　壬戌

灵雨从云崖，回风结寒霙。萧条韶年始，摇荡芳春情。惊珠无留缀，碎玉有余声。遥天益以邈，空宇含微晶。灯夕滞九微，梅月延孤清。缅彼苍江钓，应同瑶圃征。

和高季迪风雨

风雨适在兹，歌叹无与言。人事杳无绪，天情亦易迁。怀抱终古间，曲折固勿谖。腰镰入深云，荷薪续午烟。聊尔为晨夕，不知经岁年。思彼信陵客，曾为陈监门。

春初雨歇省家兄长夏庵□□□□□中惘然有作

怀聚亘昏夜，恻然华发惊。零雨迷昏旦，修途阻远营。惠风启夕光，欣绪慰良征。披榛幸不违，悲喜交含情。含情夫如何，忘言自惘伤。视彼双飞鸟，日暮亦得将。摘草勿绝心，渡水勿绝梁。居然成迢递，惭尔随颉颃。颉颃悲以鸣，岁序无更待。鼎鼎怀昔欢，悠悠有余悔。采彼灵药非，匪值青镜改。曷谷念鸠飞，无枝念木坏。坏木无再荣，令绪惟须臾。如彼虞渊日，即次非东隅。百里望岳阡，将为茂草墟。良惟身事暗，岂云天运殊。运殊不自今，物理难前测。陵谷生人心，波流骘凉德。琴书素业移，孝友先声息。白发对怀忧，中夜长惘默。惘默复将离，行行度陌阡。冈花自蘦靡，溪流只回旋。天舒望益促，形远情未迁。胡能返昨日，肩意共林泉。

熊男公过访

遥山清露条，木末素月上。佳人不违此，适尔成玄奖。先彼凉云阴，心知畏景往。静气欣相移，天机继以长。夙昔扶清刚，独唱闵幽响。周道信逶迤，罥行生惚恍。炯炯河鼓星，迢迢天汉广。津梁诚有待，良会仍多爽。云何衰景及，遭此西清朗。百年如九秋，一意谐双赏。我闻绥山桃，酝彼灵胎养。餐之逾万春，握之在孤掌。下士原大笑，上士成独享。君其遂方今，缥渺慰云想。

寒雨归自别峰庵寄同游诸子

晨光留宿温，山霭动云叶。遥遥相送情，恨恨念寒涉。怜无金母术，为返桃花靥。弥天存鹤发，余冬酬素业。壮心已分属，微绪望孤接。清欢惟夕灯，高论寄灵笈。四海目可营，千秋志何摄。旋归亘不忘，物役情难协。温伯道默存，苏门啸双惬。梦聚相频仍，心旌固洽浃。旷怀杳涯际，冥合无钝捷。霜磬警昨清，缄之以重叠。

瓜圃夕凉 甲子

微月流西岑，初萤明青圳。夕雨一以息，樾径珠露泫。窅尔释烦疴，冷然得静善。吾生岂不夙，物役固未浅。往昔从弃捐，今怀何缱绻。精灵寓天宇，昭涤随游衍。所思来者遥，孰俟心期展。脉脉霄汉间，悠悠寄孤撰。

其二

清士抱夕心，畸人含夜悲。幽羁怨难已，涤览情自微。两端趣有定，一致交易亏。今兹何惝恍，摇情怃分歧。绪风惬凉襟，宛转动素帷。披衣视霄汉，弦月流半规。居然无外撄，亘尔捐中疑。还睇天宇高，今兹素节非。万族同毂转，吾生宁依违。戢志受天损，非云怀坐驰。

冬日晚照书怀

山涤净西清，层云仍南飞。夕光相宛约，霜气乍依违。深紫明峰色，余绿滋垣衣。仰瞻零叶坠，时有寒禽归。绪心同群动，敛息无余机。收照光自炯，夙荣道已非。晴日容相借，行将陟翠微。

西冈望南岳　乙丑

山行径云遥，遥山隐绝巇。巇绝群岫分，旷觉得平善。云阴逐参差，鸟没迷近远。微睇望已盈，延观秀自衍。登陟俨昔游，契阔仍今展。今昔无合离，流峙终缱绻。长毂轨不迁，贞观阅已万。天宇信若兹，予怀何歆羡。

秋雨延旦晓起有作

夕星炫西宇，山影分空界。清气俨流沐，薄吹振幽籁。息疴方及晨，窥牖惊已暧。物故天所凭，轴转无相逮。秋荑或暗滋，归豰已前迈。孤碧尚流连，逝羽无芥蒂。翩翩海岸心，倦倦寒畦态。荣谢在斯须，动植有昭昧。所以天阅情，临之发深慨。

雨夕梦觉就枕戏效昌黎体近梦

沉阴夕已长，噩梦魂相挠。霜鬓失其真，童心来愈巧。身轻月离云，心闲日出卯。斗草康乐须，撒米麻姑爪。狂歌演末泥，舞袖试郭鲍。云冠莲叶卷，彩杖柳枝拗。寻花鼻已醒，溯风咽屡饱。搴菱忘水溅，拾豆就娃焰。倏忽揽孤衾，凉飚袭双骹。故情虽不永，清欢幸已稍。笼鸡既争聒，被虱复群咬，梦醒夫何为，无妨恣狂狡。

吟已犹不得曙再次前韵广之

生气纷去来，屈伸无能挠。腐儒分梦醒，离析恣智巧。画鸡厌元旦，冶铜铸刚卯。辟火养鹏鹡，驱疟挂蟹爪。庚申囚彭倨，己丑讣陈鲍。趁火萤尻张，垂涎瓠项拗。染指易为瞕，老拳竞相饱。疗妒仓庚烹，呪鬼鹈留焰。唾星釀流光，占吉灼羊骸。渐老尝已熟，观物觉已稍。石女孕自生，铁牛蚊漫咬。因之参寥游，不畏苍天狡。

翠涛喜雨见怀病枕赋答 丁卯

灵雨自南来，飞集东皋野。伊人遂欣畅，良怀寄遥写。群岫翳回风，垂虹散清洒。朱光萦药烟，念此拘拘者。

冬日杂兴

旦气息微霜，流云起相聚。暄风动林叶，疏雨鸣高树。夕宇还昭鲜，物变何匆遽。寥寥下土人，邈彼高冥路。终始阅迁流，孰能测其故。今古归有涯，云何永依据。

零露润枯桑，运回辞故枝。栖禽深婉娩，欲与终因依。竟夕不相保，何况延晨吹。晶宇垂玉绳，瑶光空陆离。幂历千万里，含心当语谁。顾影追畴昔，韶风漾芳时。下映清江渌，上承灵雨飞。时哉不再觌，群情自纷疑。讵知幽悄怀，时为梦中期。佳序还在目，荣光亘葳蕤。

始夏 戊辰

午睡过微雨，西清引凉吹。云光逗新叶，浮绿起新媚。文禽时一飞，水影摇丹翠。物故有今昔，化理无荣悴。遥知薪指穷，未始天容替。阅变递纷扰，损悲任流逝。嗣者无适期，遐哉惘高寄。

咏归燕

凉叶飞不息，凋荷尚孤擎。海天杳何许，层递秋云生。栖鸟鸣高树，焉知归燕情。

庶仙片纸见讯云年过七十未为非幸无容局促紫心既佩良规因之自广 己巳

素云方西飞，归鸟仍南征。迁流无止势，蠕动况有情。天宇敞寥廓，虚牖延孤清。竹素涵前古，静对终吾生。故交惠尺书，整襟拜投琼。奖以息吹万，因之返素精。寓形良有涯，勿为化所惊。

歌行

春月歌

晴风初暖溪光紫，杨柳风轻吹不起。迢迢璧月背云飞，摇荡春云映春水。春水涵空倒碧天，金波微定影初圆。花趺红敛垂珠露，叶底苔平缀玉钱。可怜月落留难住，可惜春光来复去。昨日梨花已起风，何时柳絮还黏树。柳絮梨花早岁春，芳郊草软素光匀。绿窗竹叶飘鸾尾，白袷落英照锦鳞。当时不解留春在，月落月生春易改。胡蝶香迷梦不成，碧桃花褪芳谁采。采芳踏月当年客，双鬓银丝欺素魄。婵娟不解古今愁，斜转空山荡轻碧。

来者之日歌

来者之日还如昨，今我云胡而不乐。去者之日一如今，徘徊今昔伤忧心。东风吹柳鹅黄垂，千条映水摇修眉。一片轻飘坠秋水，叶叶零零飞不起。还丹空炼素银芽，老聃西度函关死。死生倏忽如朝霜，春日不长冬夜长。行人攀折莫长叹，豹死留皮王彦章。

寄题翠涛新斋 丁卯

　　湘西开竹馆，绿净清溪源。垂钓不在鱼，读书欲忘言。欲从不能心自飞，白云奈尔轻霏微。

仿李邺侯天覆吾歌广其意示于礼

　　天覆吾，地载吾。元气纷纷屑万族，灵蓍茂草争昭苏。栖鸟在林鱼在水，而复生我何为乎。绝粒升天等龟鹤，灵椿五百还凋落。鸣珂帝都亦莺燕，金衣玄珮喧清甸。邺侯以此为丈夫，漠漠天心谁许见。丈夫昂藏自有真，父兮生我天之仁。一针义利分子午，万国胞与谁主宾。蜗涎篆壁勿轻惹，螳臂当车莫浪嗔。丈夫爱嗔复爱喜，落花笑看随流水。孤月离云雪练飞，渺渺寒辉千万里。静如池影涵青天，动则春风迸花蕊。君不见邺侯晚节知前非，岳顶读书云满衣。晶冰彻底纤尘净，玉魄当头素影肥。青莲七二堆螺髻，万轴当年金简字。千年欲识丈夫心，独上危峰揽苍翠。

五言律

过李为好山居信宿

　　紫雪桐花落，绿烟莎草凝。闲阶斜日转，薄箦绪风胜。消息中宵酒，过从大古僧。淹留春病减，君似一条冰。

其二

　　忘物仍忧乱，孤游托耦耕。年华皆昨梦，风俗到今惊。闭户生涯得，挑灯笑语清。欹眠安枕簟，恰有曙光晴。

伏日

朱火弥清昼，凉宵候久晴。光摇千嶂迥，风定片云轻。老病从欹枕，交游忆耦耕。东方何意绪，割肉傲公卿。

腊月一日寒雪有作 是日为先征君孤辰，闻之先慈云，泰昌庚申大冻，杯盂凝沍。

前夕雪花飞，晶光飐素晖。半峰黄叶小，孤树暗禽归。生理随霜鬓，寒更梦舞衣。庚申慈氏说，寿酒素瓷肥。

将夕 辛酉

余春矜断雨，将夕敛重阴。谷口延西爽，云光敞半林。樵归依曲曲，鸟宿渐深深。药市虚城郭，归人阻碧岑。

复病

消病一春长，藤蓑挂草堂。亲知劳送蜜，蔬荀慰休粮。剑鼻苔侵涩，书函燕坠香。侵凌看柳絮，乱扑一襟霜。

示刘李二生

不作少年心，凭消白昼阴。黄梅何日熟，橄榄再来寻。追蠡悬无几，龙渊老易沉。他时闻吹笛，莫遣忆孤音。

得嘉鱼李西华兄弟书追忆雨苍

湖水阻青鞋，南游吊大崖。世卿先生自白沙归游南岳。探书苍水绝，藏史血函埋。遗怨留鸿字，<small>雨苍旧作《孤雁行》见寄。</small>孤吟闭鹿柴。郎君勤慰藉，难遣老夫怀。

中秋向夕自观生居同刘生小步归草堂月上二首

返照一轮微，行行望不违。疏林迎缓步，薄影上轻衣。雪练空初合，云波静尚肥。闲心谋斗酒，未数草堂归。

其二

秋清犹往昔，老去得从容。檐影分仙桂，珠光渑瓦松。葛巾飞鸟度，霜鬓玉蟾逢。他日酬今夕，云签在别峰。

偶题 <small>壬戌</small>

禾稻频相望，莺黄几日深。人间又秋色，垂老足闲心。夕照明归鸟，高林接暮阴。前峰初上月，约略半林侵。

人日 <small>癸亥</small>

夏历留人日，春深净晓天。池冰轻破绿，初树浅含烟。百福宜他岁，孤心惜暮年。迢迢春赏意，还看野梅边。

初秋

通闰秋期早，余蒸宿雨停。流萤孤一照，乌鹊缓双星。蘋叶风初定，藤花露已零。青蘘仍凤昔，萧瑟渐渔汀。

其二

夕绮摇虹影，疏云上碧波。中宵动雷雨，斜月半星河。世事残书耐，吾生睡眼过。青枫无限叶，珍重响危柯。

其三

昔昔秋犹在，劳劳老易侵。宝刀蚀虎气，孤镜吼龙吟。凉梦惊难续，闲愁病不任。江山留《九辨》，未许怨登临。

岁早 甲子

雪际带春生，池冰几夕轻。寒心犹缱绻，雨气半萧清。客至拈桃笑，禽归试柳晴。衰年宜缓缓，岁早自含惊。

客至

病眼忘春赏，芳辰竞客游。折腰原早岁，欹枕自前秋。宿菜冰芽尽，寒膏炷影幽。歌声金石发，莫为子桑愁。

初夏

微雨收难定，孤云远自归。晴丝轻相入声逐，燕子不停飞。回岭通群绿，清光绕四围。天情随意缓，珍重径莎肥。

其二

裛裛消春尽，匀匀看暑生。花期随梦往，病骨喜衣轻。药裹虫丝剔，茶烟柳絮迎。故人缥素在，装裹趁初晴。

待于礼

望望还相待，悠悠问此心。禽归孤树夕，月上半峰阴。稻径迷迂折，荷香送浅深。琅然琴韵在，莫只动游鲟。

先开过问病赠之

迫迫寒威甚，惺惺久病如。纸窗明半榻，炉火拥残书。法相沙踪雁，交情静夜鱼。天花飞万片，只愧净名居。时雪大作。

冬夕

南天玄气合，始夜素烟围。薄霭孤星出，林风几叶飞。古今销永夕，书卷掩空扉。此夕关河迥，残灯一影微。

红叶 乙丑

寒光烟际迥，极目乍相迎。落日殷勤照，霜空妩媚生。清波凝水碧，白影衬云轻。红豆谁持赠，南枝未早荣。

其二

幅幅江南画，苍山点绛纱。桃波疑候雁，鹦觜咒寒鸦。垂笑风难定，轻飞日易斜。朱颜矜老寿，谁是白云家。

早春余雪属目偶成 丙寅

湿云飞不起，一半雪光欺。药裹犹畴昔，莺花笑几时。乌藤苔露坠，白袷柳风吹。知否韶华借，闲心早自疑。

夏夕

西清开一曲，明绿半溪深。白鸟回峰碧，青林渡水阴。荷轻初露坠，风定暗香侵。隐几吾生事，萧然不自今。

为家兄作传略已示从子敞

无穷消一泪，墨外渍痕汪。故国人今尽，先君道已亡。蒙头降吏走，抱哭老兵狂。正可忘言说，将心告烈皇。

元夕独坐 丁卯

深碧绕峰峰，寒云酿自冬。草心栖宿雪，山溜隐宵钟。双泪初春尽，孤灯丈室封。梅花凭笑问，莫不许从容。

晦夕

初暄留宿雨，向夕尽归云。远树山灯晕，流萤湿雾熏。天情余暧瞕，春赏忆殷勤。莲叶无情甚，波光一半分。

四月一日

莫更惜春光，条条爱景长。楝花三日雨，燕子一襟凉。鱼影深摇绿，梅腮已上黄。韶华读史过，天地尽清狂。

秋日杂咏

夕风吹不彻，斜月数峰阴。云晕孤轮影，珠圆曲港音。凉云余一照，碧汉已双沉。历历秋光在，当时忆此心。

其二

疏雨定池光，荷风一袂凉。云峰双岫合，虹影半轮藏。日落风无定，天空望愈长。欲归双燕子，不肯眄横塘。

其三

清赏闲心即，余年一日赊。稻收寻曲草，水落理鱼叉。选径违晨露，除棚看晚霞。木樨香近远，初试半林花。

其四

物候天涯改，秋心闭户知。露垂窗影乱，云薄曙光欺。密字微吟缓，疏藤上纸迟。蘋风相假借，小住得支颐。

其五

曲沼依槛径，乌藤试往回。黄花钗股荇，文石锦钱苔。藕叶擎孤翠，榴珠启半腮。天情物未损，莫遣早霜催。

其六

平湖知落雁，曲砌已吟蛩。短棹清波梦，幽窗坠叶风。生存今日事，秋老一林中。《天问》凭谁答，溪云掩断虹。

遣闷

宇旷清空迥，残辉杖影斜。林疏云度曲，冰释水澄沙，风绽丹砂子，霜滋锦缬芽。水仙香孕绿，珍重试初花。

其二

朔吹喧平野，微暄酿一坳。晴光分竹晕，霜液坠藤梢。地锦颠当网，云帷巧妇巢。无人从载酒，不受草玄嘲。

小步 戊辰

林塘春雨夙。小步爱微温。风定开池影，云收齐烧痕。青珠垂日给，绿绶缩天糜。慰借韶光甚，新愁未许存。

燕

燕燕过春久，遥遥几日归。斜临波影转，闲啄柳花飞。小住游丝弱，横陈蛱蝶依。春光随缱绻，清赏入霏微。

夏夕

试暑方前日，重阴疑凛秋。云封双岭合，萤乱一星流。阅化知无尽，为生果似浮。不须多病后，始拟访丹丘。

落日

落日隐归樵，回峰骋望遥。平波云影静，素练晚烟飘。春气惊先入，年华果易消。溪梅无意绪，绿润上新条。

排律

见诸生咏瓶中勺药聊为俪句示之 庚申

二十四桥春，何年度楚滨。感君垂采折，芳意在横陈。露琲留珠个，云屑起绛鳞。弱茎擎亦定，细缬展初匀。縠罩茶烟浅，暄迎酒晕新。旁侵炉气合，斜倚画图真。飞阁高承幕，垂璎近拂巾。绮霞叠一色，香月上重轮。帘蝶魂如梦，笼鹦咒似瞋。留熏十日永，惊艳满堂均。碧叶凝云绿，珊枝带海津。悬愁倾白醉，莫遣聚朱茵。爱惜终香阁，飘零远陌尘。冰纹簇紫雪，芝彩涌黄银。锦字啼鸦就，清尊倒蚁倾。韶光易消谢，持慰撷芳人。

先开移丹桂一株于窗下作供为赋十六韵 癸亥

静馆香成界，空林影结邻。道心难举似，清供不余尘。仙种遥移月，浓芳偶借春。雨轻虹一色，霞近日重轮。偷药朱颜驻，凌云紫气臻。灵砂初破体，金粟化生身。南国霜殷橘，江皋日射蘋。忘忧添妙蒻，晚醉厌工鼙。落照疏林映，彤云细缬匀。深沾湘瑟甲，乍启散花唇。宿火沈膏地，兰灯锦罩新。珊枝撑玉魄，丹蕊炼金神。莲坠留房露，榴函尽妒津。商芝分烨烨，琴鲤想鳞鳞。彩雾通炉篆，幽芬上氀巾。赤旃檀荫合，谁道蕊岂贫。

咏风戏作艳体

约约轻云敛，匀匀晚气凉。不教留鸟梦，何处有花香。绣幕鸳回翼，莲灯叶坠黄。窗摇三叠水，帘荡一波湘。宝鸭纤丝乱，笺鸾密宇藏。低回穿药槛，幽悄度兰房。结束舒袿带，萦纤绕帙囊。佩交情未许，芳袭妒何妨。却扇从花笑，飘裾趁草长。微温聊竹坞，无影到银塘。系臂蛛丝缠，当钗粉絮镶。蝶双愁易失，燕冷怯归忙。匀汗乾珠琲，回襟漾水光。停凝怜漱浪，端重笑垂杨。暖阁扃金钥，鞦韆赛锦裳。暗尘禁冉冉，檐马错琅琅。藤合摇阴碧，菱开漏镜霜。迟归贪柳影，密语间松簧。绒缕穿针乱，花须斗草忘。闲情迷蕴藉，春思尽清狂。卯酒消微醉，云鬟乱夕妆。知谁千里怨，帆影望归航。

玩月 丙寅

云际徘徊月，高天不损寒。三秋今夕未，万里几人看。霄碧双摇浅，金晶倒晕乾。平开千顷合，孤涌一轮安。台玉擎菱镜，胎银炼雪丹。珠津方妩媚，金蕊尽阑干。阴木飞灯暗，轻柯弄影难。浮浮蒸宝阁，粟粟润珠团。碧瓦匀匹练，筠帘透素纨。微阴知潋滟，深绿隐檀栾。天水双轮浃，空明万染刊。停凝聊旖旎，清绝且盘桓。荡白生虚室，回光转曲栏。酒魂双颊褪，潮血半丝湍。稍觉流霜腻，无妨晓吹酸。悬愁枫岸侧，明夜半规残。

七言律

唐如心见过 庚申

春草初生雪霰零，山山曾踏几茎青。居然天地成今古，何必云岚不典型。执戟汉亡谁载酒，《尚书》秦暴有传经。怜君问《礼》当深夜，急难原头念鹡鸰。

其二

酌酒无多剪烛长，凌侵冰玉蘸寒塘。赠云有意寻弘景，赋雪无心付谢庄。玳瑁云痕开远碧，流莺柳色竞新黄。晴光倩送青鞋去，分取狂夫一半狂。

元夕 辛酉

望月玲珑出浅霞，背人约莫数年华。垂杨向夕惊新绿，蜡炬停风结小花。寂历影堂香篆静，萧清春径藓纹遮。南瞻欲问平安竹，好护刘璞处士家。

春兴

嬉春迟暮老廉夫，长卧归休旧酒徒。不分传家三《传》在，从来亡国一身孤。玉钱月影窥双鬓，碧海云波认五湖。一尽龙钟供世笑，苍天还识老狂无。

其二

楼空山远湿烟蒸，返景长天暝色仍。千里湘皋归雁雨，九江春水钩鱼灯。马殷冢在生新草，陆逊营荒挂古藤。梦里白蘋洲上月，遥遥北渚接黄陵。

其三

春风仍上柳丝边，烂漫生涯醉暖烟。垂老田光无酒客，相知宁朔有龙渊。平皋漠漠飞新燕，涧道阴阴响细泉。苴莽栖心讯芳草，剧将嫩绿逗华年。

南天窝授竹影题用徐天池香烟韵七首

空明片纸涵晶莹，微惹惊蛇一线灰。白社原同匡岭寺，青山不染米家堆。偶移浅碧腾腾合，小试光风灼灼来。疑是清江霜月好，孤山斜惹水边梅。

其二

月华欲上不得上，晴光一倍偿今朝。轻云疑尔还相掩，宿雾初蠲忽已飘。低亚殢人相绰约，回波响远试逍遥。翻然欲把浮丘袂，冉冉云轻隔海潮。

其三

心通无地更询他，隔院风生乍染魔。垂手舞因轻带鸟，扶头醉且厌堆螺。微凉羽扇频摇曳，半睡仙裙自沓拖。安得千寻看月落，凭将澹远问东坡。

其四

几枝略点红炉雪，片晌聊依篆尾香。稍惜晴风吹不定，还愁落日去偏忙。露珠暗坠惊魂起，暖晕斜轮数叶凉。清瘦自憎临绣幕，湘纹巧映竹方床。

其五

凭阑觐面不相知，邂逅晴窗瞥见时。浅黛斜分临晓镜，落花轻惹上蛛丝。萍开绿水鱼情得，叶坠幽光鸟梦奇。活色暗香难举似，浮沤目醉共清嬉。

其六 时为先开订《相宗》，并与诸子论《庄》。

色借明缘还似幻，白生虚室不曾遮。老夫偶梦看成蝶，诸子忘弓莫问蛇。月满桂难亏玉魄，雷惊春已长花芽。何须玉版参离合，丈室天空散碧霞。

其七

根窠休访午阴圆，斜上幽窗倍可怜。映字不妨遮粉本，谈经适尔点青毡。高秋已瘦余清泚，积雨欲消待往旋。晚照乍移莫怅望，还将凤尾舞婵娟。

徐合素自南来抵郡城远讯船山代书答之尊世父暗公从海上卒于岭表廿余年矣因寓我尚为人之叹 甲子

梅霆风困药炉烟，乳燕衔书坠枕前。梦里短衣看射虎，重来高柳怨鸣蝉。归舟知泛桃花水，荒径将寻箭筈天。莫问霜髭今几许，君家松柏五云边。

五日前一夕唐如心以近诗见问病废夜读久矣即夕口占寄意

榴花困雨不得红，溪荪浃露青烟丛。明朝谁续五丝缕，新月初弯一线弓。楚国神弦惜往誓，山中桂树思悲翁。纸窗晴日能相借，锦字凭开雾眼空。

寄周令公

湘波一尺阻东西，湘草湘烟入望迷。碧海相看消镜雪，丹经何术炼银泥。归舟吴越迎歌扇，潭水沧浪废杖藜。问讯绥山桃几熟，飞花好寄五陵溪。

病起连雨四首

炉烟平敛晚天清，病起闲愁也自轻。风定小容秋叶缓，月生微放雨窗明。江山他日仍如此，河汉经时已早倾。苨茞嵯峨留瘦骨，黄橙丹柏看冬荣。

其二

荻花风乱扑人飞。夕鸟双峰一线归。暑病乍清怜雨气，寒衣姑缓待霜威。龙腥秋涩云藏岫，鹭影光寒水上矶。幸不登临悲往昔，遥天白霭翠微微。

其三

白发重梳落万茎，灯花镜影两堪惊。水金丹诀闻方士，土木葆膏累友生。故国余魂长缥渺，残灯绝笔尚峥嵘。悬知药力消冰雪，未拟垂杨听早莺。

其四

潜圣峰云碧万层，萧萧杉竹托山僧。辜恩垂死余双泪，扶病今生梦一登。多日六经藏孔壁，何人十字志延陵。湖天秋水鱼书绝，寂寞孤阡挂古藤。病不得省墓，春初，因松江董斯行请志铭于竟陵吴既闲，期以秋至，不得。垂死病中念此二事，惟有痛哭。

代书答舌剑韬　乙

涞水东流岳阜西，鱼书遥问浣花溪。千峰旧访孤轮月，双脚难拚一寸泥。大誓余生闻虎啸，衰年独坐弄驴蹄。东山只履归何日，草软烟柔一杖藜。

宿明溪寺山僧导游珍珠岩

苍崖乳溜渍苔干，阴窦埋光生夏寒。殷孽可怜添石瘃，飞鼺亡赖扑灯阑。何如藻井铺霞绮，自敞珠宫迳日丹。读《易》幽篁双径锁，当时悔不访仙坛。

秋兴

秋藕缫丝缀冷香，蓼花鞦鞯染轻霜。月津已转从云妒，星渚初离更夜长。临水登山悲郢客，守庚炼己老丹房。白蘋一罅清泉镜，风飐霜髭照影凉。

昔梦　丙寅

昔梦闲情一枕蠲，闲愁过眼万心镌。湿云叶叶垂虹外，归鸟泠泠晚照边。涧草自分寻药径，湖天谁泛钓鱼船。西清斜月能消得，片玉轻松半影悬。

雨余小步

莲花连叶柳塘西，疏雨疏风斜照低。竹箨冠轻容雪鬓，桃枝杖滑困春泥。垂虹疑饮双溪水，砌草新添一寸荑。不拟孤山闲放鹤，鹁鸠恰恰向人啼。

初月

六月四日收夕雨，一弯初上划西清。冰纨小蹙添纹皱，青镜斜临上粉轻。垂柳千眉争宛宛，流萤半影怯盈盈。新秋通闰知何日，已映银河一道明。

冬日书怀

木落山空朔气吹，云消星白曙光疑。瞳昽烟海天无际，夭袅霜华月半规。今古闲愁孤枕尽，渔樵残梦晓钟知。春心他日将谁赠，辜负寒梅折几枝。

翠涛过草堂问病 丁卯

稻露垂珠远望平，疏风疏雨葛衣轻。枫林摄摄消残暑，禅室登登待早晴。话到闲愁无一字，棋终残局笑双征。因君莞尔加餐饭，不问参苓托死生。

其二

江楼十载故心违，池影相看上雪肥。银汉未倾怜酒尽，金风欲避倩云围。尊生为嘱悲欢损，惜别悬知伴侣稀。观获送君归下溙，西清一雁贴天飞。

夏日喜何诣得见过

苗叶梳风暑乍消，归禽掠日影逍遥。闲披绿草依孤树，喜看青衫渡小桥。密语偶窥康节梦，清狂未觉步兵骄。剪灯坐叹流光迥，他日何方觅老樵。

侄敏五十

邗沟檠戟插湘滨，骁骑云仍到尔身。戍削月垂千丈影，团圞松偃一庭春。青毡未损传家物，黄菊相期漉酒巾。好理残书贻子弟，乌衣燕识画梁新。

其二

吾方授室尔悬弧，一幅当年燕喜图。脉脉回头成梦鹿，悠悠屈指数金乌。黄云初卷收香粒，桢枣重蒸酿软酥。犹有老夫霜鬓在，东皋遥劝倒村酤。

重过三座山与故人罗君遇赠之

三十九年弹指间，居然无恙只青山。一双镜影髭凝雪，九月枫林叶坠斑。旧恨冰轮消兔阙，故交雪涕吊渔湾。罗君时垂执先兄之绋。爱君步履轻如鹤，独向苍天乞老闲。罗君名映，字若庸，邵阳人。

宿别峰庵庶仙策杖来慰时方从哭送先兄归垄返

幂幂苍烟护小桥，回峰斜引上方遥。归禽邀日沈平楚，宿露泠风润绿蕉。白发共怜灯影瘦，青山未遣泪痕消。凭君昨日山阳笛，吹彻寒冰慰柳条。

社前一日雪 戊辰

社日花朝总令辰，柳丝萍叶总宜人。已催莺燕迎初日，未许风光试一春。紫电暗窥珠佩笑，轻雷不惜玉衡嗔。还思残腊新暄早，勾引江梅万树匀。

二十四日又雪

云罅斜晖剧可怜，惊飙一夕万峰喧。瓦松邂逅含晶密，水碧依微困影圆。销铄风光仍夜永，淹留寒色更春前。药畦红苗抽三寸，他日欲寻更惘然。

罗桐侯受业先兄存没依耖倍于余子春初过慰衰老怆然酬赠

纸窗竹屋俯寒泉，总角相看已辗然。莎径情深寻带草，芦中恩重复渔船。重来棠杜初悲雨，老去桃花不记年。一卷申公诗说在，凭君珍重护秦烟。

寄题先兄祠屋 戊辰五月己卯，祁孙奉主入祠。祠，旧耐园也。

寒泉古木问何年，鹤羽归来一哂然。沧海能消衔土怨，沃州不待买山钱。谁投粔籹酬江水，为饵饧香禁冷烟。留语乌衣诸子弟，应知头上有青天。

其二

白发青林一径悭，羊裘不拣钓鱼湾。当年有誓潭龙窟，身后还悲吊鸟山。目送斜阳沉海岸，手栽修竹染霜斑。《致身录》在凭谁读，炉冷香消亦等闲。

崇祯癸未贼购捕峻亟先母舅玉卿谭翁以死誓脱某兄弟于虎吻谢世以来仰怀悲哽者三十余年翁孙以扇索敏侄书字缀为哀吟代书苦不能请先兄俯和益以老泪淫淫承睫不止

枫林落叶岳云寒，兄弟披离片影单。九族凭谁容破壁，寸心已许付危湍。恩深草屩随拖杖，命续霜刀惜刈兰。今日渭阳回首处，萧条白发泪痕干。

别峰庵二如表长老类知予者对众大言天下无和峤之癖者惟船山一汉愧不克任而表师志趣于此征矣就彼法中得坐脱其宜也诗以吊之

延陵未识披裘客，杨亿还疑转盼僧。银地界中金屑眼，热油铛里雪山冰。相逢歧路双趺印，顾笑悬崖一杖登。今日重拈惟荐泪，秋山叶落冷孤藤。

冬山即事

罗阴曲曲护回塘，亭午初消子夜霜。小藻分波还浸碧，闲花似菊未凋黄。游鱼带影双遮水，孤蝶迎晴倍惜香。天物殷勤相假借，凋零不遣恼疏狂。

其二

玄绡垂幕黛烟流，略挂西峰玉一钩。萧散云还沉碧海，清空人欲访琼楼。匀匀广野疏星度，恻恻寒心片影浮。取次闲愁栖泊尽，更谁笙鹤梦丹丘。

其三

小雪无云宿暖赊，东窗日转半桭斜。清泉砚滴含余绿，活火汤瓶涌细花。歌哭古今归午枕，江湖图画泛星槎。堂堂日月容相问，书卷留人几岁华。

其四

墙阴小步试欹危，未厌晴风袅鬓丝。楮实乍惊飞鸟过，苔阴渐放素光移。绀珠千颗垂藤子，丹叶孤飘绕故枝。寂历经过聊缓颊，重来千载更伊谁。

野史刘生惜十年之别来访山中为写衰容赋赠二首 己巳

重逢无暇问前游，老去并刀割旧愁。风定鳞鳞萍在水，云横脉脉雁当楼。频年苦觅参苓倦，俭岁无多芋栗收。良夜对君霜月迥，还教飞梦泛沧洲。

其二

弥天无处著衰颜，映水愁窥彻骨寒。雁影自宜霜月暗，镜光知向暮春残。江门裘冷添藤笠，易水歌阑尚白冠。惭愧云林幽兴绝，还留画里一人看。

五言绝句

辛酉日遣怀 ^{乙丑}

短烛空烧柏，浊醪不荐椒。岁华知几日，人道是今朝。

其二

东峰忽散云，飞光射檐端。未解消冰雪，晶荧一倍寒。

其三

暖气幸霜余，留寒酿春雪。药力不峥嵘，眉间蹙千缬。

其四

手折琼瑶枝，欲以赠远者。姑射冰雪姿，乘云不来下。

罂粟

娇小垂头立，丰盈出面来。花王休相妒，侬不向春开。

相思子

无识自有情，咫尺银河渡。不问许多时，渠还在何处。

绝句 ^{丙寅}

黄鸟衔青虫，径飞入深箐。蛱蝶绕墙飞，相逢不相见。

其二

伏日人间暑，西风天际阴。秦坑从烈火，鲁壁自清琴。

其三

莲叶千茎乱，因风卷翠烟。飞来双白鸟，不省在谁边。

其四

瓜架穿萤白，藤梢点露青。牵牛花已发，天上候双星。

其五

稻花垂金丝，弱如红蓝蕊。风起扬蜻蜓，含香点溪水。

其六

宿鸟波流影，孤萤冷度溪。云留分一半，月在柳塘西。

其七

鞦韆穿窗入，钱钱缩影高。人间酣睡客，几处梦樱桃。

其八

闲简蝇头字，芭蕉雪里心。青青河畔草，自有鬼能吟。

敬筑土室授童子读题日蕉畦口占示之 _{戊辰}

治畦当种竹，种蕉为近之。虚中同一致，密叶胜疏枝。

其二

脆绿怜弱干，勿为霜雪侵。春风动雷雨，须长一千寻。

其三

莫剪当檐叶，凭传萧瑟音。岳峰窗外雨，滴碎汝翁心。_{旧筑一庐岳阴，窗下芭蕉，其本径尺，高二丈许，岁有花，结甘露。}

其四

题字成玄草，绿天幻绛纱。勿容贪载酒，何客可名芭。

七言绝句

水仙 _{甲子}

乱拥绿云可奈何，不知人世有春波。凡心洗尽留香影，娇小冰肌玉一梭。

代书寄衡山戴晋元

松梢浅着余冬雪，兰若闲烧丙夜灯。_{《剩稿》"着"作"带"，"闲"作"寒"。}一枕梦回衾似水，不知仙洞隔朱陵。

其二

寒山不稳归飞鸟，《剩稿》作"衰年未稔霜余雁"。锦字难传夜静鱼。闻说茂陵方病渴，《剩稿》"茂陵"作"文园"。莫修封禅数行书。

山月歌　乙丑

船山山半月垂湾，太白光连夕照间。白发故人愁不见，天西无数五溪山。

白云歌　效逊国先贤"朝见白云飞出山"之作

无数闲云出翠微，和风和雨夹山飞。孤烟一片如轻絮，自绕疏林款夕晖。

其二

一片轻飞岭上分，当时犹自惜离群。飞来飞去秋风里，今日青山无片云。

其三

白云飞也自寻常，不道青山不久长。看尽云飞天阙迥，清空一碧映潇湘。

其四

前日浮云飞出山，山前为雨不曾还。云收雨散无消息，何似青山一碧间。

其五

浮云本不恋山巅，木叶随风更可怜。欲得归林归不得，蛛丝悬挂矮檐边。

杂咏

曲岸平塘小径通，山坳倚杖避回风。知谁扑速林间响，雀啄霜余数子红。

其二

暝烟欲卷任栖迟，断嶂云光射岭西。恰似半晴三月雨，林梢只少子规啼。

其三

罂粟苗轻翠瓣娇，水仙胎满暗香飘。叮咛雪霰休凌藉，任打窗前败叶蕉。

其四

问病人稀樾径闲，朝飞孤鸟暮飞还。麏麚避虎昨宵过，乱蹴泥黏碧藓斑。

又雪

一雪才消一雪飞，不留余白映霏微。何当贳与严陵寿，建武初年守钓矶。

送刘生辑夏归省重庆

蒸江漱玉绕苍汀，玑瑄霜云拥翠屏。归向湘山高顶望，应瞻南极老人星。
《姜斋七十自定稿》全书终

柳岸吟

柳岸吟

和龟山此日不再得

我生秉孱弱，不能任耕桑。居然消秫稻，何以酬旻苍。星尽晨鸡鸣，东方生炯光。良阴无踟蹰，俄顷收斜阳。行行天地间，南北各有方。步履无定审，宇宙空茫茫。忮求但自辑，尚未足以臧。百端苟遏绝，暗触还自戕。身心取轻安，未免等秕糠。良珠固在握，胡乃忘吾藏。春暄熏百草，随类发芬芳。秋气净四极，一碧涵清刚。春秋皆在斯，何为空彷徨。积粟太仓盈，积步万里长。蹎踔而凌越，竺氏与蒙庄。如彼鸟篆空，漫尔矜文章。辨说及组绣，慷慨登词场。如彼挟策子，与博偕亡羊。砭心不知痛，支体皆隳忘。何忍蹈此蹊，而更诧豪强。关闽有津济，但自理舟航。鼓勇未为殊，绵绵功在常。一息不相续，前勤皆已亡。与俗俱汩没，徒为造物伤。返念诚自惊，斯须分圣狂。

溪上晚步次间来无日不从容韵

溪光空碧净秋容，灼灼斜阳蓼岸红。风日不欺樵径好，江山未换钓竿同。难分忧乐双行里，谁道穷通一梦中。不遣希夷酬上古，《乾》初一画海天雄。

和白沙二首

胡不思身已有身，桃花柳絮各当春。归除共算三辰日，截续无差上古人。拔地雷声惊笋梦，弥天雨色养花神。他时午夜青天月，恰好金波片影真。

其二

粥饭终朝剧可怜，无心丛里有心天。髑髅不爽元生意，枯槁翻新看火然。莫撇孤清求鸟径，已知实际历长年。分明饶有中和用，不但虚悬未发前。

为躬园题用念庵韵二首

历历有此躬，何求而不得。即此欲得心，分明无疑惑。

其二

受来非彼来，应去亦不去。云行而雨施，皆予措躬处。

读念庵诗次之

真静应知动不消，冰霜雷雨总清霄。吹灯灭影形还在，炯炯三更伴寂寥。

其二

碧笋惊雷拔地长，绿筠玉粉土膏香。连踵彻顶无涯畔，谁是胞胎秘息方。

和白沙二首

问天无意更拈著，不道忘情胜马龟。蒙叟梦中真蛱蝶，柴桑枕上自轩羲。汀洲杜若香原在，海上蓬莱路不疑。欲起江门向今日，藤蓑珍重钓珊枝。

其二

百尺峰头泛铁船，情知到我却无缘。遥飞青鸟知难致，当顶金乌不易迁。一线自循芳草路，双趺直上蜃楼巅。劳劳终日心间极，池上琴尊笑乐天。

酣睡七首

拂拭南窗小榻空，绿阴罅里纸光红。昨朝狼藉今朝在，花自轻飞柳自浓。

其二

劈破须眉剩脊梁，闲心不耐更商量。朦胧稍见东峰上，一片云飞暮雨香。

其三

蒨葡胎玉破新函，白发簪花老自惭。冲雨摘来安枕上，香熏华顶老图南。

其四

校书如荈扫难穷，且自埋心白昼中。为报泉台旧知己，侬非刘向与扬雄。亡友文小勇以二子相奖。

其五

春鸟过春不肯鸣，雨中仍听两三声。绿光影里还飞去，惊落残红一片轻。

其六

诗书放下千端在，王霸拈来一点无。消受三竿红日影，生成一幅后天图。

其七

白日惺忪卖影新，人间原有黑甜春。梦中不识邯郸道，记得诚斋煞认真。诚斋，桂阳朱大中丞英。

咏怀次韵三首

洪炉片雪陈公甫，独棹中流罗一峰。玉露金茎撑九陌，桃花流水度三冬。江门孤月元无影，太极丸春自有容。传与铁船凭泛海，棹歌声里尽相逢。

其二

不问青天拟问谁，孤琴摇曳动清脾。雷声偶逐片云起，轻碧无劳过雨疑。几有一沤生旧处，笑看新叶发残枝。逢人持此闲供具，啼笑当前换两眉。

其三

纸窗无缝看青山，也觉秋容不放间。瓶水影中莎草岸，菱花曲里白蘋湾。他时摇落含春思，昨夜萧清启月颜。识得金风消息好，逢场抖擞试痴顽。

次定山三首

野马从来未受羁，寒原衰草不须辞。残山残水谁相问，独笑独歌且浪为。日午睡连清旦睡，白沙诗更定山诗。青霄明月容迟上，一卷残书了更迟。

其二

摊书腹内破彭亨，不忆愁从何处生。天地病深宜我病，须眉醒后更谁醒。醇醪聊借风光酿，仙药无劳雨露耕。正自坦然人尽觉，敢矜天马蹋空行。

其三

溪月溪风太有情，不容尘土得分争。乾坤消受无多子，今古萧条第一名。梦里青山留我住，镜中白发为谁生。炉烟销尽空香满，脉脉幽心只自评。

和白沙钓濑与湛民泽收管诗示唐须竹

遥山写出虚无画，孤笛吹来雪月吟。不是逢人难口说，湘流清浅祝融深。

三门滩感兴三首

古今皆效动，欲静势不遭。古今皆效静，欲动功不展。乘之有顺逆，用之有深浅。无心即无知，有心智复塞。脉脉以持危，非言能宣显。

其二

置身云际观，何为而栖栖。延目千秋视，所据皆粉齑。目力既有穷，生年不久稽。吾心固可引，遥与霄汉齐。苟守规中见，安能无笑啼。

其三

鸣鸢为风征，鸣鹳为雨征。畏风或苦雨，勃然而怒兴。天适欲风雨，吾力亦奚能。吾适患风雨，天心亦奚凭。况彼区区者，俄然为化乘。不知方寸内，风雨皆渊冰。

露坐和白沙

不辨香何际，回塘有芰荷。风来已良久，月上见微波。草气从凉净，星光在宇多。《韶》《英》吾识汝，枯竹有鸾歌。

月坐和白沙

幽筱晚风迟，披襟待月痴。亭亭有独坐，夕夕得清嬉。休夏闻西竺，衰周栖仲尼。藕丝非系缚，灰槁亦奚为。

和白沙中秋

片叶听萧然，何妨素影翻。东窗千嶂外，玉镜一轮圆。空界原非妄，天心已尽传。明宵随显晦，墟里上孤烟。

和白沙真乐吟效康节体

真乐夫如何，我生天地间。言言而行行，无非体清玄。春鸟鸣华林，秋水清寒渊。无功之功微，乘龙而御乾。

和白沙八首

耳目忻浮光，不自知其性。砂中原含金，非天有殊命。外取亦甚晰，内视还成瞑。如彼夜行人，思与骐骥竞。

其二

天下自闲闲，人心长戚戚。身为物所持，骑虎不得息。息之在先几，几先人不识。适燕而南辕，终身无返迹。

其三

我闻庄定山，其心如寒铁。去我二百载，清琴音已绝。船山半亩池，一泓贮香雪。濯发夕风微，长歌弄明月。

其四

迢迢开一径，双足尽登临。密至云无际，明生月有心。当前霜岸直，彻底碧潭深。神禹留金简，居然在岳岑。

其五

蠕息皆吾侣，鲲鹏固不交。有时冰串释，欻尔泪珠浇。酬物惟三径，从天付一瓢。空林桂花发，何有小山招。

其六

此心昼夜至，此生天地生。云先肤寸合，月到上弦明。自昔知无畏，随方受一清。白沙潇洒处，步步踏莎行。

其七

无云天自碧，有云天亦清。在天原不损，因尔有云名。一极情无妄，六爻变遂成。千秋尽合辙，莫笑造车轻。

其八

江门一空际，万卷且幽寻。龙马谁之迹，星河尽此心。萍月开池影，松风合涧音。万端无彼是，中有指南针。

旅警五首

此日良可惜，纯熟尚不舍。断续有异心，况我悠悠者。巨浪而停舟，将为千里泻。恻恻生内惭，红轮西坠也。

其二

恻恻保此名，踧踧护此生。此生何以重？此名何以荣？无乃随影动，其根若浮萍。安得良宵中，翛睡而不惊。

其三

幸天与我知，幸世与我忧。知知而忧忧，人将为我忧。不知而不忧，吾将为我愁。岂不有我哉，云胡不自求。

其四

闭户读残书，居然有户牖。出门对群动，未必免濡首。无曰无知音，日月皆针灸。彻骨疗沉疴，焉得辞老丑。

其五

辨言终自贼，寸心若电耀。使自溯源流，多端堪内笑。请即所笑端，捩转其枢要。孤月游霜空，寒林清猿叫。

元日折梅次定山韵

随折一枝好，清香破雾新。盈盈此天地，恰恰正芳春。白发不相负，青阳始试句。殷勤明看汝，朵朵玉华真。

和白沙梅花二首

梅花欲发雪撩之，不损清香一万枝。半点千钧春气力，看花人似海谁知。

其二

花外春光有此梅，江城断岸尽催开。寒蜂冻蝶谁驱汝，度叶穿花得得来。

和白沙桃花

花到灵云只一开，桃根桃叶隔天台。刘郎前度人无恙，日日看花不厌来。白沙诗"只许刘郎一度来"，为浮屠见闻觉知只许一度之邪说所引据，附会其灵云见桃花不再见宗旨，故为驳正之。

和白沙二首

影从虚出无生响，两段分开觉后迷。但识太空都扑满，不容风雨弄天机。

其二

云移隔岭摇绿草，雨过横塘绽白莲。大造无心谁解此，庄生浪说欲忘言。

为白沙六经总在虚无里解嘲 杨用修讥其堕禅，缘其语太迫耳。

晓日上窗红影转，暝烟透岭碧烟孤。六经总在虚无里，始信虚无不是无。

和一峰虚中是神主五首

神者天之妙，心者人之主。去人而用天，我生如鳞羽。

其二

神静物不撄，神动心以靡。不复知其他，禅玄但测此。

其三

天地既设位，人微何以参。分明有人主，天地不能堪。

其四

人心天之仁，道心人之仁。造物自大德，奈何迷我真。

其五

不但尘非我，光昭亦是天。实中是人主，珍重一峰传。

示两子

一年不遣病躯安，此事分明汝辈看。不为菜羹须汝出，人间第一菜羹难。

其二

领我清狂累几分，旁人指摘更深文。回眸但顾身边影，即尔依依望白云。

暑过友人新斋

烧灯照双影，两心在影中。影随灯去留，此心满虚空。

其二

骎骎行稻田，薰风为谁发。知君开轩望，悬愁凉吹歇。

其三

古人不可知，今人我对君。有时发狂嗔，太和自絪缊。

其四

萧斋临古甸，绿香飞几席。一峰太极丸，居然自畴昔。

其五

飞雨白四峰，人如云中坐。此势不可忘，当眉起顽懦。

其六

就子请一言，珍重言复止。如彼冰上行，厚薄自知耳。

读文中子二首

乐天知命夫何忧，不道身如不系舟。万折山随平野尽，一轮月涌大江流。

其二

天下皆忧得不忧，梧桐暗认一痕秋。历历四更山吐月，悠悠残夜水明楼。

书陈罗二先生诗后二首

白沙飞舞茅龙，一瓠埋头蝇迹。莫道我狷彼狂，共弄暮天空碧。

其二

金牛洞口春色，观生居畔秋声。彻底与君拈出，前山雨过云生。

和一峰入道门

道牖无开阖，天闻在寸心。琅然丝竹启，不但有清琴。孝友春云沃，中和海岳深。金枢才一转，九折任幽寻。

和一峰读书楼

竹户绿光回，疏窗素影幽。曲通邀月径，直上摘星楼。片字非虚设，孤心自泳流。陈言皆此日，无往不天休。

和一峰扇和岩

世故争欲暮，吾生始试春。居然从古哲，莞尔笑时人。月转群山曙，莺啼一苑新。老来知此意，即次认天真。

和一峰一览亭

生余当此日，涤目扫昏烟。拙幸前贤在，高居未有边。道香原在鼻，银气漫熏天。颜孔乐何事，闲游岂自然。

和白沙梅花

天地机方息，此花不暂闲。斜阳熏蕊破，冻蝶饱香还。浅水寻犹远，高枝折未难。壶天麟髓浃，何必问神山。

和白沙怀古

伏羲枕上皇，靖节不荒唐。浇酒巾犹湿，当篱菊已香。云飞从鸟倦，苗长记农祥。天地悠悠里，春风正未央。

和白沙

五位一丝七日《复》，六爻全用九三《乾》。江门不卖闲风月，月白风清总未然。

次康节韵质之

俄顷仍千岁，天心常转移。六龙飞不息，三极各乘时。有画皆成象，无声不是希。谁将华顶睡，迢递赠庖羲。

见狂生诋康斋白沙者漫题

任尔舌尖学语，谁知趺下生根。一线经分子午，双钩画破乾坤。逼窄墨台狭路，萧条原宪柴门。天下古今几许，梨花春雨黄昏。

读易赠熊体贞孙倩八首

澄宇既涤，清霜欲飞。天地居然，云胡以窥。勿庸遏瞩，道岂远而。物生必偶，心动则奇。物无不应，心无不几。遇成秩序，否必参差。雷风日月，载此为仪。孰敢自康，吉凶不违。

其二

油云在天，舒卷不齐。随风而东，欻尔还西。或飞甘雨，或散虹霓。君子攸行，不害先迷。经历纷纠，如取如携。比干殉殷，夷吾相齐。昏旦殊星，燕粤殊蹊。移之分寸，徙宅忘妻。哀哉群动，莫之能稽。百草陨芳，鹎鸠先啼。所以灵氛，告尔天倪。

其三

自我徂冬，玄夜其修。晨光警曙，肃肃衾裯。我身则庸，我心则悠。潜与化寻，敢侈天游。遂历韶春，言迄凛秋。物不我遐，化不我浮。俄顷有枢，谁云迁流。六龙之辔，遍乎九州。因之致远，抑又何求。

其四

大圆如规，旦昏各半。道枢不留，气毂时转。理随象宣，通于一贯。如镜取影，但窥其面。《坤》不外生，《乾》非中窜。其去非亡，其来非幻。《屯》隐四阳，《鼎》阴未现。非有有无，惟征舒卷。静言念之，即经为变。险易盈虚，穷通萃涣。岂不我由，何为外眩。

其五

文王既没，文其在兹。赫赫明明，有象有辞。志非所问，义著于蓍。日不可炀，天不可帷。宵人窃烛，不照须眉。周道茂草，别趋路歧。弄方如砌，画圆如规。星历相窜，巫觋是师。天化地产，玩如行棋。以谋羹炙，以询淫嬉。神所不告，覆讥其违。修吉悖凶，天鉴在斯。皇天弗尚，吾为尔危。

其六

昨日之日，为今日先。荏苒来兹，仰今为缘。有象皆后，理亦无前。华山有叟，胎息密传。谓天为后，别有先天。秘相授受，玩弄清玄。划破乾坤，符火争权。我无羽翰，乘风而仙。居天之后，奚用此焉。洛阳看花，天津闻鹍。归之气数，莫匪自然。人用以废，天枢不圆。采苓首阳，其尚舍旃。

其七

脂我神舆，游于太虚。太虚匪虚，充塞无余。火来阳燧，水赴方诸。水火无间，况道之储。荠麦夏成，款冬冻舒。摩荡无方，各含道腴。匪车何轴，匪户何枢。六龙并辔，互惜其珠。行地无疆，良哉骏驹。哂彼曲学，谓之乘除。心不可游，道不可拘。庶几夙夜，警我顽愚。

其八

悠悠我生，去日已长。怀我友朋，墓草芸黄。父兮生我，罔极昊苍。莫宝匪命，含柔含刚。乾龙坤马，历历贤肠。日用不知，虽哲而狂。不耕之农，蚀彼稻粱。崦嵫既迫，朽骨空藏。亦既邂逅，矧敢攸忘。荆棘是芟，庶显康庄。多言为尤，自疢不臧。惟抒我忧，荐其悚惶。

示从游诸子三首

七载相怜已久如，寸心未展只相于。诸君怀玉空弹鹊，老汉直钩尽钓鱼。大《易》圈叉惟父母，上天时物在《诗》《书》。勿劳载酒询奇字，便草玄文亦子虚。

其二

千林潇洒试金风，万里秋清一夕中。正好腰镰收玉粒，不妨停辔看霜红，层层剥笋方逢肉，缕缕穿针未损绒。欲遣平皋新雨透，先将利剑断雌虹。

其三

今人笑古古笑今，笑将在口或在心。携杖穿云云不惹，褰衣涉水水何深。他人有梦难代说，夜半索枕自幽寻。莫拟船山如布谷，斜阳高树认归禽。

《柳岸吟》全书终

落花诗

落花诗

正落花诗十首

庚子冬初，得些莽、大观诸老诗，读而和之，成十首；以嗣有众什，尊所自始，命之以正；雅，正也，变，非正也。雅有变，变而仍雅，则当其变，正在变矣，是故得谓之正。

弱羽殷勤亢谷风，息肩迟暮委墙东。销魂万里生前果，化血三年死后功。香老但邀南国颂，青留长伴小山丛。堂堂背我随余子，微许知音一叶桐。

锦阵风雌夺葆幢，万群荼火怯宵扠。烧残梁殿绀千帙，击碎鸿门玉一双。十里荷香消汴梦，三山芳草送吴降。扬州娄尾春犹在，小住何妨眷此邦。

蒸云暄日尽淫威，小槛低檐判不肥。丰草但荣时则可，啼禽空絮是邪非。枝枝叶叶苏君在，燕燕飞飞戴女归。昨梦不成仙径杳，盈盈一曲问津稀。

游魂化蜜故饶甘，怕扇蜂潮闹不堪。忧寄上天埋下地，云迷泽北梦江南。吾何随尔累累子，我醉欲眠栩栩酣。时向天台亲报佛，春愁痴在早除贪。

昔昔回头艳已轻，苔情欲薄藓相迎。香遮蚁径迷柯郡，雨沮莺声唱《渭城》。傍砌可能别有主，依萍取次但怀清。陌桑曲柳空相识，我自非卿卿自卿。

卷得垂帘试卷帘，元来犹剩一枝尖。逗红仿佛回塘远，坠玉参差曲岸添。泯泯春流愁画鹢，娟娟疏影妒银蟾。悬铃买槛皆畴昔，好护香须远蝶嫌。

赌命奔尘掷一绯，千秋何有大椿围。争天晴雨邯郸帜，死地合离玉帐机。《周易》击蒙凶不吝,《春秋》仇战义无讥。朱殷十步秦台血,耻向青阳赋《式微》。

飘零无意反《离骚》,谱牒宜收倩谢翱。意北意南心自得,如鸥如鹜卜何劳。三更露冷清同滴,片月天低影倍高。寂寞琴心传止息,花奴莫弄小儿豪。

歌亦无声哭亦狂,魂兮毋北夏飞霜。蛛丝冒迹迷千目,燕啄香消冷一房。世少杜陵怜李白,卬须唐珏葬姚黄。蓉城倘有华胥国,半枕留仙我欲杭。

高枝第一惹春寒,低亚密藏了不安。作色瞋风凭血勇,消心经雨梦形残。三分国破楝心苦,六尺孤存梅豆酸。薄命无愁聊妩媚,东君别铸铁为肝。

续落花诗三十首

自冬徂夏,溯落沿开,拾意言以缀余,缓闲愁之屡亘。夫续其赘矣,赘者放言者也。意往不禁,言来不御,闲或无托,愁亦有云,是以多形似之言,归于放而已矣。

映水低垂带影双,情来奔影委流淙。浮浮终隔相思浦,去去空沿解佩江。轻薄自矜云想袂,闲愁无那客临窗。怀贞惟忆东篱伴,青女相邀死不降。

青门祖帐太荒淫,春已迷阳可陆沉。蹑险拟看没字碣,涉园聊对无弦琴。梅知解绶宜名福,华不挥金旧是歆。风御泠然踪迹远,但凭冈象试追寻。

啼禽屡说不如归,占取三休第一机。莫管柳枝穿鼠臂,但随陵舄化蛙衣。幔亭锦绣仙何有,宝塔珠璎佛亦非。流水还沾余粉在,迷香仍使寸丹违。

春老谁生此宁馨,流霞妒色月争衡。无愁彩仗迷天子,不夜春城背日兄。泉涌珠玑供涕唾,河倾金桂事煎烹。临风一笑酸寒叟,酷爱秋英得久名。

雌黄削迹罢参订特丁切,几问姚皇判尹邢。炎德已成编腐《史》,《白华》无字上《葩经》。春光漫数六身亥,月影无疑有尾丁。偷眼蜻蜓今远害,入寥天一学鸿冥。

轻盈无问少年时,脱卸玲珑老更奇。鹈鹕鱼丽随羽扇,朱干玉戚转旌麾。惭惶剪彩寻行墨,杜撰空花拟合离。无数春风拘不得,掀翻蒻圃更凭谁。

将军畦下久归来,狄相门前有未开。吾与尔夫分用舍,公无困我试风雷。黄冠紫陌千株菜,赵女南山一顷萁。拾取残英能几客,杏坛凋谢赴王骀。《论语》"公无困哉",《汉书》引之,"哉"作"我"。

宿莽余芳总一丘，安能郁郁望山头。人分南北朕焉往，目异关河我始愁。谁与虫尸忙万蚁，聊拚颈血跃双钩。到来瓜蔓残枝在，花雨台前粉黛秋。

有时寂寞坠闲云，忽尔如惊舞鹤群。陆海潘江皆锦浪，《易》奇《诗》正各丹坟。无劳粉本摹春雪，一尽零香酿夕醺。肉眼不知看活色，寻苔捕草漫纷纭。

蝶懒莺慵燕自谙，怪来春睡付朝酣。香烟专宠今无敌，屐齿欺红了不惭。九转丹飞殿七七，再来果荔后三三。含情留得真真影，蹑上吴王八茧蚕。

滥试东君清夜游，曼延初罢进藏钩。摇槌急点黄幡绰，面具妖装圣兽头。金豆纷纭抛玉麨，银船历乱倒香翢。双鬟何似吟秋水，云汉胭脂浣腻流。

彩云欻倐散还休，款款萦萦倍惹愁。嫩蝶攀援疑借寇，狂蜂轻薄讵安榴。徒钻故纸惟糟粕，欲扫讹书苦校雠。一洗青林烦夜雨，白蘋碧杜亦芳洲。

道傍荷锸笑劳劳，使速营丘泥似糟。身世无余鸿过雪，人天莫问雨成刀。偶来震旦何人国，漫展云衣某甫皋^{胡刀切}。一笑自将船子棹，曲终不见杳春涛。

情与非情法喜图，清欢禅悦有中无。不容迦叶称初祖，微许林逋作故夫。春有秋心消蚁梦，跃含潜理戏骊珠。知音近托虞僧孺，溪上闲吟影共癯。

为欢凡几恨偏长，九夏三秋未遽忘。萤作流人悲故苑，燕如归妾忆新妆。鹊桥难乞春留巧，蟾魄空圆影失香。桃李明年知别用，一匙社饭好思量。

崛起争寒寒不胜，春风得意忍凭陵。三分无德依残蕚，一木空扶笑古藤。香扫归途偷日射，魂随云路梦天登。青阳王气今阳九，花史新书上坠崩。

迟暮闲情看一围，衿沾疏雨晾斜晖。聊过柳径邀轻絮，共趁秋千竞舞衣。茮叶几留耽宛转，桃饧欲惹滞霏微。相逢歧路莫相妒，曾共西园听秭归。

珊珊欲下故来迟，卖眼惊飘万片齐。绛雪回风依树急，繁星陨雨贴天低。三春卷土终无计，尽日何心独向西。恋蕚粘须无限恨，悬知此去隔云泥。

狡狯苍天可谑荒，抛红日掷万钱忙。小儿强汰《闲情赋》，颠史痴湔藻火裳。甲煎^{去声}香倾熏夜帐，鱼灯蕊炧闷阴房。勾芒倘课春功最，罪过风流故态狂。

车笠公欺竹柏盟，翩翩故学魏收惊。雕虫投阁羞童子，傅粉全躯愧老生。竞赛新缣愁旧素，欲芟白俗奈元轻。纷纷半入江云去，别构人间一锦城。

剩粉莫矜凤习妍，段师弃尽旧鹍弦。秾华制改西昆体，老大名留南部烟。

旧爱新愁分一艳，身前影后得多怜。愁予眇眇云中子，却取徐妃半面钿。

　　黄绸晨放锦官衙，队仗来回静不哗。开阁朱殷添画桨，拥堤香软护平沙。双绣蝉翼飘轻带，百首鸡胸吐绶绷。蛱蝶胡孙劳庆吊，香车明日过谁家。

　　漫天撒地莫相嘲，谁向春风得系匏。入幕髡留依画烛，同尘颐指听吟鞘。梅交隙末损三友，果笾离群《剥》上爻。和露倚云争早晚，芳兰何事把琼茅。

　　旁午争迎社燕斜，参差月影乱啼鸦。新虹滥赐缠头锦，蛛网曾封系臂纱。自捉狂夫夸拂舞，不知迁客怨琵琶。定谁解作微尘观，细看双鱼蹴浪花。

　　煽艳三风如此肌，濡轮曳尾胡为乎。三英秀岂留朝菌，十里山聊远蟪蛄。天已丧文悲凤凰，人皆集菀忍乌乌。浮湘特吊蓉裳客，鹎鵊先鸣鹏止隅。

　　老饕排设待煎酥，铁脚生吞气愈粗。白小祸枢延草木，飞鸿生趣在江湖。脱离蛛网文亡害，侥幸蜂王税可逋。犹有余香飘一缕，怕留踪迹索倪迂。

　　载美千秋让子皮，锦泾娃馆亦奚为。杜陵赤甲诗偏苦，校尉燕支数屡奇。椒殿恩轻除阁画，鸡坊人老忆园梨。流莺唤醒樱桃梦，高座谈经香雨垂。

　　云裙雪袂故心空，剪彩镂金莫恼公。瓦雀学成双影转，来禽分得半腮红。夜深灯谢收兰烬，曙月光残卷桂丛。留取扶疏邀沆瀣，胶青一色写春融。

　　莲冠何碍切云游，鸠眼无端侧目愁。绣口久知压沈宋，梅羹向后任孙刘。白茶红蓼今承乏，燕麦龙葵旧有秋。乞我逍遥名亦辱，桑条裙惹断云羞。

　　攀条不耐冶游馋，绝世幽情早自缄。莺绿尊前除卯酒，猩红桥上谢春衫。南枝先挂西归履，一叶轻飞万里帆。闭死玉棺嗤叶令，蜕香何似碧天函。

广落花诗三十首

《礼》曰：广鲁于天下。鲁不有天下，广之以所未有也，以情广之也。迹所本无，情所得有，斯可广焉。夫落悴而花荣，落今而花昔。荣悴存乎迹，今昔存乎情。广花者，言情之都也，况如江文通所云"仆本恨人"者哉！

　　惠风习习柳阴阴，只此闲愁警客心。昔以视今悲曲水，物犹如是奈江浔。素筝如怨歌珠断，玉斝疑催烛泪深。乱扑红颜都不省，待沾华发可知音。

　　万斛春膏烂似糜，镇将黄叶恼婴儿。吴王洲上英雄泪，工部潭前客子悲。隙影早知同塞马，锦衣何用慕文牺。平泉过眼空苔石，竹笥还堪乐凤饥。

　　情知不住若为留，顾我嫣然笑上头。春老无人随少府，风欺一倍感商州。

寒禁荇藻凭鱼计，傲寄茱萸缓客愁。祖绿帝青添几色，新阴还得醉双眸。

我所思兮在桂林，征鸿回翼杜鹃暗。荔丹谁遣霜风吹，珊紫长依海水深。言鸟娇能怜蔻孕，舶香炉不损檀心。从过瘦岭闻羌管，雨替风凌直到今。

踏草情阑长绿苔，南园近日赏心灰。红牙倦理游头拍，绿髓惟倾麓尾杯。茵聚凭将挥蜀锦，蜡封留取贮商瑚。典刑犹在谁堪托，玉茗聊看隔岁胎。

春王推戴诧魁功，生杀乘权速转蓬。落魄早知亏月满，取精应悔竭春忠。杨梅孔雀丹心别，金谷河阳白首同。新绿可知霜刃在，尽情还与逼残红。文举、德祖虽陨贼手，所由与安仁、季伦之殉南风，远矣。下首广此。如嵇绍者，不死晋焉可也。

等是殉春亦待勘，摽梅难比二桃甘。风流有主堪捐珮，雨涕无从得解骖。蕡莱两阶辞舜殿，芳兰九畹萎江潭。汤阴衣溅丹痕苦，僵李徒劳代亦惭。尧阶蕡莱，虞不复生，岂亦悲禅代邪？

桃蹊莫但惜春过，任遣余芳恨亦多。月白风清秋不浅，参横斗转夜如何。丹枫万点飘霜紫，残雪千峰消素螺。临水登山皆洴泪，定情意不在双蛾。

并门闭目奈愁生，幔卷帘垂两不平。百岁回头三月雨，万端到耳一声莺。贯休死爱香风吹，和靖难忘疏影横。删抹艳根须有此，荷丝虽铩也相萦。

飞光煎寿簸英雄，鬼艳仙才委巷风。白也魂归关塞黑，虞兮雅泣固陵红。玉楼赋笔还天上，铁束经函锢井中。多幸天年樗眼白，微眠长日据毡绒。

蜀国海棠七宝妆，扬州红药一楼香。阿麇夜葬雷塘曲，花蕊春望玉垒长。雨意迷留争冷暖，云鬟消受到兴亡。阅人多矣青青树，猎取秦封偃盖凉。

万重炉垒逼斯文，大野天穷吐玉麇。谁解喟然欢点尔，但逢兴也即《笺》云。狂歌惟哭支离叟，酹酒相邀冥漠君。寂寂仲华应笑我，云台春老不书勋。

干净青莎一片阴，君无去此爹饥禽。人生自古皆惶恐，天下如今半绿林。暄日终风舟泛泛，水深河大雨淫淫。旧家枝叶同乡土，好听黄鹂作羽吟。

止竟须飞悟得无，荣期春去亦童乌。寒催直北沙如雪，暖浥江南雨似酥。画槛铃流讥乳鸟，青坰金涩恣骄驹。零红堆绣双寂寞，张单何为各守株。

寻向水边山外山，轻烟幂历有无间。才过杨柳阴阴岸，又度茱萸曲曲湾。小憩愈愁前路杳，向来悔不隔墙攀。归迟怕被游人笑，摘得青条带叶还。

棘冒苔缄蟏网封，还披密筱问遗踪。三山空在云千里，九处堪疑翠几重。

菡萏魂留霜粉腻，蔷薇髓滴露香浓。楚宫梦已无寻处，只对巫阳暮雨峰。

色香之外有谁能，妙影轻姿记得曾。几点烟横吹雁字，一江风起乱渔灯。云根无托依贫士，软触难忘恼定僧。世出世中俱不受，六铢衣界自飞腾。

消心独有艳难删，游戏无端偶破颜。莲社带醺逃梵网，华阳搽藻耻仙顽。挥弦送目随归雁，见月开笼放白鹇。此意非然非有自，鸿沙羚角故相关。

岸移月驶定谁真，花住花飞臂屈伸。奔马难追昨日影，神舆早属后车尘。霅时雨警三更梦，大力舟藏万壑春。认得白沙诗句好，刘郎莫问旧渔津。

款款分明下砌除，燕捎风起漾池墟。参差难采中流荇，游泳空邀静夜鱼。柳缆无因维野马，蛙吹何当享爱居。同心惟有青天月，到处相逢影一如。

今夕何夕春云徂，子规啼月宵欲孤。银烛一夜烧易尽，珊鞭诘旦踏已无。后日青枝献生子，当时彩胜浇屠苏。榆钱虹锦买不住，何况十万铜青蚨。

杜陵颠狂恼不休，涪翁含笑增春羞。他春未必如此日，枝上而今已陌头。青山一静似太古，黄葛虽鲜难顺流。韶光转毂无终极，辨此何为不散愁。

天涯天涯予安归，金门绣岭春事非。玄鹤毳羽昔君子，班管晕痕旧帝妃。弥天无土葬香骨，过雨有人拾象玑。浪游沧海意不息，为情乐风击蝶衣。

鸣鸠乳燕欢晴酣，清晓蹑屐补春探。半塘影失谓萍乱，曲岸香添疑鸟含。回头冷蕊开无赖，拂袖狂红委不堪。小阁莞尔语蚕妾，惟汝柔桑独蔚蓝。

息夫人看终不言，黄四娘家扑满轩。柳绵团马暖如意，梅影啼禽冷彻魂。云中任逐淮南犬，腐草宁归滇峡猿。百舌珊瑚不称意，凋伤浪为呼烦冤。

江渚山椒洽比邻，分飞接迹劳逡巡。关河万里戎王子，楚汉千年《虞美人》。沈炯自泣茂陵树，庾信长哀江南春。人间有恨皆摇落，那向西园泪眼频。

高田小麦凋穗黄，君胡蹀躞理征裳。春江劳劳客易散，秋渚迢迢夜未央。绠断银瓶空井底，瑟分玉柱愁高张。海山家在莺啼处，无计日归空黯伤。

风末雨余悄欲停，须臾如慕诉春听。白日不肯香流水，黄昏取次乱飞萤。舜华得计避霜色，汉柏偶尔逃天刑。三归台上荡舟相，旖旎居然夭性灵。

嬴皇兀山辇金埋，千春粉黛消秦淮。芙蓉无数蚀宝剑，鸳鸯岂但坼金钗。三月通闰只紫荠，五色欲补谁皇娲。一声举棹唱年少，玉树歌终泣越娃。王莽紫色蛙声，余分闰位，戏合用作句。

昔日家园春始阑，袷衣爱点丹鳞蜿。软尘从踏青门道，绀雪频侵霜剑寒。渐老已拚消槁木，送愁无那翻红湍。寒潮暄晕青皋路，干梦如泥不耐看。

寄咏落花十首

天地指也，万物马也，虾目水母也，寓木宛童也，即物皆载花形，即事皆含落意。九方致专精而视无非骐骥者。苟为汗漫，亦何方之有哉！八目十咏，犹存乎区宇之观也。

听之无闻下运切杳希夷，可左泛符咸切兮可右移。丹灶烟轻飞武火，明窗尘细弄婴儿。动而愈出弱频用，失亦若惊辱较宜。气母欲抟抟不得，流珠常惜去人时。

或奔月窟或天根，云鬓晨晞玉女盆。榆荚含刑月在卯，黄芽出险卦临《屯》。流乌亭午无留影，顾兔中宵失暗痕。一笑三峰痴姹女，残脂断粉弄精魂。二首玄理

藤倚芦交两不关，星星石火逬斒斓。一时齐现∴三点，诸品无余道八还。枯木何妨春色暖，絮泥却遣柳枝鳏。牛头鸟散无消息，柏子庭前翠色间。

若人以色以声求，捏目空中乐主楼。安养霎时清旦雨，双林依旧夜星流。狮王乱击红颜定，鹜子难忘芳饵钩。为问灵云能再见，刹竿正倒不须愁。二首禅宗

下帷空闭仲舒园，入幔偏依写韵轩。硬拓云麾蝉翅薄，偷临天马褭蹄翻。回波斜展侵飞白，钗脚低垂带漏痕。闪霍纤腰频敛锷，只应浑脱学公孙。书品

连枝多事笑边鸾，蛇足黄荃夹羽翰。巧染一红修竹倚，间添数蝶马蹄安。赤龙睛点欲飞去，并剪霜裁得半看。可是所南悲地坼，空中幻出国香残。绘事

疏从掠势密侵边，一道斜飞绰欲仙。小径贪肥成聚五，南枝得意占长先。倾筐七子垂能几，买槛千金坠可怜。桐井正翻辘轳影，狲儿蹴损不成妍。坐隐

暖酿云封香不局，半拖帘影出郊亭。一江酺熟宜中圣，万岁春阑且劝星。病叶懒飞相枕藉，晕潮新上舞娉婷。梅霖消尽石榴后，曡耻还倾酢百瓶。觞政

峭寒生倚老拳狂，残月如探赤弹忙。白打翻腾矜鹞翅，红妆绰约罩梨枪。排场别样飞绳技，黄阁微酡效拍张。朱影半星挥雪练，一丝血缕染轻霜。剑技

步障雄夸十里图，销熔日夜费洪炉。绛缠秦树王元宝，黄泻河流冯子都。罂粟红陈身化蝶，榆钱贯朽血归蚨。锦官辇载劳春驾，未必千金不死途。_{货殖}

落花诨体十首

楚殿滥觞，赋成虿胃；柏梁步武，咏及妃唇。岂但工部诙谐，黄鱼乌鬼；抑且昌黎悲愤，豕腹龙头。诨有自来，言之无罪。乃凡前诸什，半杂俳词。徒此十章，显标诨誉。益度彼参此之为尤，斯责实循名之有别也。

游蜂大嚼过屠门，又顾他家郭外墦。唐突西施从喝道，诙谐南阮任摊裈。摧香麝父同羌管，杀景酪奴傲酒尊。生遣红裙嗤白苎，莲芳何在枣甜存。

隔院投梭作意憨，当筵脱裤太无惭。中流惊剪支腮赤，黄阁愁逢满颊蓝。棠棣有兄皆四海，金钱疑鬼耗双南。堪哀堪笑都如此，谱入悲田细与勘。

将谓抛馒接建章，糖球团粉两郎当。抵棋子下千林雨，趁韵诗成夏日霜。酒伴赏阑秦客逐，园丁趋视宋人芒。狂奔一夜投夭棘，七子空怀鸟鸟伤。

苍蚨将旋趱急差，程程透夜走金牌。夕飙苦奏三声角，雨点先催两部蛙。棘矢桃弧争荜路，丁香豆蔻总琼厓。_{谓莱公丁谓。}溪流难润追阳渴，驿路春风轮可埋。

一片青郊战马悲，牧童难认酒家旗。衣裳云想俄苍狗，剑佩星迎总雪狮。花史拟修濡秃笔，骊歌欲唱咏删诗。待拚烂醉忘离苦，乌有青州一漏卮。

艳籍黄消饱白蟫，文章水面付浮沉。风狂矮李思扪汉，雨苦寒荞学捧心。锦缕毒逢骄妇笑，娇英嫩死屠门暗。莫夸黑牡丹无恙，斛_{音求}角还逢鼹鼠侵。

戏来真不惜惊鸳，浪打飞丸恼鸭魂。风箔一天金世界，藕丝几孔鬼乾坤。无端破瑟分清怨，未必闻琴亦夜奔。见说武皇春阵别，红裙撩乱蹴狂髡。_{因风放金箔，一日而尽千金，见王字泰《笔尘》。}

禁得寒暄几度移，热时且趁笑垂垂。真成草偃迷南北，浪借风吹莽唱随。病里观涛为客起，酒醒谢妓怕天知。芙蓉漫道真君子，只恐奔车无伯夷。

金钱且卖晓来红，笑杀优昙老冻脓。葵足偶然逃羿彀，蜂脾宁我负彭虫。河豚拚得杨花命，磨蝎生逢驿马宫。莫为舜华悲寿夭，草间活者白头翁。

司春眯目脑冬烘，曳白教飞十里红。三五阿婆曾莽撞，八千泪眼尽寒穷。昌图驴弱宫袍浣，贾岛坟干金粟空。氍毹曲江聊一打，韶光落魄意偏雄。

补落花诗九首

九十维期，已合春阳之数；七言载咏，还拾花史之遗。补束晰之亡，义谐小己；续灵均之九，无待门人。漏一成奇，将无才尽；亏虚乎百，良亦道穷。此轶之登，逢秋斯暮。月寒在夕，叶怨于枝。愁抽管而横陈，思纷纭而卒乱。或待良和伊始，佳花重荣。迓芳树之藏蕤，暗情旁发；邀勾芒之灵宠，胜事仍修。然则绍《未济》之终，彼其时也；嗣获麟之笔，今何有焉。倘尔长乖，缄之永世。

乘春春去去何方，水曲山隈白昼长。绝代风流三峡水，旧家亭榭半斜阳。轻阴犹护当时蒂，细雨旋催别树芳。惟有幽魂消不得，破寒深醴土膏香。

棋声院静缀苔匀，柳色楼高点幕频。开径雨余遮草嫩，卷帘寒浅送香新。重拈欲辨开时树，细数凭占几日春。直待深阴藏宿鸟，循蹊犹觅锦鳞鳞。

生不辜春死亦香，飞蓬坠篝漫轻狂。笑人云袂仍泥滓，奈此瑶肌夹雨凉。櫴馆无心随上甃，仙舟有约屡依樯。江干鹤瘦千秋伴，共怨人间甲子忙。

又见扶桑一度凋，闲愁无奈只春宵。珊枝沉海初无叶，梦草游仙旧有苗。敲髓何方寻白獭，留香不久驻虹桥。似闻旌节开天上，望里云关谢豹骄。

记得开时事已非，迷香逞艳炫春肥。尽情扑翅欺蝴蝶，塞耳当头叫姊归。桃李畦争分咫尺，松杉云冷避芳菲。留春不稳销尘土，今日空沾客子衣。

情到苍天了不关，酸风铅泪射朱颜。荒丘自古为华藏，白骨从今改翠鬟。铜雀香分尊酒帐，锦帆枫冷苎萝山。东飞燕子成何事，长日犹营旧垒间。

莫将旧价问千金，下砌萧萧败叶侵。万紫向来空识面，寸丹何地觅知音。梅魂不分春霆苦，荷怨难平晓露深。脉脉菱花别有意，青铜留照阅来今。

应迹秾华早出泥，知音丈室净名妻。宝簪不上团花髻，锦片长随采药溪。凤翥有心依竹叶，蝶飞无色上棠梨。逸情交臂多相失，求兔何劳问旧蹄。

来何所见去何闻，侬自珊珊岂为君。南北东西谁国土，青黄赤白旧斯文。静怜彩色惊朝日，远引闲情入晓云。掷与余芳遮世眼，逐香劳尔嗅纲缊。

　《落花诗》全书终

遣兴诗

遣兴诗

读甘蔗生遣兴诗次韵而和之七十六首

者回自别，休道是望州亭相见也。鸟道音书，无从通一线在。罗者有人著书，说西子潮头，一佛出世，罢参向南高峰去。心知其不然，湖光山色，尽一具粉骷髅，淡妆浓抹，和哄者跛汉不住。又安成程大匡书来，说五老峰前，远公延客，庶几或尔。乃今又在卢家狯獠西邻煨折脚铛，春云入乱烟，不可拣取，大要在一瓠道人鼻上弄鼻孔作痒，得此诗者又是一场忪愕。今春有杜鹃花，不觉到铁墙拗，王君延我入新斋，为他和石灰泥壁，忽拈一帙诗，没其所自得，教认取谁家笔仗。卒读久之，乃知是者跛汉。王君笑指石灰桶，说寻常谓道人认得行货，今乃充此物经纪，眯着眼看秤斛邪？者是十三年前借山在灵溪所作，逢彼场中，作彼杂剧。今来则又别须改一色目，演马丹阳度刘行首唱晓风残月矣。想者跛汉白椎又换。借山在一瓠鼻尖上安单，一瓠在借山眉毛上厝鼎。云净水干，黄龙出现，黄龙蜕角，水涨云飞。打破者皮疆界，是一是二，时节因缘，且与还他境语。于是为次韵而和之，不能寄甘蔗生也，为之凄绝。癸卯六月望，茉萸塘漫记。

儿戏抟沙造化工，杨花飞雪舞来同。东晴西雨双虹断，海鳌江鲋四月通。有兴但抛棋一劫，无情凭唱曲三终。清风半港留难住，笑尔诙谐奈尔穷。

情丝未剪不嫌痴，槌板留歌《薤露》辞。针扎古锥深见血，线分绒缕细成丝。踏残马足霜寒后，叫到鹃暗月落时。元是百花尖上雨，春归凭此泫青枝。

龟蒙未蓄解言鸡，仲子难栽傍井薇。莫向楚秦伸屈指，由来篷戚冒妍皮。纵横诸界天皆窄，抹直前头路不疑。腊月南窗西涧菊，何须粉本拓皇义。

南郭有心非槁木，东方果腹亦侏儒。金篦不刮鸱鹕眼，箬矢还留鸿雁书。临济老拳石勒饱，沩山苗稼宋人愚。鸥生鹭死区区外，别灼龟毛问卜居。

不是好山看不得，西湖游只许白苏。出缁入素人惊犬，洗髓伐毛我丧吾。雪色一天屯冻猬，秋声万顷讯寒蛄。谁知落月金风里，荡漾予魂脱影逋。

生缚奉先双腕急，曹瞒未是出群才。已知辖凤妖翎幻，难割泥龙左耳乖。覆醯铜青蚀铁骨，无盐水墨写桃腮。千寻偃盖秦封树，总给寒垆一夜柴。

千顷玻璃玉一堆，今年穷得立无锥。鸿飞沙远微遮月，笋怨春归已厌雷。梦里关山酸结果，醉中日月大钳锤。一茎虀在教人吃，角征宫商听者谁。

绀发金毫此是真，父兮生我大年椿。胞胎十月从盘古，弧矢当年射戊申。瑶柱肌清存海蛤，肉尖软触笑麒麟。江梅饶有千钧力，截取霜华作小春。

断臂教心何处安，佛头正好与簪冠。世人不信扳龙髯，吾道偏须食马肝。梦蝶偶然传锦瑟，弹莺消得与金丸。大分八字亭亭立，擎出秋香散菊团。

采苓竞上采薇山，周士不顽殷士顽。苏峻有名诛庾亮，桓侯无义谢严颜。齐纨莽戏花间蝶，铁网深笼海底珊。莫怪史迁轻节义，苍天双立斗鸡幡。

酣睡陈抟之华岳，昌黎雪涕强攀援。人间死尽因巇崿，平地春谁扫墓田。蛾命随缘镫后夜，豹皮留取雾先鞭。婷婷袅袅三尸队，且啖鸿门一彘肩。

奇章梦异淳于梦，王播寮非周朴寮。店冷疢寒俱是疟，初三十八各乘潮。宋齐邱卖谭升药，沈亚之欺弄王箫。消受余鳝有楼护，隔筵中圣漫劳招。

石头路滑跌千交，蹑险刚餐度索桃。珍重智灯逢室暗，凄凉愚鼓背人敲。雷龙百部丹田火，风雨三茎赤胆毛。淡月疏星生死径，北邙现在有东皋。

冷眼越裳觑海波，横江津吏奈公何。人归洪皓传边怨，客散田横阕挽歌。绛蜡无光依鬼火，宝刀失计漏天魔。参差记得前春梦，绣壁红丝系女萝。

高纬暂时称狗脚，刘聪依额派官蛙。啄来鹦鹉无香粒，舞彻垂杨有白华。女颔带髭疑燕国，细腰无牝乱蜂衙。苍天幻出非奇特，走尽银魂剩得砂。

唐宋以前无辙迹，龙头删角未为蛇。邻人乞醋兼输瓮，客鬼移头已载车。埋到九泉同蚁语，悭留一范禁蝉赊。儿童自笑乡音改，除取机心听尔揶。

三头九头志古皇，可容稳梦北窗凉。一百六日寒禁火，七十二丝悲动商。李微呜咽羞作虎，左慈长踞乐为羊。也知秋叶如鹃血，爱此枫林一夜霜。

已闻嘉鱼诗作佛，还见仁和今为僧。公今堕地吼狮子，我亦延客吊青蝇。使君有蜀孤有魏，离娄无耳旷无睛。夜半失枕明失火，眠食两废莫相矜。

狐皮织葛苎编装，莫笑狂夫计不稠。采葴余香熏茂苑，裂缯全锦付河洲。醉眠芳草还沽酒，险摘星辰更上楼。大抵乾坤消一拗，达多死认镜中头。

夜阑风雨搅离心，啼鸟荒鸡梦可寻。春草漫生莺不醒，碧天无际月空沉。刘晨再到难求药，扁鹊当时忆下针。灯火楼台三妇艳，棠梨丘垄二桃吟。

焦先空爇马昭庵，朱泚全添卢杞蓝。崔胤下风输柳璨，刘歆上策笑周堪。宜中宋瑞眉高下，黄皓姜维意北南。张角已消曹节恨，夏姬难饱孔宁馋。

锋端有蜜也争甜，淡菜生忘彻骨盐。鲎壳作帆迷缆索，蛛丝为线腻针尖。近阑萤过皆疑月，邻院花开只下帘。野老向人求骨董，平词遍鼓泪中拈。

人间幻出墨胎廉，左右方圆画可兼。莺啭九歌娇屈子，绿肥五柳富陶潜。雪中但窖丰年蕴，汗后全忘隔日痁。百尺竿头须痛扎，泥封汞鼎更添盐。

反走无心怖季咸，还郴有客傲苏耽。排场队里供千笑，折脚铛前老一庵。五百僧惟推北秀，三秦人旧狎章邯。潇湘春水如天上，白鸟高飞我自惭。

鱼子鳖裙终岁事，蜂腰鹤膝暂时心。蠹除恣我横吞墨，弦断知谁窃听琴。洗面清晨知鼻孔，浇花昨日趁天阴。劫灰揉得如泥烂，砌向雕梁燕垒深。

少卿得意鱼烧尾，崔浩多才鳖出头。魏绛巧穷工买绽，杜钦智尽漫藏钩。扬雄须死《玄》空草，徐铉无情水自流。张伟醉中悲破甑，蒙恬悟后骂虚舟。

病趣新来肝化越，壮心当日酒如渑。流离少好今衰丑，追蠡年深旧款铭。甜苦连根都是瓠，肉鱼杂煮别为鲭。直方莫打龟山谱，西席逢迎只蔡京。

燕反自嗔薪木毁，鼠归空泛月明航。原用桁字，《晋史》朱雀桁，通作航，音义本同。宝璎无力供诸佛，巾帼何辞诮女郎。食豕食人颜不泚，于羊于蚁智双降。冰蚕浴火如霜雪，劳尔添柴沸镬汤。

婵娟侵夜片云遮，逗漏三星影但赊。陇上健儿鸣咽水，原头和尚武刚车。凭医死马兜铃草，好上危墙吉莫靴。鸟径关心如缕血，殷勤目送雁行斜。

张超用得迷离雾，殷七须开顷刻花。棋馆儿孙千亿劫，渔村灯火两三家。拨残冷灶应逢豆，击碎油瓶且拾麻。旁午杏坛偷玉璧，殷勤鸡足护袈裟。

归来魂些玄蜂塞，若有人兮白马河。半笑半啼分咫尺，八寒八热一蹉跎。从无猎者嫌猩骂，除是周南伏鼠魔。摘出心肝人不买，摇槌徒唱望乡歌。

一瓠被嗔五鹿角，卫公甘蔗生故字。吃打大臣袍。实事。新寒改样酸垂足，宿痾生根病在膏。六鹢退飞争熠耀，孤禽重过酷啁嘲。藕丝大展修罗殿，款款蜻蜓傍叶逃。

清霜坠叶月当宵，似我风流不易描。相好装成活卦影，文章哭杀死神尧。黄金肘露衾前雪，生铁牙消饭底焦。千里花飞千步锦，兰巢香满闹鸰鸰。

匡人向后师阳虎，伍员先时笑白猿。冷暖饮鱼心不昧，淄渑别水舌难言。楼台云闪还成市，头脑冬烘况是天。煞认颖师诗上字，琵琶殊胜七条弦。

郑伯区区惜佩兰，尔朱莽莽刈霜菅。咒人大费铜铃语，点鬼多于玉笋班。傀儡一丝牵白发，馒头半馅缺青山。千秋眨眼萤光里，双脊撑腰碧落间。

李斯犬在难成虎，宾孟鸡全岂似鸢。此处古人目不瞬，谁家田地足能安。梁鸿妻偶容眉寿，文举儿宁问卵完。犹得棠梨浇一饭，双眸莫受泪珠瞒。

梁燕先秋向海门，梨花欲落正黄昏。天心放我三竿睡，月晕偷谁五色文。扪颈连头疑赘肉，拦腮掴掌认精魂。相逢歧路鸥夷子，落魄须臾冥漠君。

九锡逢人借羽麾，冰山斜倚玉山颓。金针偏瞎重瞳眼，斧柄虽施没孔槌。铜雀春深埋铁锁，纸鸢风吹哭重围。夜来魑魅天南路，黑塞魂随骤雨归。

缓缓花随陌上去，娟娟月过故乡来。无人解识娘生面，外道疑怀圣者胎。活路无踪寻九折，死灰有焰射三能。天吴紫凤饶璀璨，剪取或堪供袜材。

竹篦夺却拳堪用，皓齿凋残舌在无。肉骨分离天不管，龟龙埋没地皆图。雨云有梦虚神女，香火无郎是小姑。一任东邻烹大武，但除白牯与狸奴。

梅花撩乱莺先后，魔力争天挽日车。俗客晒裈聊尔尔，比丘休夏自如如。春醪惟滴陈咸土，月令闲修守敬书。七夕金乌深妩媚，临河为赠夜光珠。

情关稳塞一丸泥，谁许东风浪解澌。李耳老才知守《兑》，幼安筮不待占《离》。风流女国真孤寡，晴雨儿天莽笑啼。寂寞刹竿双树倒，长江芦叶正当机。

乾坤薄上终双《济》，甲子旬中剩两支。卖水定逢智井怒，移山好耐巨灵嗤。平明乞火知灯灭，春尽编裘恐雪迟。三寸离钩鳞鲅鲅，从来此曲少人知。

鸣鸠报雨当农急，蟋蟀吟秋听暑迟。郑綮登庸金侧陋，东施许嫁不嫌媸。当头一棒毒涂鼓，麈尾三台突厥词。饶舌新莺催柳色，从来此曲尽人知。

我不敢轻于汝等，啼鹃血亦写春融。花留鹫子俄天女，剑在胡孙幻老公。形似舜瞳犹项籍，巧逃羿彀更逢蒙。也从金界亲阿逸，为赐铜山馈邓通。

黳玄珀赤旧来松，轸玉徽金半死桐。向夕星稀飞顾兔，随时霜降葬丰隆。刚吹楚水三生笛，谁打姑苏半夜钟。一缕炊烟横晚照，下方人说白云封。

天尊菩萨共胎泥，蔡瑁刘琦枉掇梯。楚峡黄牛迷象马，华清苍鼠诉狐狸。狂风那判樵风径，黑月谁分半月溪。一枕草茵吾自适，千枫万柏染霜齐。

豫且举网但张鱼，勃贺翻身早类猪。觐笑随时多失计，威灵到手又何需。佛头鸽粪漆鹰画，仙字蝌文死蠹书。岸屋水舟无住处，鸟巢窠畔筑幽居。

松岚浓染黛横涂，一点当梢玉魄孤。细剖香魂邀篆尾，幽寻艳迹记花趺。晴云山色微分派，春水池痕巧合符。留境夺人充供养，云林先我写含糊。

六尺茅檐浅覆阶，就中矗立九成台。袁安卧处雪偏扫，弥勒来时阁不开。康节推成亥子际，荆卿让与艮坤埋。笙簧哑尽乾婆殿，绺绺松风隔涧来。

孟德何知泣穗帏，张巡差可听横吹。无情有恨连终落，百啭千回燕怕归。鸱步偶同神禹迹，蜂腰狂学沈郎围。针尖笔颖参差是，更拣惊蛇一线灰。

老缩黄杨痴妙喜，童年苗秀旧终军。六经瘦得蚕成茧，《七发》留来犀有文。逼侧青磷镫焰绿，峻嶒白发雪山尊。渔游濠上分庄惠，鸡唱南塘感逖琨。

三更杀物三刀梦，七尺离魂七宝鞍。毕战分畦争铁界，宜僚弄技逐金丸。浪斟绿醑吞蓬栗，细切黄橙脍虿肝。菡萏已凋蜻蚓散，萧条秋色付谁看。

燕南赵北樵者山，西牛东胜渔父湾。中间如砺不得合，两头随打暂偷闲。六眼龟消三觉睡，半张钞买九还丹。今我不乐缘底事，谢豹如啼行路难。

任驾潘车邀左瓦，无如圆凿对方穿。嬴政烧书留《秦誓》，巨君买谶费汉钱。鹦母参差葛卢慧，蜗牛宛转科斗篇。白玉楼高卧才鬼，遮须国狞富顽仙。

小试霜翎志黑雕，生仇白额倩青腰。也知一札穿无力，为记三山去有桥。棋罢花间才七日，雨余虹线失双条。纸窗蝇迹毛锥子，草檄曾将五岳摇。

从注麟书讥败绩，难瞒马脊卖之爻。龙标落尾从鼍鼓，虎口翻身只猬毛。杨柳命轻游子折，峨舸福稳吴儿操。青编画阁难消汝，逆旅无烟亦偶遭。

有客反唇过古庙，驱寒四目送新傩。冠分莲叶红千浪，镜合菱花绿半寰。褪粉翩翩惊蛱蝶，扬灰阵阵趁香骡。桥头好记归时路，汤煮松风有孟婆。

衰梨甜在故无柤，风雨陵飞朽骨娲。但惜粉香须枕臂，为贪饧味得胶牙。三千僧退孤留佛，八九乌生总类鸦。厨下新羹容易煮，魂消洗手但蒸沙。

寻针死计东洋海，失火生缘露地车。九曲径幽知路蚁，连城珠贱报恩蛇。魂随月下琴心立，眼透云中扇影遮。烈焰原头烧不尽，藏春依约绿些些。

不怕古今担不起，黑风刀雨几人当。揩胸刮洗能医病，借面悲啼枉吊丧。小可垂帘私望月，大都瓦解在休粮。还他炭妇矶头雪，何用浓煎皂荚汤。

九首天吴扶不起，生怜尺木怕龙倾。葛花疗醉穷千日，樱饱吟蚊闹五更。岸帻有头讥子羽，迷楼无酒酹张衡。鸥鹢翡翠同条活，莫涸兰苕共咒鹰。

花落悠悠莺佞舌，霜寒脉脉雪欺头。楼前已听歌三叠，海外如闻说九州。生死两丸堪抵鹊，雨晴殊候罢呼鸠。破除少府花边泪，堆垛王官谷口休。

臧三耳自无三鼻，琴七弦容清七心。龙讲火经珠夺彩，蝉耽露味腹高吟。灵猫滥配先农食，白象殊烦普眼寻。邀月为欢憎影在，碧玻璃盏灭灯斟。

聒厌黄鹂酢七故翻厌柑，鸟飞双鸟叶飞杉。鱼肠壤接要离冢，蟋馆源通渔父潭。日月龙山抛两帽，音书船子杳千帆。汗青微挂羚羊角，大费痴蝇着意探。

薅经锄史饱霜镰，溅血囊头奏凯兼。七制旗常随羽扇，九州筐篚贡茅檐。酿成熊胆甜如蜜，吐尽猪肝臭似菱。曾赌张翁输雀骑，无劳王翦索兵添。

凤衰尺鹓聊栖竹，牛鼎烹鸡只损盐。粒粟太仓官琐尾，中流一瓠用廉纤。填饥但煮山君掌，学哑难施百会砭。列传他年凭雁字，芸香免被蠹鱼嫌。

苔林云茧孰相寻，鸟篆虫书枉见侵。横摘《孝经》穷司马，巧翻淫咒飐只林。玄黄野逐惟君驾，皂白沟分记子矜。一石桐油春不了，披裘那识路旁金。

忘情润础候晴征，种秫无田罢酒兵。老摘儿拳伸佛臂，闲抛鹤膝放龙鸣。兜玄卷叶轮为郭，安养堆螺顶化生。点染青蝇争一笑，仲由夜绝楚王缨。

荷花忘却荷叶遮，鼓吹左纛新蛙车。鹅儿黄嫩微睨睆，鸧立红云捧夭斜。青蚨血干诛阿母，蟠蛴队辇试莫耶。黄金榜射金人眼，欲问南商求泻茄。

姜桓彭蠡涸寺貂，独孤香饭迎女猫。大呼巫觋沈邨豹，烂煮轩辕赐土枭。林荫夸父已得日，河分王亥不知鳏。唐珏无翼衔燕土，鲍焦有齿累蠡瓢。

龙汉密编何国纪，龟阴高筑岂畦台。时留虎迹三人笑，尽辇鱼肠一窖埋。肉店羊头须别拣，窗棂牛尾莫相咍。随他竹叶舟中去，移取琵琶雪里来。

六息何心化北鱼，三蹄无技弄黔驴。麻皴淡写悬流瀑，之绕涎收篆壁蝓。渡海已烹丁令鹤，当筵且吃晋公猪。分明四十年来事，银蒜丝丝玉不如。

鹿娘胎乳旧分麂，氐叟根苗颔似羝。亲见唐尧惟蝙蝠，再来百丈亦狐狸。季鹰不是思鲈脍，吕雉谁为讳野鸡。济水应心河应肺，双流清浊夹分脐。

拾得寒山共一时，袁闳张俭不相知。棋填黑白惟余卦，琴泛宫商别有雌。唤尽奈何邀笛步，问来不语影娥池。丹枫绛帐青莎馆，鞭挞吟蛮作导师。

荔枝香国涨香风，岣嵝音矩吕红泉泛落红。翁仲铁肝金作掌，吴刚桂斧月为容。跛夔一足《箫韶》舞，盲汉三更法界钟。稿饫全篇藏孔壁，《华严》半偈出龙宫。

广遣兴五十八首

晓风残月，唱彻了也。者皮腔鼓雷惊花牙板，且未歇然，还与谭长真叹骷髅。月永星间，山长水远，暂与百装回，姑为已止。究竟何如，石烂海枯，霜刀割不得野马也。

别峰烟水霭晴岚，病骨差池久罢参。短暑恰逢寒九九，佳期谁待后三三。藤枯树倒寻常得，月驶云移仔细勘。败叶如蓑妨两翅，鹧鸪无藉忆天南。

晴鸠呼雨不呼泥，一艇流沙弱水西。周赧筑台深避债，鲁哀徙宅再忘妻。途穷自我魂迷蝶，交绝烦谁死炙鸡。橄榄蔗浆双掷取，侬家滋味在枸梨。

傀儡居然牵得动，千波万折亦何凭。骈枝偶举庞公女，折臂新摧二祖肱。浊水月昏菱刺手，寒灰春湿菌成蒸。何时期满桐棺假，还汝晶瓶一片冰。

为怀正在秋冬际，匠意难忘惨淡中。人我众生谁寿者，王侯委巷一雌风。愁惟遇雨怜桃梗，怒即占晴怪土龙。踏地唤天终逼侧，巫咸鸩鸟两无功。

屡试空拳狎虎犹，惟除汗脚入鏖糟，莲凋玉井红疑热，桃落绥山小不豪。亲见汾阳吞酒肉，传闻腐史传锥刀。冲天六翮由他剪，但惜当胸一毳毛。

逢人偏我缩蜻蜓，颊印深深涨紫泥。乞火就萤池上影，登高捎鳖砌间梯。多情语雀怜佳婿，得计屠羊有富妻。乍可吐冰看蜥蜴，难禁玩月到灵犀。

嫫母妒情因妒色，青蝇嘛死讵嘛生。青天遣尔公无罪，白地描他酷不成。纣灭且烧天智玉，卫存何有木桃琼。火攻自笑阿奴拙，命在王敦那在卿。

暗蝉浪欲恼啼莺，啴啴刁刁底不平。讽刺多情非小己，文言无字更由庚。天高略与通消息，春尽聊为弄雨晴。把似破除都教尽，千年鹤肉伴鸡烹。

主言不出吾何死，客难徒云世所嗔。七国有碑惟诅楚，六经灭迹待亡秦。忘忧但记《徐无鬼》，结舌谁知虞有人。馋死不餐千亩竹，斫来滥写一溪春。

蛛丝缚翅莫逡巡，一线乾坤九六真。莺燕蜩螗分主客，参苓乌附尽君臣。盲人眼外公孙述，哑女生前杜子春。一把针尖罗什口，九回肠里贯双缗。

一池寒水清如露，影取千山柏叶丹。画鬼易工愁狗马，分龙莫问渴鲂鳏。石田滞穗埋头拾，长夏新梅入梦寒。书史不灵天亦杳，惺惺一掏印痴顽。

当年不夹丝毫汞，猛火烧心可自探。借得金锤忘错误，烹来石鼎记酸咸。贪栽首蓿程生马，吝予柔桑蠋似蚕。姬歠孔芹舌底事，世人浪说待回甘。

一条即栗千峰雪，寒在眉梢暖在肩。电口笑看霜汁雨，冰绳涕堕冻脓天。侏儒苦怕雕衔去，醉汉何妨虎过前。别有玄关人不到，桃花片片逆流还。

游魂非吉亦非凶，红烂骷髅白玉容。未死且随生老病，悲秋不舍夏春冬。佛牙反碎羚羊角，瘦骨难留狮子虫。七尺肌疮痂脱尽，深惭无物饷刘邕。

谁把灰堆一幅张，并刀误剪半淞江。梯山航海中流漩，绣岭花门倒影幢。大宅火争焚宝所，无家别即孕莲邦。石人双眼真胡越，玉箸犹输五百双。

火里遂雄萧相国，高山还戴穆提婆。雀儿有檄传参政，鬼母无言听祝鼍。鳖项不伸蚊浪嘬，蜣丸自辇蚉欢歌。肺肠涮尽还乡客，殊费人间万斛醝。

锻锡称公伯亦屠，黄泉子母尽人夫。主宾奴虏棒三十，砂汞银铅火一炉。藕孔有丝愁易露，虚空无相不难箍。当时谁酿狻猊乳，大地难消一滴酥。

芙蓉爱秋只爱死，杜鹃催哑漫催春。李耳出胎无少壮，图澄入灭更酸辛。覆舟肉脯归无路，绕臂金蚕嫁愈亲。鸬鹚鹨鹏各明眼，胡孙蛱蝶已翻唇。

一折一波皆绝倒，依稀雁字看横陈。久将六义衰丁卯，别有十香涠乙辛。窃屦无劳师孟子，弃灰谁待侮商君。松梢玉露垂珠琲，独点韦编过小春。

险句矛头频渐米，老颜花下且摊裈。三年病饱禾花瘴，八口粮赊牛尾瘟。穷自讨天酬骏骨，饥难掘地种膻根。银蟾一显河山影，识得虾蟆不是冤。

不知寒暖通身血，芥御罡风把戏竿。笑骂好官皆蝶梦，英雄孺子一蜣丸。三焦苦属安金藏，片舌难如公玉丹。大禹智穷入裸国，春风还在胫毛端。

挑灯契阔交双睫，画被纵横作十洲。秦水无鱼痴钓渭，瞿塘如马稳乘流。披麻斧劈皴皆可，点漆丹砂果自由。一笑梦中还说梦，三更头上与安头。

龋齿犹腾笑口高，无须注目孟劳劳。史迁诞亦疑巢许，阮籍狂宁骂懿操。小觑维摩须借饭，深仇剡喟未分桃。何当细语赵宣子，桑下壶飧莫饲獒。

苍天哭杀西来意，争似天津看弄猴。述梦终愁多塞涩，捋须自悔不搂搜。芩连难抑虚肠火，脂粉徒填色眼沟。誓把一灯烧栈道，蜀王无迹问金牛。

半绺犹存活气呵，泥龙爱雨莫嫌波。三生鬼死还成毕，一尺仙高旧惹魔。粥饭充肠从背馁，尘沙侵眼幸眉多。龙门无事须烧尾，只此当檐挂雀罗。

愁眉耻为生缘锁，笑口难于死地开。一榻蘧蘧还栩栩，三年瞿瞿^{九遇}切复梅梅。龙生九子余鸥吻，鲛泣千行对蛤魁。劝勉只烦衔草鹿，惭惶无那祭禽豺。

一梦已惊还一梦，邯郸虽好只邯郸。长延凤颈毛空刷，已竭珠胎泪半残。新霁更逢壬子破，微霜难似甲辰寒。耳轮冰冷还潮热，脑剑湍奔又海干。

花菱香檀草自忧，凭将托钵笑宾头。门东但哭爷娘饭，天际非迷贾客舟。即遣金棺重露足，应知画饼不充喉。两堂漫为猫儿哄，顶戴芒鞋代汝愁。

离钩有信脱金鳞，神蔡茎毛重九斤。沩仰一镫亲父子，洞曹五位旧君臣。波心芦叶催孤履，海上扶桑乍几尘。佛血自归佛法界，弥天歌利尽魔军。

莫将马角望燕丹，合用狼渊警范山。石虎肠原难洗涤，卢蒲发已向凋残。随拈鹰璧都归赵，一乱真鸡且度关。几尺天低惊谢朓，三更雪败贺袁安。

古人如我我如渠，影不相如画偶如。无膋无肠非蟹党，不鳞不介寄鳅居。宝鸡误识穿坟蝠，淮雉疑同化鼠鴽。乌狗梦中轮辗足，墨胎相掖上奔舆。

不将落叶认秋凶，老泪慵垂笑眼中。他日夜台真画锦，片时春赏暂冬烘。人间世且游若士，天下图其授马融。除却死生吾与汝，看谁白战是英雄。

担头旧卖雨霏微，错惹桃花扑岸飞。缩项鳊能师鳖智，食心螟不慰蝗饥。墦间鬼食乾馂德，牛口妻□伏卵悲。待夺耕夫黄犊子，一溪春草衬蓑衣。

小东皋^{稼轩别墅}畔古榕边，飞鸟遗音到耳喧。为道攀龙邀七贵，更闻牵犬守三川。参差犹认分杯胆，点缀初分各灶烟。黄鹄当时矶上月，从来一枣醉孤仙。

向来无病学呻吟，色色悲秋夜夜砧。扳柘且求轩后药，操舟姑免项王喑。王孙一饭辜淮肆，弟子三虚谢孔林。朔雪不摧羯旦羽，长随彩凤吓飞禽。

尽敛千眉入酢^{七故切}罃，眉尖有事也分明。东陵鸡漫催人起，阳羡鹅容载我行。乍喜青天遮两眼，唤谁白日打三更。南邻酒伴差相识，鹤颈截来短亦鸣。

瞿昙共命偏调达，盛宪长年送孔融。为遣汾阳营李白，徒教梦得诮桃红。

山头鹰眼留匡术，眉坞人膏染蔡邕。宰嚭病原依伍员，文渊傲不怨梁松。

王戎钻死于陵李，弥子分残曼倩桃。花鸟新来皆命薄，蛇龙此日足功高。蕉边梦亦争秦鹿，槐下魂犹嗾晋獒。只遣狂夫添白眼，摊钱三峡狎奔涛。

充耳还余龙角幽，花跌不奈蝶须搂。鸺鹠苦咒媚妻土，卢雉偏明懒妇油。月令丹良羞白鸟，天情须女狎牵牛。相逢幸得方今日，荆轲无冠万发柔。

犹有村醪醉一杯，酣酣鼻息雪中雷。臂肝虫鼠宽檐帽，齿舌刚柔破草鞋。冶葛毒偏肥孟德，海棠香只醉渊材。黄金鞭落新春额，放出泥牛卧绿苔。

缚饥篾用千寻竹，补衲毛看一寸龟。无处扪天求口耳，有时向佛索须眉。寸丝脱尽云为茧，叠浪横行水有皮。幸剪丰干如鸺鹠，间丘无路得相知。

千年无寿看妖狐，半夏多辛饱鹧鸪。隐语阑斑藏大鸟，短歌慷慨唱南乌。庄鹅无意逃厨妇，鲁蠛犹工射仆姑。见说语儿溪畔语，蠹鱼干血碧模糊。

御寇新来免十浆，海鸥争席只沧浪。齐王已足一千跖，李相姑留五百羊。庆喜佞兄惟相好，丹霞烧木更威光。前身悔住青龙寺，博得穷途一枣尝。

卜肆帘垂去建阳，谁尸朽壳问行藏。逢人遍握凶年粟，顾我元无续命汤。鼠变不妨尧畏禹，羊亡自觉谷贤臧。障泥拚取前溪滑，夜半深池纵瞎缰。

姜维弘演同肝胆，孙楚黔娄共枕衾。阮籍狂才闻凤啸，骆丞囚得伴蝉吟。祢衡寿笑龚生夭，东野鸣传豫子暗。井底史留坑外字，秦廷筑和雍门琴。

救日劳劳走啬夫，上天脉脉忆群巫。火城莫保裴中立，水阵长悲李左车。高会不成诛宋义，贫交劣得失田苏。竹王一曲祠今古，山鬼旁招魂有无。

击仇鱼笋赌奸袍，尽不如他也自豪。何有巷牛腓后稷，情知丧狗异皋陶。本音如字。石难与语酬开府，钱不能神福鲁褒。他日无烦来大鸟，杜鹃春已到花梢。

覆蕀无改伊风子，笭箵由来元漫郎。窜亦黄能憎屈姊，卧犹韦虎傲萧娘。三茎鸡肋婴临济，百啭莺喉和帝江。欲剪鸳鸯双袖落，郎当鲍老臂原长。

一令单提千令合，不除狂醉只除醒。垂杨左肘飞花絮，腐草余滋幻火萤。枳棘芝兰同土壤，国皇月孛一辰星。钟情我辈聊如此，瞥眼他生固不争。

造次看花须看叶，分明夺眼不夺晴。丝丝香篆萦空湿，泼泼江流荡远晴。一剑杀生生在杀，五更惺梦梦元惺。空窠蜂子痴如醉，泥涧玄蛇懒不矜。

栎火垆边缩猬毛，犹贤击楫唱《离骚》。头风莫与陈琳檄，腹疾无庸叔展号。春梦半醒逐妇鸟，岳云抔土包娘蒿。杀机夜半衾前动，扪虱思援斩佞刀。

慆将奇字溷侯芭，一卷轩辕鼎内砂。拟听扬干诛魏绛，不随荀勖妒张华。胡兄煮死谁宜弟，厉子宵生具似耶。留取神皋开五叶，愁提鬼掌卖莲花。

曾向孤蜂驾一航，他家浪道木樨香。通身是口云藏日，劈脊当心雪上霜。捏碎函舆仍捻合，单提雷雨与分张。鸟玄鹄白明看汝，懒学新秋架鹊梁。

且听冰霜冷万家，冻禽赢得吃梅花。春风随手成红锦，朗月当头到碧纱。虾岛鲸城疑海客，黄连白蜜信齐牙。香飘第二月中桂，惭愧张骞问汉槎。

真陶潜外无陶潜，药价如虚减亦添。草履犹能名不借，刍灵何待与三籍。葵无定影疑天怨，桃换新符怕鬼嫌。自是聪明途已尽，飞鱼空笑上竿鲇。

冰虫无分复陈尸，且救头燃迅速时。说火犹防烧象齿，分波不管攫龙儿。李陵恩重频携手，陶令缘悭但皱眉。待废公孙坚白论，孔穿无膝拜皋比。

微吟即遣暗虫惊，齐语由来挞不成。旧学刑书墨剕劓，新悬乐笋怒飞鸣。法筵道得犹三棒，地狱难消在一茎。略向东风赊妩媚，还逢百舌禁流莺。

方春两眼不曾饥，饱拣花枝到柳枝。哀乐无端生杀外，河山有样去来时。狂夫顾笑难消汝，哑女当歌拟倩谁。何事延陵观乐客，强删苗黍《下泉》诗。

《遣兴诗》全书终

遣兴诗　　237

和梅花百咏诗

和梅花百咏诗

　　上湘冯子振，自号海粟，当蒙古时，以捭阖游燕中，干权贵，盖倾危之士也。然颇以文字自缘饰，亦或与释中峰相往还，曾和其梅花百咏。中峰出世因缘，为禅林孤高者所不惬，于冯将有臭味之合邪？隆武丙戌，湘诗人洪业嘉伯修、龙孔蒸季霞、欧阳淑予私和冯作各百首，欧阳炫其英多，倍之。余薄游上湘，三子脱稿，一即相示，并邀余共缀其词。既已薄其所自出，而命题又多不雅驯，惧为通人所鄙，戏作桃花绝句数十首抵之，以示郑重。未几，三子相继陨折。庚寅夏，昔同游者江陵李之芳广生，相见于苍梧，与洒山阳之涕。李侯见谓：君不忘浮湘亭上，盍寻百梅之约，为延陵剑邪？余感其言，将次成之。会攸县一狂人，亦作百梅恶诗一帙，冒余名为序。金溪执为衅端，将构大狱，挤余于死。不期暗香疏影中，作此恶梦，因复败人吟兴，抵今又十五年矣。今岁人日，得季霞伯兄简卿寄到伯修元稿。潸然读巳，以示欧子直。子直欣然属和，仍从史老汉为前驱被道。时方重定读《书》说，良不暇及。乃怀昔耿耿，且思以挂剑三子者，挂剑广生。遂乘灯下两夕了之。湘三子所和，旧用冯韵，以其落字多腐，又仿流俗上马跌法，故虽仍其题而自用韵，亦以著余自和三子，非和冯也。

　　乙巳补天穿日茉萸塘记。

古梅

　　早岁先登秦女峰，腰垂绿发玉为容。不知甲子真多少，问取前溪偃盖松。

早梅

不遣西园久放闲，微阳烘蒂坼朱殷。南征雁过惊春色，睥睨寒汀拟北还。

庭梅

素锦光摇玉篆牌，曈昽清影正当阶。画垣底事重重闭，未有尘飞走马街。

官梅

碧干扶疏间古槐，晨衙画鼓隔檐催。迎春初进缠红仗，一日偷闲得看来。

江梅

横梢淅沥入船窗，低映棠桡乱雪淙。雁尽天南人未返，憎他带影一双双。

溪梅

香雾纲缊霭碧湾，流澌一夜送潺湲。低垂乱惹珠光溅，疑是疑非响珮环。

岭梅

藏春有坞贮轻融，直上千寻故御风。平甸下看烟漠漠，孤擎宝露出清空。

野梅

牧笛无心倚玉箫，青帘得意远兰桡。生憎杀景张功甫，浪与移栽向六桥。

忆梅

先春不得待春阑，渺渺西洲欲见难。惟有梨花赊剩粉，黄昏烟雨殢人看。

梦梅

湘簟凝凉菡萏开，幽香冷触幻春回。因缘漫向痴人说，只作当先及第猜。

寻梅

消息心知在别峰，南参烟水尚重重。溪云乍卷流泉细，一点香飘带影逢。

问梅

不是桃源惘去津，知开知落也难真。南邻酒伴经旬饮，欲与商量恐过春。

探梅

扳枝已见绿催新，敛萼犹疑粉未匀。子夜霜鸡惊晓起，逢迎不早怕花瞋。

索梅

楼头遥望识春生，雪径过从奈宿酲。闻说冻禽争采啄，何妨分我一杯羹。<small>末用朱子南岳诗。</small>

观梅

脉脉从看为解颐，阳和一茧细抽丝。捐情似水容相见，不许香车宝马窥。

赏梅

征诗檄就隔林催，鹤膝猩毡渡水来。篝尾不须倾腊酒，瓮头还有煮青醅。

友梅 *为之说耳，亡实也。*

大夫已见受秦封，君子还惊化鹤容。独抱冰心邀瑞叶，溪头三笑一相逢。

寄梅

红尘日日促香乾，欲赠相思行路难。知到陇头春已尽，只应将作柳枝看。

评梅

绝色平分雪几曾，清香不怕月难胜。双标第一花卿品，莫遣姚黄妒汝能。

歌梅

乍炙银笙试朔吹，旋抛珠串赛清姿。晓风残月伤心句，不待杨花扑岸时。

别梅

离筵及早酌屠苏，留看灯宵待得无。知有前期霜信后，小窗人奈雪侵须。

惜梅

情知无计奈春何，水浅山椒玉一波。密筱残阴香几瓣，还愁微霰祝暄和。

折梅

蹑藓墙东带笑披，暄风还向手中吹。闲情贪授寻春客，不管高枝怨别离。

剪梅

当窗妒绣凤头鞋，出阁惊捎小燕钗。拚取惜花情几许，并刀一割玉龙乖。

浴梅

台上天花白氎巾，戒香腊日洗尘尘。寒崖莫有三冬暖，为现瞿昙四月身。

浸梅

清泉细点石硫黄，留得苟公几日香。蜡蒂涓涓升宿润，犹疑疏雨过银塘。

簪梅

宜春燕子缕金花，抛掷偏拈紫玉芽。风味爱他林下好，妆成掬雪试烹茶。

妆梅

低回怕得近帘钩，宝髻当心五瓣收。萼绿华传新样子，吴娃错道牡丹头。

蟠梅

藤捎蔓惹怕清狂，收拾闲心寸步香。向日迎风千笑合，来回无影过东墙。

接梅

裁素纫红半臂嵌，缝成知费手掺掺。新恩特赐加绯服，仍带银鱼旧日衔。

谱梅

乡国原标大庾南，飘零偶籍百花潭。宗支的的吴门隐，指李荒唐笑老聃。

苔梅

紫葆初含故叶稀，孤茎独秀绿茸肥。晴云润浥虬枝软，倒写溪光碧玉围。

杏梅

薄袂圆襟一式裁，骎骎旋接落英开。便娟为少新条绿，遥向日边掠彩来。

蜡梅

弱粉难支雪色侵，檀痕相倚赖知音。连床各梦还同调，冻蝶迷香记浅深。

竹梅

妩媚檀栾共一时，鸭头新浴鹭飘丝。长疑剩粉归何处，密裹龙孙出箨枝。

雪梅

减取琼花一片开，五铢轻较六铢裁。亭亭小立雕楹外，白纻闲看舞袖回。

月梅

轻梢无叶出空微，弱片多惊定影非。碧海胧胧烟似水，清晖略带一分肥。

风梅

云痕乍裂裛孤烟，薄媚东君试一暄。背水独摇香阵阵，芳心透过柳枝边。

烟梅

一片芳情悄自拘，未分明处不模糊。凭谁洗涤幽香魄，为倩绵山缟臆乌。

孤梅

空明碧溁粉离离，寒鹊寻香远不迷。野渡问津人共指，重来犹记折残枝。

移梅

微欢得向玉堂栽，油帟朱阑碧甃台。断岸当年生长地，春云如絮野棠开。

疏梅

暮雨萧萧梦几忘，晨星落落意争狂。从教子结调羹用，不倚多金傲洛阳。

老梅

天涯迟暮岁寒心，浅着铅华远罩阴。消渴文园相待久，黄金为买《白头吟》。

新梅

试雨禁风始出胎，根苗忘尽旧亭台。倡条冶叶轻前辈，庾信江南老自哀。

矮梅

舞衣不浪费冰绡，仰笑垂杨炫楚腰。罗袜风生惊飚起，旋看缘带上头娇。

远梅

邻院新栽叶未滋，窗前无分慰相思。逢人把过石桥去，借问攀从晓露时。

落梅

乍暖初催朵朵齐，蛟冰风卷画楼西。琉璃国土堪埋玉，不遣余香上燕泥。

瘦梅

断岸欹危挂古藤，红泉瑞露饱何曾。清赢百鸟衔来易，将供日中一食僧。

宫梅

玉鳞遍覆软条青，合殿金铺尽日扃。惟有楼东人睡起，垆烟移远水晶瓶。

檐梅

纤枝上与午烟齐，坠玉旁依乳雀栖。冰溜夜悬三百颗，双邀斜月漾玻璃。

寒梅

生缘同在涸阴天，栗烈何因授记偏。为有临风观望客，迟迟春日拥黄绵。

咀梅

闻说犹疑耳亦贪，终年不食更何堪。轻松脆软清泉味，池底夺将雪藕甘。

盆梅

平塘梦断夕阳红，曲槛容遮五夜风。一点春愁分不去，当阶斜睨锦熏笼。

红梅

对色疑非香不非，迎暄莫问素心违。光风灼灼传新喜，残雪全消散落晖。

粉梅

从捐螺黛洗鸦黄，金母熏成姹女妆。色坏为铅难似此，凌风九转更欺霜。

青梅 本咏梅花，杂以梅子，非是。姑从之。

花事阑珊绿覆除，累累带雨更愁余。涛笺藉染胭脂色，聊寄江南一纸书。

黄梅

酿就莺醅已过春，日长还遣翠眉嚬。石家莫倚风狂味，霪雨新添妒妇津。

盐梅 *《书》："尔惟盐梅。"盐自盐，梅自梅，何以撮合，岂三家村媪下酒物乎？*

　鼎烹鼎食在逡巡，谁遣酸寒入梦真。滋味何如末下豉，秋风招隐啜湘莼。*千里湖莼，须以湘湖水浸一宿，乃中食品。*

千叶梅

赊春无已索春添，簇簇新齐闹不嫌。狂瘦痴肥从肉眼，神清无事卖廉纤。

鸳鸯梅

青豆相思意偶通，开时疑说并头红。无端赚杀林和靖，三十六双一梦中。

绿萼梅

叶色通梢晓气醒，趺香浮干艳心扃。单于莫怪胭脂失，汉月昏黄冢自青。

胭脂梅 *应即红梅，不获已，姑以深红言之。*

红蓝染髓换霜肤，血滴灵芸凝玉壶。莫讶施朱教太赤，入时学得牡丹图。

西湖梅

缥缈芳情送画船，苏堤莫诧柳如烟。葑田卷尽琉璃现，此是开山白乐天。

东阁梅

香国扬州锦阵豪，诗情偏向峭寒高。都官吟后输声价，倾盖白头只水曹。

清江梅 <small>题亦不典。</small>

沙明难辨几枝生，浪碧微看浅色轻。一匹练飞花样细，还从豆蔻夜熏成。

孤山梅 <small>亦西湖也，重出而逸其半。</small>

放鹤亭空客已仙，裙腰褪粉断桥边。广陵新送青娥怨，苦判余芳作杜鹃。<small>谓冯小青。钱受之辨无其人，讳词也。</small>

罗浮梅 <small>本记云，赵师雄将归罗浮。则梅花一梦，固在道中。竟云罗浮者，相承之讹，诗为订之。</small>

客路相逢散旅愁，枕根月落海天悠。何当移向神山种，得共师雄赋白头。

汉宫梅 <small>既有宫梅，自该古今。又以汉别之，汉人无咏梅之句，奚取焉。</small>

长门春锁万花深，纨扇无愁到玉林。记得虞渊官簿说，紫华紫叶结同心。<small>惟《西京杂记》上林令虞渊花木簿，有此数种梅耳。</small>

廨舍梅 <small>亦与官梅重，取凑百题耳。</small>

被拥黄紬晓睡醺，蜃窗晴送暗香闻。故山春色今何许，空署当轩五朵云。

书窗梅

檐牙折向纸灯龛，数蕊巡香漏已三。误捡《秦风》求故实，终南原只有条楠。

琴屋梅

晴轩融敞静香传，器冷心闲好扣弦。一片低飞疑窃听，随风巧入郭公砖。

棋墅梅

未了寻香又拂枰，冰绡遥映碧纱明。春前开亦随春落，先手何心百转争。

钓湾梅

小穗侵波曲胃钩，危根拿石细分流。羊裘垫卧收缗晚，争咳落英看白鸥。

樵径梅

谷口凝阴宿雪淹，槎桠望断白云尖。夜来野烧刚余得，一树垂垂出短檐。

僧舍梅

宝刹疑看珠雨飞，香烟幢影共霏微。雪山十九因缘熟，那但长留舍利衣。

道院梅

鹤径风回香细萦，仙衣长似御风轻。砂胎初剖银芽出，还恐流珠暖易倾。

柳营梅　军垒寻花，亦所未闻。

系马蟠根铁色粗，寒光飞练射昆吾。花前莫语封侯事，一树功成万木枯。

蔬圃梅

挑荠正美芥回青，脆甲中含碎玉零。缓火夜烹风味别，孤芳生齿酒初醒。

茅舍梅

小角阴垂槲径遮，浅檐风转搅横斜。佳人何必牵萝补，百琲明珠缀若邪。

药畦梅

竹籁密排落叶蠾，寻芽访蕊试新年。黄精苗绝蘼芜死，略报东风一点暄。

前村梅

小径冰封碍往还，春心遥寄有无间。开窗欲觅香来处，犹隔当门一段山。

焰水梅 <small>亦与溪江无别。</small>

朱点当心印不如，一花五叶我逢渠。万波摇动兼遮显，斜领犹看不见余。

山中梅

捷径无心假息机，豹林谁买玉田肥。人间好句传高启，驱遣袁安卧翠微。

城头梅 <small>司城者不加芟除，不但致扳援之寇。且有复隍之忧矣。命题亡实，乃至于此。</small>

画影斜连大旆阴，丽谯日暮饱归禽。岩峣一听睢阳笛，月苦云深天地心。

水竹梅

寒池清浅影笼冰，雾上云鬟冷不胜。斜倚琅玕舒凤尾，翠帏深拥暖香凝。

水月梅

玉魄昏黄罩素魂，縠波潋滟吸香痕。分身自在双涵得，总被空青一镜吞。

担上梅

累垂得得到江城，妆点琴囊衬酒枪。荆几素屏充供养，闺中莫听卖花声。

杖头梅

玉色分鸠莹不任，庞眉霜鬓映森森。道逢禅客机缘捷，摆落天花雪满襟。

隔帘梅

银蒜遮寒小阁深，胆瓶曲槛两沉吟。疏筠咫尺天涯路，一曲潇湘万里心。

照镜梅

鼻观分明到眼惊，他心通尽意身生。凭谁拈笑分宾主，水月空轮挂宝璎。

十月梅

为惜霜红昨日凋，续香补艳倩新条。一枝迎雪元多丽，何事王维更画蕉。

二月梅

醺酣怕被素场欺，青豆傍看玉蕊垂。听彻莺喉邀蝶舞，风流何必少年时。

未开梅

万顷春膏凝玉酥，晓霜残月足踟蹰。须须叶叶无中有，一幅先天五老图。

乍开梅

蚌胎微吐露灵砂，略与东皇报岁华。底事花魂多荏苒，逼人诗思在些些。

半开梅

心心长待笋班齐，南北中分入望迷。残腊易消春易老，怕教抛尽惹莺啼。

全开梅

晨探莫惮冻云天，一日风光尽一年。暂喜真珠抛十斛，悬愁银甲掐苔钱。

水墨梅

冷晕圆拖磁碗浆，古香浓喷豹皮囊。分圈硬用中峰笔，百首诗情此较长。

画红梅

被酒濡毫敌晓寒，淋漓狂扫万枝珊。禅心为笑花光老，借得妆楼绣谱看。

玉笛梅 笛吹落梅，讵果有梅，吹落梅者，不必玉笛，酸拈"江城五月"句耳。

曲里寻春已惘然，瑶村况觅洞庭仙。空花和合声香色，带影独头起识田。

纸帐梅

幽艳浓熏暖雪窝，流香横漾皱纹波。轻姿梦醒灯前现，隔断白云奈采何。

子直云："既不以冯题为雅，则胡弗易其甚者？"余笑谓普此一段明光锦，裂作百杂碎，已觉浓酢扑鼻，那得更添乌梅醋子也。但其尤纰缪者，聊摘笑之。

追和王百谷梅花绝句十首

乙巳中秋，坐彭城君小轩，奕倦茶阑，索书以读，得王百谷集。百谷近体，颇侵许丁卯之垒。惟七字小诗，排宕有生趣。就中梅花十绝，尤为清健。昭代咏梅者，人传高太史雪满月明之句，固作家画也。如百谷者，乃有士气。寒香雪色，正须用格外取之。因次其韵，亦得十首，出入于冬秋花月之间，自谓如岳鹏举论兵，存乎心耳。回视囊者百梅咏，十九夹应付，愈增大惭，勿亦藉此洒之。

梅叶上红争欲落，南枝何处索春光。姮娥前夕开明镜，莫有佳人试早妆。

玄魂不死空明外，秋水秋云总似花。直待江春问消息，痴拈袜线觅袈裟。

停觞待月似蒸砂，一瓠先生病吃茶。认得六桥鳏处士，湖光封雪觅梅花。

当时幸免赐官湖，败叶聊遮冷鹧鸪。有土种梅三百树，焚香无地避催租。

万花争尽垒东西，雪骨霜魂分不齐。金粟迎寒开月浦，纲缊香雾一双迷。

黄梅瓤熟无多日，玉露催秋月屡弦。但使看花留老眼，不愁春色恼人偏。

白头彩笔写纲缊，香霭描来雪几分。犹恐相逢不相识，拟添残月与轻云。自为《百咏》解嘲。

断岭知谁旧种来，藤萝无限妒花开。蓬蒿初剪清魂洗，旧尉三生也姓梅。余小圃草莽有古梅一株。

渐老看花似隔烟，诗情欲懒上滩船。绯桃红药输年少，把雪吟霜却少年。

彭城才子太怜梅，一舸轻移鄩树开。红粉喷香薰小阁，冻蜂迢递许重来。

《和梅花百咏诗》全书终

洞庭秋诗

洞庭秋诗

洞庭秋三十首 遥和补山堂作

落帆笙竹来，垂二十七年，湖量未忘者，记持耳。昔人评鹭画水，独以活水为至，到记持中，何从有活水乎？是以捃湖采、邈秋容，一听之诸公。而仆诗最晚出，抑不能为驯雅之音，但思拂得活水一两波，几不远作者，未审间能勿疑殆？己酉杪秋记。

潇湘北下巴江东，上蟠下际抟青空。天地忘忧消逼侧，凄清作意撩鸿蒙。夔子孤城悬太白，三苗余垒挂残虹。古今无那此俄顷，歒危欻尔生蘋风。

月似芦花烟似水，似如不似劳形容。喷雪凝寒犹清适，涵晖冷焰飞轻松。星汉相看交不昧，心魂欲之亦奚从。但觉晃熠透圆碧，不辨愁来忽已逢。

大仪悬张覆釜幢，谁其至者弗心降。长天纤忽随泯泯，商飙骚屑入淙淙。浩瀚无余一丝挂，清微欲将九鼎扛。安得沐日仍浴月，东赪西皎晶荧双。

洞窌虚无净一规，惊涛相即不相疑。精金大冶炼幽蚤，俊鹘老鼍愁倾危。炎心已改何洗涤，高旻受荡还清嬉。妙香浮动非蘋芷，水雾上摄开轻吹。

乾坤倦游行将归，损山容益水光肥。片云帆侧不能影，木叶天际知已飞。游子去妻百交感，战伐渔樵双息机。驱除姝暖返肃爽，禁愁为惜素心违。

羁心劈破芥浮居，色色消沉远近如。险目不平夹韵度，凉魂小住姑安舒。孙刘战争问沤沫，怀葛徂伏留萧疏。情知涕泗无栖泊，放浪磊砢任太虚。

翛然容与清泠都，何求不得须黄垆。函盖双枢合骀宕，明暗半丝分有无。

潜蛟旅雁忘兴废，疏云片月矜昭苏。缩为椰子沁心肾，幻计无忝移山愚。

空有无垠铲径蹊，分明至极翻凄迷。远视不正非野马，客心已窘聊木鸡。帆蝶卖眼惊天末，樯乌亡赖啼日西。阴光夕灼动绿气，恍然鬼臂相牵携。

碧落无疑鹏背揩，人寥天一绝安排。邂逅不停增蹇产，虚空未破犹沉埋。略遣水光存芥蒂，想知天骨正厓柴。鲸鲤可骑终未称，吾生箬笠双青鞋。

回头摇落悲群动，广大昌明亦自猜。无触之声消梦晷，不寒而栗贮骚才。藏舟后夜同归壑，张楚初心冀缓哀。驰骛清狂何所吝，寒潭降潦畏相催。

弥弥盈盈不借春，千萧万瑟屯嶙峋。水力未至溢浩淼，雄心仅可吞清贫。张乐鼓瑟凭慰藉，巫娥湘后惘逡巡。自然难释虚无恨，斜月流霜非有因。

目穷差别耳非闻，逼塞诸根但有云。触法大都无软美，宽饶何处着殷勤。如浮今古谁为纽，尽费烟霄不受熏。一笑中流夸定力，那知凄恻破三分。

西清启寒亦有门，扃魂不扃金水魂。方诸津润遂昌大，青女娥孀失恭温。孤云峰势向凌替，海天精彩捐烦冤。空洞虽非万法侣，临之未易相贪吞。

随处波心着戏竿，刚森簇簇护轻安。充形暄气存黍米，大冶昭质任烹爨。根株吾岂依坟植，须发何庸非羽翰。霏苍飏碧自生意，行与浑仪谋团栾。

远行之感剧登山，壑断湍哀梦亦悭。戍火祠烟荡精切，长天白雨怙痴顽。天涯交臂早无绍，去景凝眸暂不闲。难与此怀觅止竟，征鸿一缕空飞还。

寒臆英多杜口宣，清歌难唤奈何天。古人不见闲邀月，置我无从小学仙。铁脊未妨聊旖旎，金轮犹恐不刚坚。余霞落日关何事，带影微茫起识田。

法界孤微此泬寥，鲲游亦竦等鹪鹩。环区不鲠鱼头乙，泓水方凝雀目椒。浓露可怜添浥润，片云何恃得逍遥。穷途收拾千年恨，虾国游谁出斗跳。

欲然敛精归元包，匀凝活汞停煎炮。穹窿舍此复何有，沆瀣相干故不交。稍觉丝缗牵静谧，非分玉笛喧淫咬。神光四映飞芒角，讵倚星月相杂淆。

弱骨凌乘一线操，未凭长目送雄豪。通身冰血争融结，伸臂烟霄试抑搔。岂必人生方幻寄，足知厚载不功高。金风但鼓囊中龠，大费尖酸徒尔劳。

晶辉蠕影萦一窝，澄之荡之夫如何。容裔积已成坚冽，钦铮喧外绝烦苛。绿非荇藻发谁浦，光带露霜自昨波。惊鸿亦知无闻见，抱意长鸣凌嵯峨。

大圆不息翻河车，闪烁万顷吹银芽。化汁一色混潇皛，青气双合通荒遐。无质可抟犹沐浴，有见不盈奚开遮。何得丧耦此孤坐，谁邀明月觅芦花。

三秋三楚填淫荒，谁能不断忧思肠。遥遥极浦浮云树，渺渺生洲迷荻蒋。

马殷南国飞星白，陆逊西垒落日凉。咫尺千波杳向往，孰为大壑恣埋藏。

浮槎无系巴丘城，缥缈之楼空若惊。微霜覆蓑失残梦，远火照帆悲他情。乘乘宇内既清澈，脉脉空际或经营。小范于此言忧乐，胸中无故横甲兵。

微风软縠退以听，濯濯平远拔昭灵。咨俭物情不获已，险阻大造故须经。余霞半壁从明灭，征雁万双亦伶俜。居然幻泡警凉魄，无数浮心一日扃。

峥嵘何来凛气增，舍此空轮无与胜。吴天海色遥迎送，楚霜蜀冻交消凝。荡涤赤日曳素练，消息银汉络珠绳。从知白帝威权甚，万象泻影涵倾崩。

鹧鸪声断西日浮，君山未愁黄陵愁。白浪几何倾楚塞，金风既展讫神州。萧飒万个撼斑管，迢递千古疑胶舟。贾至张说尔何物，落拓欲牵万里忧。

但哀无端眇淫淫，长啸不展狂歌暗。欲与招魂迷南北，横令此愁亘古今。蛰雷残雨无所藉，金枢玉露亦难谌。日暮息棹殊未已，寒波倒射丹枫林。

玻璃帝网两镜参，玄中之玄清灵酣。露泡影相合不二，水月空观谁为三。中流两岸四无定，鸟道一碧微自谙。军持满汲寒沁骨，容受无多只大惭。

青幕白地清涎黏，浓淡分界惟微纤。未审天容亏半壁，定疑水气消余炎。披襟不让云将御，理楫略挂羚羊尖。鏖空白战九十日，吸月餐风亦损廉。

玉液统此微霄函，俯仰不知灵与凡。旭雾平收兜罗卷，阴彩夕涌牟尼嵌。肉翅欲愁千里倦，韵目难厌一晌馋。苍螺半点点霜色，谪仙何情强欲芟。

《洞庭秋诗》全书终

雁字诗

雁字诗

前雁字诗十九首

雁字之作，始倡于楚人。楚泽国也，有洲渚，有平沙，有芦蒋菰菱，东有彭蠡以攸居志，南有衡阳之峰，日所回翼也，故楚人以此宜为之咏叹。近则玉沙湖补山老人续唱，作者连轸。予病未能者且十年矣，不期病中忽有阳禽笔阵，如鸠摩罗什两肩童子出现，因吟十九首。诸公于霜寒月苦，南天落翼之日，目送云翎。而仆于花落莺阑，炎威灭迹之余，追惟帛字。时从异轨，情有殊畛，短歌微吟不能长，斯之谓矣。故诸作者皆赋七言，而仆吟四十字。

缕缕渐深深，当天一片心。书云占朔色，纽瑟谱商音。尺帛无劳系，南楼未易寻。暝烟生极浦，长夜付浮沉。

碧浪合逡巡，萧条接迹亲。《三苍》言外旨，七日句中春。避暑疑秦火，怀沙吊楚臣。云林添画笔，中土不无人。

活谱赋秋声，音容共一清。空顽难转语，天老未忘情。羽调悲寒水，行吟倦汨征。芦干凄怨急，绝笔意谁平。

鹊渡已如梦，深秋始报章。偷临无乳燕，低诵有寒螀。落叶勤仇误，墟烟与秘藏。重来无粉本，随意写苍苍。

纪艳非吾义，惊春去色匆。分飞《南北史》，历乱《桧曹风》。《天问》凭条答，空言未道穷。何须藏鲁壁，丝竹奏清融。

无待月中听，哀吟意已形。同文从鸟纪，驰檄指龙庭。旁午悲边雪，零丁寄汗青。清泉涵片影，井底血函经。

冉冉漾轻柔，关河只此愁。鹰鹯疑谤诅，鸠鸯漫咨诹。水月三人影，霜霄一抹秋。江山日日改，挟策亦奚游。

今古一相如，飘飘赋《子虚》。玄文披带草，碧个仿林于。兰叶肥还瘦，银钩矗已舒。稻粱非汝志，投笔莫欷歔。

乘风莫草草，雨雪且舒邪。依《毛诗》音徐。燕国迷苍素，鹃言染茹蒽，六歌怀天水，尺一谢休屠。依《汉书》音除。一线台城诏，难忘纸鹞书。

此字无人识，空劳历九州。分明扶日月，因革自《春秋》。鸱篆删妖步，莺歌耻佞喉。冥飞谁弋篡，不坠草《玄》楼。

野水漾初春，苔涵绿字新。烟云都不染，风雨故如神。软影翰非弱，余寒手不龟。依《庄子》音麇。凤兮衰已久，还现素臣身。

终知无寄处，不欲昧前期。人世谁长目，天心自列眉。寒宵闻见外，皑雪炫荧时。岂为知音绝，停毫罢远思。

脉脉有心期，行行且浪嬉。《大人》狂客传，《小雅》遗民诗。解就名《鸿烈》，书成授意而。关门邀紫气，聊与著雄雌。

晴空不易得，欲示下方难。黑月韦编绝，酸风蠹迹残。黄麻悲鹭序，白简笑鹰弹。独吹青磷火，传书乙夜寒。

倚杖孰亭皋，寻行送望劳。霞章添旖旎，星采点萧骚。惟觉孤心合，难将远目韬。昏鸦空泼墨，何当一鸿毛。

居然缘慧业，亦自种情苗。始旦回鸾帖，清秋题鹊桥。弥天知泛宅，露地注逍遥。既证无师智，灵云瞥眼消。

痴蝇钻故纸，窗隙溷云容。天外劳一笑，书中谁万钟。童乌何足与，燕颔止为佣。《小过》占哀俭，飞离不恤凶。

一从悲凤靡，长是问苍旻。南北招重叠，风霜挟苦辛。昔时人不见，归去奈何春。童子三生塔，还留慧命因。

青女授灵符，全身入画图。血潮勒款识，毛鸷化酸迂。天变人终定，云生道不孤。无心持换米，生计有雕胡。

后雁字诗十九首

或曰，谓楚人宜吟雁字者，楚泽国也，有洲渚，有平沙，有芦蒋菰葭，东有彭蠡之泽以攸居志，南有衡阳之峰，曰所回翼也。过斯以往，孰妄言之，而孰妄听之乎？余曰可哉，嗣吟十九首，首四十字。

之绕打虚空，经营惨淡中。虫鱼多诘屈，龙马半昭聋。副墨传溪影，雌黄听落虹。天情驲宕里，消息一丝通。

寓言河汉迥，草线与灰蛇。应迹说随扫，文身开复遮。梵书疑以八，《易》象半交叉。飞舞茅龙趣，江门忆白沙。

抗坠引清微，灵心挟肉飞。蜗银真白俗，鲗墨莽钟肥。主乙疑无定，偏傍竟不违。方春湘水上，拓得禹碑归。

尘气不余纤，凭虚一缕黏。分歧垂远势，透露簇微尖。曳脚神还整，藏锋力自铦。臣书真逸品，凤藻得无嫌。

闪霍仿公孙，垂垂引漏痕。装潢悬玉宇，授受付金昆。带雨流鹑火，衔芦赋《大言》。灵文人未测，只倩记寒温。

密迹簇春蚕，青编削蔚蓝。阙文惟夏五，足用及冬三。玄鸟谁征宋，金天旧问郯。笔花欲有授，鸟梦奈沉酣。

湘岸临《潭帖》，天山拓汉铭。为谁修楚史，自解注《禽经》。语雀羞刑牍，言鹦笑说铃。挥毫千里泻，腕脱不曾停。

耻化顽仙羽，新宫待尔题。河山双划断，物论片言齐。脉望徒吞字，蟾蜍未映迷。寒陵劳坐卧，极目去踪低。

霁雪曙南天，孤萦倍可怜。蛾眉流晓镜，香尾篆垆烟。幽意蝇头密，连丝茧绪牵。灵纹惊易没，移入断云边。

秋思本无多，千行自不讹。清姿从倒薤，壮志欲眠戈。散队连行草，遥天任擘窠。催花看尽发，谁与换群鹅。

涤砚裛玄云，潇湘写练裙。龙蛇双腕竞，鱼燕尾梢分。出像传毛颖，题帧仿墨君。夫人学已熟，谁复笑羊欣。

素宇无留墨，平沙印别痕。暗书还自省，未到意先吞。映雪功弥苦，依天道已尊。八纮开义海，潇洒动乾坤。

浑敦帝鸿开，谁云子不才。国门悬《月令》，南极转三能。依《周礼注》

音奴来翻。下士称微者，雄风咏快哉。匆匆春早驾，荐福畏惊雷。

沙雪笺银暗，芦锋笔阵降。惊飙催就急，虚白入钩双。发细萦空镜，晴波上晓窗。研朱和露滴，枫冷落吴江。

有句兼无句，羚羊偶挂尖。吹毛传密谛，带影悟廉纤。化迹空三藏，迷人顶一砭。献花岩畔鸟，半偈不曾拈。

刮目经年别，惊非吴下蒙。四声终写入，六义不删《风》。耻逐蝌文乱，谁凭雉译通。斯文知未丧，几复畏虚弓。

淡墨布层层，痴肥自不胜。回文低落月，影本暗渔灯。险句从空构，秋思与上兴。悬题天阙迥，为尔费冰兢。

始知空阔里，无数妙诠偕。娓娓谈天衍，痕痕炼石娲。纸光从月砑，笔冢有云埋。仙笈传青鸟，空劳曼倩谐。

未肯负居诸，漂流不废书。长途收史料，《小正》作经疏。赝迹徒相似，鸿儒亦借誉。鲲鹏聊志怪，终是不才樗。

题芦雁绝句

家辋川诗中有画，画中有诗，此二者同一风味，故得水乳调和。俱是造未造、化未化之前，因现量而出之。一觅巴鼻，鹞子即过新罗国去矣。八闽晓堂土人以芦雁为法事，即得芦雁三昧，亦即以芦雁为诗，正尔压倒元白。余于画理，如痖人食饱，心知而言不能及。为师随拈若而首，师遇画著时，有与余诗相磕撞者，即以题之，不信非邾道人所写也。

惊风吹霰雪中还，万里黄云一线关。回首江南此风景，惟将呜咽写潺湲。
汀渚谁家尽自疑，悬愁渔火隔江知。飘零亦是前生果，不羡鹡鸰老一枝。
月明是水是芦花，逗漏清空片影斜。沙上有踪谁见得，侬家曾泛逆流槎。
健翮先飞下浅汀，鱼虾虽饱却余腥。何如且带斜阳影，点缀残山一段青。
秋江森森月微明，飞雪纵横点翅轻。自学春莺穿柳絮，不知白羽赚苏卿。
簇簇霜花覆浅滩，荻根蒋叶一江寒。秋声彻夜惊鸥鹭，筝柱参差不忍弹。
蜀雪消迟水拍空，前时汀渚杳蘋风。今宵随分聊收翼，只在秋声一派中。
老碧蒙茸嫩叶齐，一钩斜月照幽栖。清宵寒梦虽无据，不到飞狐谷口西。
南来不为稻粱谋，彻骨森寒月下洲。藻苦荇甜随口过，饥鸢莫漫为含愁。
书人欲倦曳波长，一幅皑皑侧理光。尽卷丹坟归竹素，不留之绕待雌黄。

浅白平铺万绿稠，苍翎碧水素沙洲。色如非色云何摄，一味分明墨气收。

渔艇无踪樵径荒，平沙露冷月微茫。问师此景从谁得，莫是前身现雁王。

惊心饘嫩晓饥余，何有壶浆一艇渔。莫道相酬无宝剑，明年先寄报恩书。

密叶修茎翠万竿，未须还怨晓霜寒。天涯拚作无归客，且得清秋一夕安。

回望还惊伴侣迟，分飞愁绝故心移。江皋莫爱霜枫紫，自是栖乌夜宿枝。

秋心万古此潇湘，汉苑胡关带恨长。谁道灵均哀思绝，惟将鹧鸪怨年芳。

斜晖欲下飐金飙，绿苞初开碎练飘。莫认天山飞雪早，江南饶有可怜宵。

墨光之外喷秋光，夜永江寒楚塞长。记得苍梧多泪竹，缄愁无奈断衡阳。

题此经一年矣，乃赋《雁字》，如两画相拟，一士一匠，自有分别者。寒窗西日，自顾而笑，因《雁字》带出此十八绝句，所谓新妇骑驴阿姑牵也。庚戌秋冬之际败叶庐记。

《雁字诗》全书终

仿体诗

仿体诗

仿昭代诸家体

居常谓与天同造者，迎之不见其首，随之不见其尾，适融而流，适结而止，其惟三百篇乎！过此以还，思必有津，笔必有径，非独至而不可至者也。江醴陵自李都尉至汤休上人，得其思与笔所起止，以相迎随，遂尔神肖，皆惟其津径尔。昭代三百年间，诗屡变矣。要皆变其所变，徒倚于铢寸之顷。一羽而知全凤，亦知全鸡，其为翻本均也。偶为寻之，得三十八人，人仿一章，非必全乎形埒，想其用笔时适如此耳。浅者循其一迹以自树于宗风，一喙而已。风可帆使也，雨可蜥蜴致也，日而后不可追也。孰其为日乎？吾不敢为夸父之逐矣。

刘护军基 秋兴

括苍云绕缙云都，万簇芙蓉翠色铺。红雨湿飞乌柏薄，碧波晴点鹭痕孤。登楼有赋依州牧，长揖无门傲酒徒。不识故园他日泪，蘋花还送暗香无。

杨提举维桢 _{塘春}

选胜明朝陌上花，狂夫已宿黄公家。连钱夜洗香泥点，团扇新描软縠纱。
燕尾掠人沾绿酒，莺歌随处咒兰芽。片云南浦不成雨，油幕高搴看晚霞。

倪处士瓒 _{园居}

长夏新桐洗绿茎，乳莺历乱啄朱樱。不知微雨遮青嶂，即次流珠溅紫萍。
闲整丹经香篆歇，小临鹤径碧苔生。棋枰已敛湘帘卷，稍觉银钩挂岭横。

贝助教琼 _{感乱}

正作越来溪上梦，潮声夜打浙东城。春花春柳皆他日，羽檄羽书悲此生。
戍火摇烟低片月，归鸿掠浦警三更。堂堂岁月相欺得，明镜新添雪几茎。

袁御史凯 _{白燕}

乌衣莫与怨斜阳，雪色新裁素练裳。隋苑柳疏长带月，河阳花满不惊霜。
琼窗瞀眼窥银字，玉镜偷临斗靓妆。似妒蘋花秋色好，不留清影照寒塘。

高太史启 _{梅花}

稍觉逢春客思催，江春无奈促花开。一枝横水寒潭月，几点回风雪砌苔。
啼鸟易惊归客梦，陇云空寄故园哀。东风已遣芳心尽，谁与垂杨炫楚台。

刘典签炳 _{早朝}

暄风绿草凤台新，金爵浮光射宝轮。云敛三山澄海气，日华双阙起
江春。衣裳初识龙文阔，导唱遥欣黼座亲。还使故园归兴尽，鸣珂长日
惜芳尘。

孙典籍蕡　客思

扁舟下峤识春寒，五两随风度几滩。古渡铙吹侵月奏，孤城楼堞带云看。故园荔酒经春熟，过岭梅花度雪残。一曲沧浪牵客泪，羊城珠斗冷仙坛。

高礼曹棅　酬答

弹铗新从上国行，遥瞻山斗识才名。汉廷属望贤良策，鲁殿初传丝竹声。柳色上衣春日酒，梅花吹笛岁寒情。殷勤莫负乘槎约，拂剑欣看碧汉清。

李少师东阳　感春

小园花发镇帘垂，春草临阶未觉滋。香尾困风穿湿幕，墨胶凝水带冰澌。病中药裹烦南客，梦里兰芳记《楚辞》。犹有湘干田二顷，君恩不许趁耕时。

陈检讨献章　晚酌

日暖风微柳币溪，分明莎径未须迷。莺声过涧还如近，蝶翅因花亦屡低。心迹同原聊共赏，乾坤双歇恰单提。芒鞋是处寻春好，不拣苍苔与沁泥。

祝京兆允明　悲秋

独坐不知秋日短，行年惟有鬓霜新。病过柳市愁京兆，梦记番禺狎海人。泡影勋名消易得，牢骚日月阅来亲。乌藤拄杖明朝事，怕见丹枫映水滨。

唐解元寅　落花

啼莺流水怨匆匆，万顷春华一梦中。芳韵悠悠随画角，闲愁点点到帘栊。回风无望依瑶草，韶月难期映晚红。回首繁华能几日，碧条簇簇惹薰风。

李副使梦阳 _{怀古}

　　百尺丽谯俯暮原，黄河卷雪拥蛟门。朱仙祠庙青松冷，艮岳风霾白日昏。华表定留千载恨，灵旗难返九招魂。寒鸦斜照苍茫外，酹酒长怀国士恩。

何副使景明 _{游历}

　　轺车明发启秦关，缥渺河山紫气殷。清渭波萦劳怅望，莲峰云杳阻跻攀。鸿门霸气苍烟合，汉寝遗封翠柏间。万里萧条随薄宦，不知明镜改朱颜。

文待诏征明 _{斋宿}

　　星华浅映御池冰，栖鹊寒喧树影层。独对画垣围藻井，遥知香雾达觚棱。钟人屡扣流霜杵，羽骑长依带月灯。应有五云迎凤葆，晓风已觉透青绫。

郑稽勋善夫 _{送客}

　　相送今朝倒客杯，风高木落试登台。乾坤带甲无终日，草泽纡筹几骏才。南去只悲湘水雁，北书惟寄陇头梅。栖迟迢递双极目，大旆孤城画角哀。

杨殿撰慎 _{塞垣}

　　碎叶孤城朔雁飞，安西都护候骑归。汉旌已觉交龙卷，虏酒初骄撞马肥。桃叶杨花江上梦，敲冰爇火北庭围。伏波未洗明珠恨，莫诧中朝有建威。

李廉访攀龙 _{登眺}

　　绝巘岩峣接太清，登临极目羽翰轻。青徐海色侵牛斗，河朔云山拥凤城。汉树龙鳞秋色爽，秦碑员赑暮烟横。探崖欲问长生诀，咫尺蓬壶万里情。

王司寇世贞　<small>投赠</small>

白雪仙郎雅奏偏，秋曹云冷彩毫传。迢遥星棹依元礼，萧瑟高楼忆仲宣。采药三山迷蜃气，长歌万里看龙渊。东方千骑空筹策，愧尔酬恩紫禁边。

高廉访叔嗣　<small>宦况</small>

三晋云山西爽开，犹凭呼吸近燕台。时依朱邸陪仙仗，喜际青阳进寿杯。铃阁雪消春草长，牙旌风急暮笳哀。葵心欲逐桑乾水，萦绕金河辇道苔。

梁秋官有誉　<small>吊古</small>

陆沈不拟尽天涯，回忆西湖怨梦华。万古神州消白浪，中流尺土卷黄沙。云蒸海气栖樯燕，树隐龙宫急暮鸦。遥想讲筵当日语，惟留碧血洒鱼虾。

屠大仪隆　<small>送别</small>

高楼清瑟送离群，欲逐杨花怨夕曛。绣袷春寒三月雨，牙樯风急一江云。狂歌戏马台前客，回首钟山《移》后文。浩荡长淮分咫尺，扬州红药属夫君。

朱九江曰藩　<small>闺怨</small>

章台垂柳叶凋秋，孤怨孤栖荡妇楼。六朝香粉丁都护，万里戎韬霍小侯。明月机中双纽缕，黄云城上千金钩。此生不拟长相忆，犹梦落花逐上流。

王上舍稚登　<small>月游</small>

秋满吴淞江外江，棠桡波敛夜推窗。月华始出照五两，白鸟飞来恰一双。客散歌声犹有恨，霜寒酒力未全降。西归更送山阳笛，写入落梅别调腔。

于阁学慎行 <small>纪赐</small>

龙胎密孕御园春，蔬署寻芳剥锦鳞。天诏正如裁玉版，臣心未敢拟霜筠。中宵酒醒香生颊，缓火羹清玉点唇。肉食承恩沾凤实，秋风忍忆故乡莼。

徐秀才渭 <small>怀古</small>

湖光千顷敞祠宫，雪卷长堤缀蓼红。血迹梦残凋燕垒，灵旗云闪起蛟风。局争成败天难主，情到华夷感亦同。古鼎香烟飘碧篆，丝丝飞绕六陵东。

汤遂昌显祖 <small>寄怀</small>

星汉当檐挂素秋，玄禽欲去复缄愁。江花笑拂荷衫袖，縠水回迎竹叶舟。行药定逢菖九节，忆梅遥爱月三洲。垂杨色色萦歌扇，未遣新筝怨雁楼。

袁吏部宏道 <small>放言</small>

乾坤非短梦非长，花落聊纾粉蝶忙。莫遣酒星囚北海，偶逢伏日饱东方。蝇窗乍裂双眸阔，狐帽随拈彻骨香。惟有昭文琴外谱，不从夔旷问宫商。

王太史衡 <small>春赏</small>

几日新阴软碧莎，羽笙日日入莺歌。花如静女添春绣，月许游人画浅蛾。病减恰逢垂柳瘦，诗成长在野亭多。银笺欲寄催花句，却为情深未订讹。

陈征君继儒 <small>闲居</small>

衡门过雪草心蠲，玉茗胎红透始暄。乍响青松烹紫笋，闲移斑几就黄绵。茅山书至兼酬药，上海鹤归未买田。熟煮清酤添箸裹，为移春闰入新年。

钟少参惺 _{淮泛}

书史笙歌尽未殊，林光江气各清迂。深知帝里春偏静，小爱闲官韵不拘。水有性情鸥鹭得，月函虚晶藻蘋孤。回舟群动皆空谧，隔岸笼灯半有无。

谭解元元春 _{岳游}

不知猿鸟至何方，叶叶晴容发静光。潭黑龙能深定力，苔新云亦恋幽香。泉于草树情偏挚，日以森寒影倍长。始觉向来湘艇上，孤危错拟露锋铓。

王金事思任 _{登岱}

何须大叫帝阍闻，肸蚃通天黍米分。吴练凄迷亏老寿，汉封细碎到亭云。欲收元气无坚影，自笑顽躯亦片云。帝鬼痴灵皆一蚁，强将斋沐溷元君。

曹兰台学佺 _{感时}

杉关关外几分春，已报江干惹战尘。临水自浇三日酒，看花无那百年人。仙函难访龙韬秘，瑶草谁于御辇亲。暂与风光相蕴藉，巡池杞柳亦芳辰。

倪司徒元璐 _{抒愤}

狂歌不审定因何，夹臆红潮湃万波。怖鬼已勤悬紫蟹，冲天无望锢苍鹅。妒津日日添风雨，疑网重重长薜萝。为爱信陵多纵酒，糟丘无奈酝情魔。

陈黄门子龙 _{赠戍}

江潭瑶草不须生，自折疏麻送远行。九庙威灵元白日，四愁风雨有孤荣。青编白简星光迥，大纛高牙落照倾。极目苍生悲海色，惟余三学傲公卿。

顾秀才开雍 <small>恸哭</small>

馋蛟风激怒涛腥，逝水东倾夜不扃。无望金山邀北岸，恰逢潮水落皋亭。乌衣夜色空迷燕，碧血中宵欲化萤。回首五云蟠御寝，断肠鹃哭向冬青。

《仿体诗》全书终

岳余集

岳余集

霜度函口 岳径

坠叶满行衣，径草试霜色。何知山川想，足敌绝尘力。初暾峰紫摇，浮空夹苍植。似可就奇光，问之求羽翼。

即事 癸未匿岳

看山正好北风吹，寒在峰头最上枝。莫漫放松笻竹杖，诘朝晴好野翁知。

寒甚下山访病儿存没道中逢夏仲力下小竹异栗不能语哀我无衣授之以絮归山有咏志感也 癸未匿岳

应自友朋恩，知深谢不言。无衣度霜雪，多难际乾坤。泥重芒鞋涩，云浓湿帽昏。更愁从此去，托足向何门。

其二

得絮不云暖，此情君合知。主忧臣但尔，心死身何为。绿草华山带，高楼燕子枝。讵言身未嫁，可任东风吹。

闻郑天虞先生收复宝邵别家兄下山而西将以腊杪往赴怆然而作 癸未匿岳

微生一日一偷生，为惜鸿毛死亦轻。从此歧行还强饭，尽收云水答清平。

月中晓发僧俗送者十三人皆攀泣良久予亦泪别 癸未匿岳

恨别非常度，相怜已有时。饥分羹芋饱，诚绝叟童欺。段尉惭无笏，王丞敢著诗。感兹昵我众，益笑党人痴。

其二

出山仍不乐，未返故园时。林岫应相笑，苍天吾岂欺。简囊羞短剑，藏穴护新诗。有约归潮日，图存笔墨痴。

墨山访址 甲申重游

不觉生处高，上有万壑争。潺湲如可即，欲问芦蒋声。

其二

岳力偏幽最，平遥眼一新。得从烟月望，拟作钓江人。

铁牛庵下忽不喜往

僧汲水声处，旋归未掩关。喜寻黄叶湿，已度夕阳间。

玉门望狮子峰用旧作四韵 <small>甲申重游</small>

前游余怆在，霜月况同时。世益麇麋骇，生为神鬼欺。九州浮一影，残梦续新诗。视彻余生淡，悠悠吾岂痴。

其二

屡望高难到，前冬一杖时。分明霜雪苦，逼侧虎狼欺。芒屦仍潭水，石函尚小诗。只今肠可断，翻笑昔情痴。

恋响台 <small>甲申重游</small>

平接上峰去，忽从林莽颓。奇情供一径，并送此中来。

由恋响眺一奇石而上同夏叔直援石曲折遂得方址岿然可台
<small>甲申重游</small>

身随落叶高，足尽奇响力。同是一潺湲，泉端不可识。

晓同叔直出寺拂读朱菊水所携谭友夏岳记 <small>甲申重游</small>

登径惊林泉，知有高人址。昨宵话霜月，寒河固盈耳。星光问吟啸，松根想屐齿。是日青天高，一石映绿峙。朝暾不敢惜，白光满蘋芷。夏子发笑言，循池累径此。似有神护蔽，珍重以需子。遥秀岂敢蒙，道孤无出美。勉以答古人，双影恋流水。

涌几 <small>甲申重游</small>

大拗而下，平桥丛石间觉有异。已忽两石临水，下石承上石，旁壁顶覆，可度可登。予命人为级，穿折于肩肘之间，擤度裂处，顾其逼郁，尚以翔移为苦。造形以来，悠悠者谁望而目之?. 则经此者又可知矣。举酒酹石，貌以涌几。今往后来，游览相积，风雨苔藓之所不忌，则此石其传也已。时崇祯甲申阳月望后。

旷古登应少，问之石不知。此山初得主，于岳觉增奇。叶动鸣泉处，桥寒亭午时。有来争胜概，初莫突西施。

纵马三十里晓及樟木市大江寒流荒崖野艇 出岳

霜山晓气下连江，水影寒花的的双。清绝不知乘一羽，遥天似有碧云幢。

分寄方广避乱诸缁侣 寄岳

岳云三尺雪一尺，烂木枯根焰不生。曾记冻僵双足重，诸师许我入山深。

其二

屡逢虎迹如牛掌，晴日鸣风森晚潭。自喜林敲山石碎，百灵能识我无惭。

其三

烧尽山中猫竹箨，特教瘦土发龙材。可怜春雨腾青削，曾此萧萧风雨哀。

其四

麋晨鹊夜昼䴔鹕，足覆寒裳听未休。此自答恩还圣代，山僧莫只话惊鸥。

其五

有土不容双足入，冤亲寂寞得山僧。若为一衲寒钟底，却解人间剑侠能。

其六

两杖携归意暗交，铿然岳石许晴敲。时艰未靖羞神力，风雨何当补一巢。

其七

螺鬖万叠青难已，缕缕云来森自平。中有人煨山芋熟，破烟却喜杖来轻。

其八

饥将觅食无方向，饱我山中瓜果根。一片寒香入骨里，直令清绝是师恩。

《岳余集》全书终

忆得

述病枕忆得

　　崇祯甲戌，余年十六，始从里中知四声者问韵，遂学人口动，今尽忘之，其有以异于彀音否邪？已而受教于叔父牧石先生，知比耦结构，因拟问津北地信阳，未就，而中改从竟陵时响。至乙酉乃念去古今而传己意。丁亥与亡友夏叔直避购索于上湘，借书遣日，益知异制同心，摇荡声情而櫽括于兴观群怨，然尚未即捐故习。寻构鞠凶，又展转戎马间，耿耿不忘此事，以放于穷年。昔在癸未春，有《漻涛园初刻》，亡友熊渭公为序之。乱后失其锓木，赖以自免笑悔。戊子后次所作为《买薇集》，已为土人弄兵者劫夺。此后则存《五十自定稿》中。凡前所作，所谓壮夫不为，童子之技也，然恶知今之果有愈于童子否邪？昭公既壮而有童心，抑不自知其童，况老而自知之智衰乎！今年病垂死，得友人熊男公疗之而苏，因教予绝思虑以任气之存去。顾思虑非可悬庋之物，寄之篱间壁上，无已，从其不为心桎者，因仿佛忆童年至丁亥诗，十不得一而录之。乃以知余之未有以大异于童子，而壮夫亦奚以为？敕儿子勿将镜来，使知衰容白发。

　　岁在丙寅末伏日，船山述。

忆
得

乙亥

中秋里人张镫敬和叔父牧石先生

　　谁倚笙歌闹九衢，绛云深处有金枢。鸾回碧汉临明镜，龙向江天护宝珠。旧识东风开火树，新从西爽醉芙蕖。落梅莫诧行歌好，天竺香飘桂影疏。

丙子

荡妇高楼月

　　白云不觉飞，但见月东去。碧海漫迢遥，瞥眼多疑误。妾梦恋金微，君今在何处。

黄鹄矶

　　汉阳云树色，倒影入江流。海气东风合，秦云晚照收。仙踪疑费吕，霸气想孙刘。我欲骑鲸去，无心问蒯缑。

丁丑

初婚牧石先生示诗有日成博议几千行之句敬和

闲心不向锦屏开，日日孤山只弄梅。冷蕊疏枝吟未稳，愧无《博议》续东莱。

夏日读史曳途居闻松声怀夏叔直先生

高斋永昼送清喧，别巘微凉透柳轩。潮水孤琴传海岛，中峰长啸发苏门。涟漪碧浪摇云气，环佩天风动月魂。自彻冰壶消暑色，不劳河朔倒芳樽。

己卯

匡社初集呈郭季林管冶仲文小勇

我识古人心，相将在一林。以南偕雅龠，意北任飞吟。莫拟津难问，谁言枉可寻。良宵霜月好，空碧发笙音。

刘子参计偕北上便寄奚中雪

得第总如君，吾将复论文。老生悲管辂，童子悔扬云。《硕鼠》江南咏，《清人》河上军。天人如献策，莫但颂临汾。

庚辰

送伯兄赴北雍

高堂有老亲，明庭无直士。兄勿悲乙科，行行念欲止。二月暄气新，帆影度红蕊。岸柳荣柔荑，归雁识沙嘴。舣棹秦淮曲，齐赵接方轨。微生岂蜗缩，夜梦常飞驶。贫贱负春晖，刊落早摧萎。非无挽辂心，方抱负鼎耻。吾兄承明诏，虎门登胄齿。纳约可自将，因之荐贰篚。愚心进慰藉，良遇原非诡。禄养匪亲心，道泰情所倚。北过河济郊，白骨纷战垒。连岁飞阜螽，及春生蟓子。盈廷腾谣诼，剜肉补疮痏。痛哭倘上闻，犹足愧诺唯。持以慰亲忧，勿为歌《陟岵》。浊酒方在尊，离亭望伊始。珍重清湘流，芳桃濯锦水。

月下步春溪樾径抵金钱冲访季林因与小饮

青藤漏月月如丝，一径霜华涧草滋。夜打酒家门未起，寒梅惊落两三枝。

辛巳

澥涛园初构种竹环小轩杂植花卉盛夏遂已成阴逌然有作

松影借邻院，寒涛亦自清。因兹知物理，随意得山情。书卷绿光入，衣裾香露生。他时夕吹合，渐可送秋声。

壬午

上蔡威函先生 先生讳凤，以比部郎钦恤楚刑，征文课，枉见特奖，期于鄂城相待，诗以志感。

天下方凋落，物情感一春。自公衔帝命，万里无冤民。法律时方亟，《诗》《书》道易宾。秋官非击隼，司寇重书麟。泣罪车方下，谈经志已伸。沿湘行采采，刈楚已萋萋。自省虫吟苦，方含彀语淳。时名心未许，古学世多瞋。鹊抵空林玉，蜗荣篆壁银。成弘愁泛驾，郑卫忍横陈。一顾盐车汗，如逢纵壑鳞。从兹登作者，不复叹幽人。笑语仙舟洽，吹嘘锦字频。所期良郑重，自警敢逡巡。报命归天阙，含情记汉滨。方期收国士，益用广皇仁。未觉颦眉妒，还疑织素新。白蘋秋色里，试问采莲津。

黄鹤须盟大集用熊渭公韵

古人已往，不自我先。中原多故，含意莫宣。酒气撩云，江光际天。阳鸟南征，连翼翩翩。天人有策，谁进席前。

舟发武昌留怀熊渭公李云田王又沂朱静源熊南吉

武昌官柳旧森森，汉北青峰落日衔。风起一江千叠水，云低两岸半收帆。难忘清赏皆成恨，欲敛归心未易缄。渺渺湖光千里白，漫随南雁望霜函。

铜官

湘近波千缬，湖余势一青。自然成气象，终古幻苍冥。影转帆随曲，苍来岸落汀。正余吟兴好，新发洞庭舲。

刘杜三驰书见讯书尾以歌者秋影见属答之

君有清歌付雪儿，遥将红豆寄南枝。海棠漫倚西川锦，自是无诗到李宜。

寿锡山高太夫人

惠水清泉沁玉肥，灵苗春长润芳菲。四朝型典征彤史，七泽文章戏彩衣。聊采松枝擎五粒，敢因带草拜双闱。传家忠孝师门事，宝婺流光护紫微。

朱亭晴寒寄小勇

小水无瀓波，孤山无峻质。岳势以麓增，湘流以蒸匹。而庐其下人，矧可无良昵。江皋轻别子，向北背寒日。良由亲发颁，觅禄古所述。两桨系涧流，遥山正荒出。野烧乱夕晖，密迩孤麖逸。眷言思君子，欲语衷非一。亲老复善病，旦夕倚苓术。有兄姜桂性，以恶为仇疾。岁尽怀征人，向晓霜风栗。父兄或强欢，母泪时已滴。弃家从万里，羞与达者骘。时望冰霜晨，或于腊元吉。屐响扣柴门，就之课稷秫。庭间人迹少，借以慰忧恤。屈伸自天存，离合见疏密。怜此行者情，敢不拜诚实。

癸未

上举主欧阳公

阳六律，阴六吕，能节众乐音，不能使众乐举。呜呼乎！三苗未格七政乱，支祈横流夷羊舞。圣人拊髀命后夔，笙钟雷鼓悬笋簴。夫也身为君山斑纹竹，吟秋风兮江之渚。非无仰登东序心，湘一湄兮汉一屿。遥闻期我海峤音，夫子实弹方子琴。顾我将欲刺船去，覆容与兮跻我于竦峙之危岑。是时秋月照黄鹄，哀弦一弹废众吟。师度江兮夫归岳，西风木叶江烟邈。自幸不奏《郁轮袍》，但侍延陵陈舞箾。蒸湘寒雨霜叶飞，口不言思心自觉。流者匪湘峙匪衡，高深因师失其卓。彼一时兮楚之陲，此一时兮吴之涯。浮沙涌雪北风烈，何以使我忘饥疲。与闻仙乐鸣云际，振彻凡耳清心脾。亦曾闲蹑七十二峰螺黛顶，至此若遂失峨巍。呜呼乎！敢不自珍以答师，周豳《雅》兮汉《铙吹》。扫天狼兮长彗，舞《九辩》兮云旗。明堂玉简从封禅，方今圣人待者谁？《九韶》再奏两阶羽，孤鸟有情唯凰知。

欧阳公招游龙沙同刘曲溟周二丕泊齐年诸子寺有汤临川手题即用为起句

池开沙月白，门对杏榆清。墨脱蜗盘重，木乔鸟峒深。昔贤传雪泛，久旅爱冬晴。离乱集师友，兹游未可轻。

元日泊章江用东坡润州韵

闲心欲向野鸥参，更听鱼龙血战酣。何事春寒欺晓梦，轻舟犹未度江南。

其二

为爱夜来归梦好，扁舟稳趁落梅风。章江门外波声急，却在芦根雁影中。

舟止

舟止石碛西，树出石峡里。欹望树梢眠，船下长春水。

江行代记

余历冬春，自袁入章江，至南昌而反，改由吉涉云阳下渌水归。其间江水清浅，重山叠嶂，沙汀危石，断处即为州县，有足记者；不记，代之以诗。

闲携楚酒度吴干，薄醉征衣夜未寒。火耨有烟能淡日，水舂成响即惊滩。江村饷客鱼虾最，稔岁逢舟稻麦宽。何事孤城鸣夜杵，停舟未遣梦魂安。

其二

滩声惊报榜人喧，疑有飞涛溅雪翻。不谓峡流争一线，徒教小艇转双门。水名幸在留孤影，岸木难支倒挂根。客梦莫矜江汉永，原因幽险积乾坤。

其三

袁州孤塔未全奇，突兀遥从两岫为。石笋何干香火事，仙坟漫遣古今疑。黄扉盛日移桥柱，山贼前时犯女婢。拟问文坛多辨客，家山莫被野人欺。

郭外一石笋，郡人以神事之，可笑。分宜移桥于苏州，袁人之言也。袁天纲墓在真定，而指宜春台为其坟迹者，郴桂贼掠袁而郡人张皇报功。张尔公以好辨名，其郡事不与辨正，聊一笑之。

其四

临江朱橘满汀洲，长写葱苍两岸秋。为客具知根叶主，此乡殊有稻粱谋。随舟委曲连千树，负郭团栾饱一州。莫赠莫厘峰下客，吴姬眉黛不堪愁。

其五

冬严水落沙汀出，城市微明烟渚黄。贡水势经江水阔，吴天遥接海天长。衣冠阀阅从人借，庙社仙灵剧鬼装。莫笑吴侬归梦少，金堤频决井闾荒。

其六

章门巨浸喷空骄，许逊何当定沃焦。千载狂澜原未定，半池涸水太无聊。从来铁蚀龙珠畏，漫诧灯光蚁垤摇。传与东征妖赞画，横抛群鹅付狂潮。

> 许真君之说，野人语也。而吴江袁黄赞画征倭，谓平秀吉乃蛟精所化，请许斩之，浮五百鹅于海以厌胜，其妖悖如此。袁黄，世所称袁了凡也。

其七

洪都高阁接城陴，潭影闲云总未知。宗伯重书非二妙，中丞新建亦骈枝。韩公雅调谁当赏，管令狂吟早见嗤。何似龙沙沙一曲，犹堪斗酒听黄鹂。

> 滕王阁接市檐，了无可观。解石帆中丞新修，亦不雅。董思白宗伯书王勃腐辞勒石。昌黎阁记高古而世不传，管元心正传令永新，有诗板笑之。

其八

虏兵入卫气骄横，归路庐陵屡夜惊。取次渚宫成贼垒，萧条淮北尽空城。家山近望怜征雁，溪路含愁听早莺。还恐南枝栖不稳，晓来星影射长庚。

九砺之一

> 贼购索甚亟，濒死者屡矣。得脱匿黑沙潭畔，作《九砺》九章，"九"仿《楚辞》，"砺"仿宋遗士郑所南《心史》中诗。自屈大夫后，唯所南《心史》忠愤出于至性，与大夫相颉颃。愿从二子游，故仿之。大乱后尽失其稿，仅约略记忆其一，缘从贼者斥国为贼，恨不与俱碎，激而作此。

父母生汝身，苍天覆汝上。土枭甘母肉，欲啼心已丧。利剑不在手，高旻从汝谤。一闻心已寒，屡听魂空漾。诉天求长彗，一扫云霾障。回问汝何心，面目还相向。不见汝妻孥，昨夜归贼帐。昏醉白日中，哀汝萍随浪。陆地而行舟，寒浞夸其荡。雌剑不发光，摩娑气益壮。

寒雨过台原寺逢夏仲力下竹举濛不得语仲力授以絮因赋二诗 <small>以下五首曾刻入《岳余集》，字句互异，今两存。</small>

匿影此郊原，相看两不言。无衣度霜雪，多难悯乾坤。泥重芒鞋涩，云浓席帽昏。更愁从此去，托足向何门。

其二

得絮不云暖，此情君自知。主忧臣未死，形在影难欺。绿草华山带，高楼燕子枝。谁言身未嫁，萍梗任风吹。

闻郡司马平溪郑公收复邵阳别家兄西行将往赴之

微生一日一虚生，为惜鸿毛死亦轻。但使土门能破贼，不教李蓥负真卿。

月中晓发僧俗送者十三人皆泣下感赋

惜别从今日，相怜已有时。蹲鸥分一饱，鸥鸟不吾欺。共对郴州月，原无凝碧诗。感兹昵我众，益笑党人痴。

其二

出山仍忍泪，未返故园时。匝地谁堪问，高天吾岂欺。青鞋随短剑，丹穴护新诗。欲向潭龙说，多情一味痴。

甲申

武冈道上人采青蒿而食时春尽向夏弥月不雨怆然有作

一掬野蒿春，刀兵剩此身。晴光频射目，苗气不怀新。乱定兵难戢，年丰国尚贫。苍天知近远，欲问已含颦。

逢明王孙邀同冶仲小饮观伎即席赋赠王孙名裡黎书法妙绝精禅理比以请兵平乱几死于贼

王孙初脱乱离安，歌舞烧灯夜未阑。前日腰间藏宝玦，如今尽与外人看。

其二

李长者翻千佛偈，赵吴兴仿二王书。拟君双绝终难匹，报国屠龙誓舍鱼。

东安得欧阳叔敬弟诗见忆赋答

古人性为情，今人口其耳。生今愧古人，与子同所耻。南来泛孤舟，含愁睨江水。八桂悬天末，落叶随所止。蓬心延北望，中夜剑光死。谁能怜哀歌，击筑悲宋子。读君尺鲤书，珍重念行李。中云侧理满，未尽心纷诡。击楫意不伸，巨浪终难弭。草檄颖易秃，奋袖臂欲痿。夕风摇霜树，南雁鸣汀沚。勉矣恤初心，千秋眷力始。

霜度函口 *此首曾刻入《岳余集》，字句小异，今两存。*

坠叶满征衣，径草试霜色。从知山川美，足敌风尘力。初暾峰紫摇，浮空映苍植。似可就奇光，问之求羽翼。

将营续梦庵登双髻峰半访址

不觉登处高，上有千嶂争。下方平似水，拟买钓舟横。

过铁牛庵忽不欲入 此首曾刻入《岳余集》，字句小异，今两存。

僧就水声汲，旋归未掩斗。喜寻黄叶湿，已度夕阳山。

土门望师子峰用旧作韵 此下三首曾刻入《岳余集》，字句小异，今两存。

前游余怆在，霜月况同时。世益麈麝骇，生为罔两欺。九州浮一影，残梦续新诗。长向烟云卧，潭龙似我痴。

其二

回望高逾甚，前冬一杖时。孤幽霜月苦，逼侧虎狼欺。芒屦仍潭水，石函尚小诗。只今肠可断，翻笑昔情痴。

恋响台眺一奇石而上同夏叔直缘石曲折又得一址岿然可台

身随落叶高，遂尽奇响力。同是一潺湲，泉端不可识。

晓同叔直出方广寺步洗衲池读朱菊水司寇所镌谭友夏岳游记
此首曾刻入《岳余集》，字句互异，今两存。

曲径纡幽光，知有高人趾。昨宵话寒河，清赏摘云髓。弱篆念杖藜，茸苔想屐齿。日出寒烟收，一石俯清泚。朝暾不相舍，历历字可纪。夏子发笑言，循池屡经此。似有神护蔽，珍重以须子。山川无秘惜，今昔相炊累。何以答古人，双影恋流水。

涌几勒石　此首曾刻入《岳余集》，题下多小注，诗异一字，今两存。

旷古登应少，问之石不知。此山初得主，于岳觉增奇。叶动鸣泉处，桥寒亭午时。有来争胜概，莫更突西施。

乙酉

堵牧游先生登岳拜二贤祠于方广垂问余兄弟避贼处将往寻访山僧以道险止行至郡以新诗见示感赋

轺轮鸟道嫩蒲分，岳气相迎一片云。忠孝去天原咫尺，山川与道互纲缊。先贤梦授《河图》秘，南国将评《九辩》文。独向孤峰怜破壁，雪中踪迹混麇麚。

堵公以黄石斋先生礼问石刻垂赠纪公补庐先墓事有桐华之应诗以纪之

当世道谁尊，川流赴海门。鼎钟勒至性，草木识亲恩。上相墨衰绖，中原黑瘴昏。抡才将报国，惟孝塞乾坤。武陵自署文昌上相。

耒阳曹伯实翁丈招同陈耳臣广文访杜少陵故墓

孤城斜日射荒丘，华表苍烟对荻洲。郢树秦城悲弟妹，天清野旷吊孙刘。伤心素旐陈涛恨，回首寒砧白帝秋。莫向江湖怨飘泊，人间还有水西流。

续梦庵拈岸侧桃花示慈枝庵主

当春尽与试铅华，耀日烘云射晚霞。是水是根揎掇就，天台有路不曾遮。

刘杜三将至于前溪渡题画扇见寄赋答

野渡寒云乱,冬郊草尚青。停车随雁阵,寄梦到渔汀。卧病逢摇落,闲愁半醉醒。明朝相劳问,时事不堪听。

丙戌

送李天玉以广文行邑令之临武

湖上已无家,蛮方且放衙。驱车随草线,欹枕看荻芽。望幸云空绿,挥戈日易斜。向南连岭海,一访葛洪砂。

盛夏奉寄章峨山先生湘阴军中

戎车六月正闲闲,救日朱弓向月弯。铜马已闻心匪石,巴蛇敢恃骨成山。中原冠带壶浆待,闽海丝纶榮载颁。师克在和公自省,丹忱专在念时艰。

绝句

千丝垂柳出红墙,带雨和风卸影长。何事向南吹不了,翠华天半隔潇湘。

其二

名花珍重试芳丛,白酒朱旗醉晓风。近日园亭荒总尽,百钱买得一窠红。

其三

今日不雨云崔嵬,明日不雨霞成堆。野人无事向天哭,巡使能驱太乙雷。

其四

无酒为欢且自赊，重重画地作交叉。垆头瓮口向天笑，可许将侬去煮茶。

其五

历乱汀洲发水莼，朱朱白白似春丛。归鸿自许能成阵，霜叶还愁不耐风。

其六

画土分沟不在多，一俱胝地有银河。门前鹞子掠檐过，乳雀还争越燕窠。

丁亥

丁亥元日续梦庵用袁石公韵

峰端悔不斸青畦，偕隐学成断尾鸡。臣朔无聊饥欲死，太常有恨醉如泥。烧琴天道原烹鹤，徙宅痴肠反忘妻。才得悟头魔已过，恰如春尽子规啼。

其二

银地堆螺粉画畦，冻云如瓮锁醯鸡。湖阴日报翻红浪，岭外空闻授紫泥。不遗蛛丝萦蝶梦，已拚鹤子付梅妻。自拈黄叶当窗笑，谁止门东索饭啼。

祝融峰

斗气玉衡分，擎空几片云。湘流随隐见，海色接缊缊。细草孤根缀，危亭湿雾熏。下方烟一缕，钟磬未全闻。

飞来船

偶然一叶落峰前，细雨危烟懒扣舷。长借白云封几尺，潇湘春水坐中天。

石浪庵赠破门

潜圣峰西携杖来，龙腥犹带古潭苔。祝融瞒我云千尺，持向吾师索价回。

又雪

西山晴踏已经旬，又破芳菲二月春。尽束千眉输晓色，闲将片影问天钩。当檐乳雀撩虚白，傍砌桃花识苦辛。定里莫矜银地好，天涯弥望长卿贫。

上湘剧饮阳山公宅上同李广生洪伯修龙季霞山公郎君郑石夜分归宿蠡庆庵月上有作

长歌短剑负双轮，绿醑红灯尽一旬。昨夜隔江春半雨，去年草阁小寒身。夷门有酒谁浇墓，破壁无家惘问津。燕子衔愁消未得，相留莫待落花晨。

淫雨弥月将同叔直取上湘间道赴行在所不得困车枈山哀歌示叔直

天涯天涯，吾将何之？颈血如泉欲迸出，红潮涌上光陆离。涟水东流资水北，精卫欲填填不得。丰隆丰隆，尔既非兕抑非虎，昼夜狂呼呼不止。牵帅屏翳翻银潢，点滴无非蜜血髓。行滕裹泥如柿油，芒屦似刀割千耳。两人相将共痛哭，休留夜啸穿林木。自有生死各有乡，我独何辜陷穹谷。残兵如游蛋，馈帅如骇鹿。荒郊无烟三百里，封狐瘦狗渐相扑。但得龙翔乘雨驾天飞，与君同死深山愿亦足。

萧一夔邀饮桐阴听叔直弹渔樵问答

破壁能容得，开尊复屡邀。云飞随鸟度，雨定看虹消。偶尔蠲幽怨，相将慰寂寥。冰弦聊此日，随分谱渔樵。

放杜少陵文文山作七歌

我生万历四七秋，显皇膏雨方寸留。圣孙龙翔翔桂海，力与天吴争横流。峒烟蛮雨困龙气，我欲从之道阻修。呜呼一歌兮向南哭，草中求活如猬缩。

风霾蔽天白日昏，今春别父而分奔。临行忍泪相劝勉，虽死不辱犹生存。前年抗贼受羁困，今者托足望何门。呜呼二歌兮肠寸断，白发扶杖苦惊窜。

吾母鞠我过母长，辛苦免我于羸尪。去年哭妇泪不燥，菜羹谁煮药谁尝。况闻饿贼恣掠夺，行采草根充馁粮。呜呼三歌兮吾食粟，难寄一粒供母粥。

有兄有兄伯与仲，时人误拟等三凤。伯兮南奔仲潜伏，化为醯鸡营醋瓮。君亲恩重报不得，天涯生死如春梦。呜呼四歌兮音问绝，独向湘山听鸣鹧。

有妻有妻哭父死，匆匆藁葬埕如蚁。寒食谁浇一碗浆，墓木难留片枫紫。翻令妒汝去此速，不饮湘江腥血水。呜呼五歌兮思前冬，岳潭随我狎蛟龙。

有子有子头如拳，母死不哭痴笑喧。天崩地裂不汝恤，其生其死如飘烟。古人刀头觅决绝，我不能然付汝天。呜呼六歌兮幸不死，他日定知谁氏子。

洞庭翻波鼋鼍吼，倒驾天风独西走。回首人间镜影非，下自黄童上白叟。铁网罩空飞不得，修罗一丝蟠泥藕。呜呼七歌兮孤身孤，父母生我此发肤。

《忆得》全书终

姜斋诗剩稿

姜斋诗剩稿

五言古诗

戊戌岳后辱戴晋元见访今来复连榻旃檀口占五古一首

我居双髻峰，峰云尝相护。云里忽逢君，不畏潭龙妒。荏苒十八年，梦中时一遇。今昔非有殊，须发徒苍素。譬如云隙月，随处时偶露。不知东升乌，何有西沉兔。明明双眼孔，谁者为新故。薪易火居然，千秋为旦暮。同君宿郊庵，四目还相注。回看双髻云，南飞绕湘树。

示侄孙生蕃

忘却人间事，始识书中字。识得书中字，自会人间事。俗气如糨糊，封令心窍闭。俗气如岚疟，寒往热又至。俗气如炎蒸，而往依坑厕。俗气如游蜂，痴迷投窗纸。堂堂大丈夫，与古人何异。万里任翱翔，何肯缚双翅。盐米及鸡豚，琐屑计微利。市贾及村氓，与之争客气。以我千金躯，轻入茶酒肆。汗流浃衣裾，挐三而道四。既为儒者流，非胥亦非隶。高谈问讼狱，开口即赋税。议论官贪廉，张唇任讥刺。拙者任吾欺，贤者还生忌。摩肩观戏场，结友礼庙寺。半截织锦袜，几领厚棉絮。更仆数不穷，总是孽风吹。吾家自维扬，来此十三世。虽有文武殊，所向惟廉耻。不随浊水流，宗支幸不坠，传家一卷书，惟在尔立志。凤飞九千仞，燕雀独相视。不饮酸臭浆，闲看傍人醉。识字识得真，俗气自远避。人字两撇捺，原与禽字异。潇洒不沾泥，便与天无二。汝年正英少，高远何难企。医俗无别方，惟有读书是。

七言古诗

大云山歌 <small>为熊畏斋社戚翁六秩寿</small>

湖山之高云山高，朱鸟回翮蟠云翱。群仙握符顾九宇，翩然来下挥旌旄。我闻石笈金扃在峰顶，绿苔不掩珠光炯。迩来六百四十六春秋，紫金液老三花鼎。鼎里刀圭人不识，悬待其人烹太极。静如止水暖如云，即此金壶贮春色。我欲从之君许否，愿酌红泉为君寿。松云萝月数峰前，玉露凝香挹天酒。

七言律

重过莲花峰为夏叔直读书处

山阳吹笛不成音，凄断登临旧碧岑。云积步廊春袖湿，灯寒残酒夜钟深。河山憾折延陵剑，风雨长迷海上琴。闻道九峰通赤帝，松杉鹤羽待招寻。

同欧子直刘庶仙登小云山

青天下镜倒晴空，战垒仙坛碧万丛。终遣屈平疑邃古，谁从阮籍哭英雄。大荒落日悬疏槛，五岭孤烟带远虹。独坐上方钟磬里，消沉无泪洒羊公。

寄怀陈耳臣兼怀安福陈二止

猴山月榭梦中秋，疏雨湘波一寄愁。老大乾坤添戏局，萧条风月识中流。维摩香饭聊长饱，鲁壁哀弦未易酬。为访华山酣睡客，可容长笑指神州。

春山漫兴

千心一病总消除，随处中原且卜居。余草舜根堪药裹，安流禹治付苍书。枕函带梦花阴徙，钓竹过春筱尾舒。雾眼能留临曲沼，桃花虽谢长芙蕖。

五言绝句

挽烈妇廖周氏

冒刃扶姑命，躯残刃折芒。至今荒冢里，赢得血痕香。

七言绝句

悼亡四首

十年前此晓霜天，惊破晨钟梦亦仙。一断藕丝无续处，寒风落叶洒新阡。
读书帐底夜闻鸡，茶灶松声月影西。闲福易销成旧憾，单衾愁绝晓禽啼。
生来傲骨不羞贫，何用钱刀卓姓人。撒手危崖无著处，红炉解脱是前因。
记向寒门彻骨迁，收书不惜典金珠。残帷断帐空留得，四海无家一腐儒。
《姜斋诗剩稿》全书终

姜斋诗分体稿

姜斋诗分体稿卷一

五言古诗

广哀诗　序　辛酉

追平生交游凋替之频仍，老栖岩谷，惟病相耦而已。夫之自弱冠幸不为人厌捐，出入丧乱中，亦不知何以独存。诸所哀者，或道在死，或理不宜死，及其时相辏会，以靖其心，以安其命。而不肖独参差孑然者，蒄论箴古，即告语亦杜口矣。德业、文章、志行，自有等衰，非愚陋所敢定。抑此但述哀情，不以隐显为先后，因长逝之岁月序之。杜陵《八哀诗》，窃尝病其破苏李陶谢之体，今乃知悲吟不暇为工，有如此者。

熊文学霖　字渭公，黄冈人。癸未武昌陷，赴通山王府莲池死。

黄鹤高楼秋，酹酒邀江月。当时慷慨人，茌苒埋白骨。子静如凝冰，心警言愈讷。示我濂溪莲，清池喷秘馞。寻芳诚有径，可造众香窟。勿用学秦观，眉山同汨没。生死四十秋，奉此为津筏。欲言人不知，时语唐端笏。轼淫辙怀愿，如彼妖星孛。浮采悦初机，驰骤赴颠蹶。我友片言存，步趋力苦竭。辕驹惭蹭蹬，赖此相恤勿。况子非空言，高节峙突兀。皎洁秋泉清，荷沼幽香发。谈笑涵碧流，临难无仓猝。三楚二千里，降贼竞崩厥。妖狐媚益工，封豕尾益揭。谁为传幽贞，金管勒丰碣。

文明经之勇　字小勇，丁亥蓝山遇乱兵死。

雷雨动新竹，兰若灯影摇。波光闷寒帷，论艺终长霄。握交亦有始，耦俱立清标。平塘涵双影，归鸟相迎邀。遂及木叶秋，鄂渚雄风骄。睥睨万里江，银涛簸岩峣。北望黄金台，郭隗时见招。丧乱悲公子，山川间渔樵。九疑哭湘灵，归魂识鹏妖。颈血诚有托，何必非松乔，所憾委荒草，未能生蕙蕘。商丝既中绝，朱弦谁共调。

大学士章公旷　字于野，号峨山，华亭人。赠华亭伯，谥文毅。丁亥死事于永州。

钓舫泊湘阴，痛哭波声撼。灵旗闪宵空，湖风卷荻葵。归来卧荒山，泪堕杨花糁。公子相向悲，北云仍黯黮。相送旋吴淞，生计益惨淡。国亡家何有，知公无回览。凄凉任东里，徒增孝标感。忆替侍暑坐，萧斋题认胆。血汁溅千秋，岂翳一时感。书生言无私，微语公但颔。既忧夏屋敧，复念春饩唅。因之荐狂言，屑尔勤铅椠。覆败愚所知，同舟自汶暗。从公骑箕尾，戢志填泥涵。尚口既穷《困》，群心故习《坎》。塞臆奄颓龄，坐视皇天憯。

夏孝廉汝弼　字叔直，己丑避宁远山中，幽愤而卒。

百言无一知，知者还荏苒。君心虽狷急，良志固不俭。赪面争危疑，张目视柔谄。莲花峰顶云，万片苍绿染。朱张入清梦，听者或疑魇。践之以孤游，九死无怍歉。鲸鲵播狂涛，游鱼皆溃涿。缥缈车驾山，哀歌凌绝巘。一从斯人没，大造生皆忝。群族纷进前，何者堪一睒。鲁郊无生麟，投笔置褒贬。

太傅瞿公式耜　字在田，号稼轩，常熟人。庚寅留守桂陵，城陷死之。

公死天下知，不借青史字。携手江陵公，同归钟山侍。从来乱贼臣，未必安篡弑。迟回须臾间，俄顷千尺坠。追惟别公时，砌草承履綦。白镝已飞攒，辕门犹鼓吹。不复问苍天，微闻责偾帅。冬雷层云裂，丹血飞霰洒。天怒自愤盈，公心如游戏。玉镜映练江，东皋荐藻地。清欢卜良夜，寸心托玄寄。后死非鄙心，全归夫何惴。孰知西台客，半向犬豕媚。道广固不谋，任物自醒醉。俯念奔行阙，孤洒忧天泪。声影不相即，荐剡已先至。遽上拂衣章，非敢为嫌避。去就容孤㪿，欢好益曲遂。脉脉有幽期，清苦函莲薏。矢之以盖棺，犹恐深怍愧。白日虞山心，悬光照薜荔。

少傅严公起恒 字秋冶，山阴人，寓籍真定。辛卯以抗孙可望被害。

天风号万木，不动独摇草。霾云蔽平野，上有白日杲。剪烛侍黄阁，良夕披怀抱。万里依岭云，倾心付肝脑。妒诼相嫌猜，亡命就猺獠。回首苍梧烟，雪涕长不燥。所悲违九阍，未忍矜四皓。魑魅不可群，非公言未早。终迷具茨驾，永恨田横岛。北海未先亡，灾精诇枯槁。剧哉莽蜂螫，谁辨食髓媚。公生固不谋，公死即善道。随地洒碧血，黄屋依羽葆。长笑睨吴霖，持兹谢金堡。南海珠还池，湘江清涤藻。太守贫而乐，方伯慈为宝。硕德及丹心，千秋足扬㩙。微生附宫墙，下交遗纻缟。长夜一永诀，余命遂衰老。猛虎负贞骨，幽眷知天保。精爽何所凭，吾其溯玄昊。

管中翰嗣裘 字冶仲，说李定国迎跸拒孙可望不果。甲午遇害于永安州。

昂毕南北街，牛女东西涯。分合各有故，精灵终不欺。之子自跦跙，吾生本钝迟。岳阴义愤激，崧台俯仰悲。雨雪封层峦，风潮荡绅绨。剪灯语自协，迷影闻者疑。驲宕吐丹虹，交映为雌霓。临歧一执手，毕命成参差。君速沆芷驾，白日照幽思。秘计誓蘘粉，吾君在忧危。子行固捐腔，吾聊忍攒眉。事左果致命，天坏难独支。哀哉负密约，非但泣长离。欲传幽蠠心，未许流欲窥。魂爽倘梦遇，落日回坤维。

李孝廉跨鳌 字一超，避山中，乙未卒。

昔从岭海归，未知慈日隅。毒痛息苟延，蘘粉报益窭。情知无麦舟，微望垂执纼。狂奔叩颡血，旁观争笑哂。车笠盟者谁，恩礼亦何忍。感君独雪涕，慰勉相援引。赤贫无炙鸡，觍缕谢不敏。白发侍孺慈，膳粥惟蔬笋。荼檗交相怜，存亡皆遘悯。君本酒人雄，飞扬越规准。折节从幽栖，嵚屼全玄鬓。劲羽难重铩，壮岁笃危疢。迢递阻重山，死别泪枯尽。周亲翻覆云，交道楼阁蜃。流目送归鸿，杜口结寒蚓。

欧阳文学惺 字叔敬，于予为中表兄弟，少予二岁。丙申溺湘水。

漾漾湘江波，逝者悲相接。哀哉王延寿，遂蹈鲛龙劫。与子总角交，中外有枝叶。樾馆覆新荑，春园飞绀蝶。对读渔樵书，倦整苎衣褶。万端片语存，千秋寸意摄。知予自清狂，规子勿拘怯。不然依陇亩，亦可舒眉睫。要之心所期，遂尔韵相叶。追忆无返魂，衿泪如新浥。同游有余子，变态纷重叠。合离生旦暮，背憎等婢妾。亦既叛幽冥，何因念腐鲰。书卷已萧条，人间无素业。

南岳僧性翰 丙申没。

畴昔天狼骄，窜身潭龙吻。蛰龙不我攫，亲旧但笑听。飞云护杖屦，匿影度岘嶝。侧闻莲花峰，去之云中近。缟素不相疑，泥滓为拭拭。羹芋或相贻，雪藟偶同捃。不足恤死生，依之全曲谨。往来遂频数，登眺蠲疾忿。杂心非谢客，妙悟异庞蕴。为有神骏赏，激扬忠愤隐。行歌方亢爽，社稷已齑粉。烧灯相向悲，坐待钟声殷。义旗同崎岖，偾败无郁菀。笑指楼阁烬，一如暮落槿。垂死犹致声，心魂尚合吻。潭云空凄迷，回望增悲悯。

郑生显祖 字忝生，襄阳冢宰公继之之从孙，予内弟也。从予学，略成文章。庚子夭。

莺花媚春日，荣光如新沐。送子归荒阡，独向杜鹃哭。瘴雨无冬春，寄身豺虎窟。天骄蹂秦关，降吏相迫束。我躬不自阅，念尔骈逾蹙。寒云凝席帽，扶携返幽谷。残书久零乱，缀拾授尔读。草线觅玄珠，顾笑多感触。危语相箴砭，长跽愿夏朴。念恤千金躯，毂羽自鸾族。太宰秉天钧，清忠传世笃。哀郢远泪征，洒泪岘山曲。天风摧弱草，坠叶悲乔木。为义不克终，清宵愧幽独。

管文学嗣箕 字弓伯，甲辰没。

飘摇岭海舟，瘴黑天风苦。君家令兄弟，回首阴野土。剥蟹吸甜雪，摘橘喷香乳。酒酹吊湘灵，湖海遥吞吐。忆出潭州岳，辛勤谢豺虎。死窜付谈笑，归计有酸腐。诛茅傍溪峒，慰藉脱刀斧。西归就蒸湄，接宇开蓬户。游倏时把钓，归雁有同数。紫蕨咀春膏，浊酒劳风雨。寂莫宿草悲，闭户夕阳坞。剪韭复何心，荒烟蔽春圃。

刘孝廉惟赞 字子参，祁阳人，避隐山中，丙午告终。

松石青鬣纹，危亭绿钱壁。遥怨空山空，深林锁幽阒。结伴逃天刑，数子争之砾。尘心中夜动，机械同墙阋。君死遂纷纭，君存犹愧恧。清名岂虚邀，道丧匿长戚。果然芳草萎，丛薄乱鸣鸠。念昔奔端州，与子相昂激。啮指痛不忘，破胆血欲沥。无能救倾厦，徒尔悲素蓍。纬恤各自知，墓泪但交滴。岂絷挟策游，亦冒沙中击。吾君鼎湖灵，赫赫自昭晰。盖棺事良难，后死心尤惕。清沼败荷孤，莲心函苦药。

青原极丸老人前大学士方公以智 字密之，桐城人。国亡披缁，称愚者智。字无可，一号墨历。壬子卒于泰和。

青原千里书，白发十年哭。遥问皖江滨，青冢何时筑？八桂歌笑中，狂简意不属。国破各崎岖，间关鉴幽独。相知不贵早，阅世任流目。遥讯金简峰，如搜禹书读。北山念张罗，秋水浴孤鹜。远舒摩顶臂，欲授金鸡粟。山心自别存，慈渡劳深祝。烹煮《南华》髓，调和双行粥。一意保孤危，为君全臣仆。螺江空杳霭，蠖屈方阻缩。缄此方寸珠，怡儗困幽谷。已矣无能宣，曾冰介乔木。

刘孝廉象贤 字若启，湘乡人，丁巳没。

虎塘清歌歇，败荷金风窜。游航栖绿蛙，过之肠已断。篱落牵牛花，朱碧纷斓漫。清秋自畴昔，独坐成浩叹。从来慎经过，酒坐尤扼腕。于君不惜欢，讵取簪裾乱。君非山巨源，我友嵇中散。知尔花下尊，无异柳阴锻。华胄亘长沙，赤社分炎汉。积累记云仍，珍重托月旦。一为《振衣歌》，悲响星河烂。从君冈幽壤，函情罢游玩。带甲终陆沈，青鬓垂银蒜。涟水自东流，何因返湘岸。

李孝廉国相 字敬公，避隐桃坞，戊午告终。

桃坞千树花，春风花乱飞。种桃客已逝，四海无春晖。夙昔恣狂游，不知交是非。亦有炫崖谷，岂但侈轻肥。心迹杂缁白，琴书挟阱机。亘天耀白月，乃知众星微。疾革无长语，翛然安永归。蓬径凝冰雪，幽香阀醽醅。俗客不敢哭，钦君建德威。送子清湘滨，湘皋有钓矶。钓竿空绰约，古今钓者稀。含悲临野水，湿云湮葛衣。悠悠万年内，与君愿不违。默塞无与言，归来长掩扉。

雪竹山道者智霈 ^{字茹檗，昆明人，本姓张，以乡举任衡山令。己未没于嘉兴之杨坟。}

弥天无洁士，匿者之莲邦。虽从肤发毁，犹异稽颡降。所疑耽乔宇，还欲建旃幢。丹霞来岭表，意气凌韩泷。金碧填顽石，熠耀杂宝釭。曾欲讯青原，刹竿当摧撞。埋心委泥絮，朽骨何轵葱。金钱来奚从，嗛食分鸧鹒。余腥为香饭，空有愧老庞。晚交雪竹山，澡涤清泠淙。经年断盐豉，长夜藉藁稭。破衲拥残火，松炬明纸窗。密语无标榜，率志捐杂庞。杨坟劳记剟，虚舟自离桩。一丝存暗淡，万古全愚蠢。忆师尹南岳，辛勤渡盘江。聊为存衣冠，非但脱矛钑。深夜偶追惟，荼檗茹满腔。不知飘然志，遂泛嘉禾舡。死诀不相闻，洒涕日千双。

蒙谏议正发 ^{字圣功，崇阳人，己未没。}

聚散心不属，人生岂转蓬。倾心与君吐，不畏多言穷。脱死诏狱日，妻子累清空。泉台闻此语，畴昔有苦衷。百战相出入，九庙函怨恫。愿君舍悲恋，奋气为丹虹。楚王有荒台，马殷有幽宫。志士千秋怀，灭散随春风。我狂君不忌，非但爱雕虫。投我漆园吟，点窜恣愚蒙。每与知者言，浊世孰昭聋。惟余船山叟，烟草吟荒蛩。羸病无芬参苓，奄息恐不充。岂期亚父憾，遽发彭城痈。太阿一销蚀，孰者知王融。萧条斗岭山，遗孤未成童。雏燕飞羚搋，暝烟沉蒙茏。谁能为荀息，只自悲翟公。迢递徒望哭，远岫迷霜枫。

唐处士克峻 ^{字钦文，己未没。}

往昔君梦征，欢笑为我述。宛如儿得乳，不忧复捐失。男儿生戴发，如戴青天日。自然心所安，于君见昭质。天情屡簸荡，君泪如泉溢。非无面欺客，心荼口自蜜。明珠与飘瓦，投我情难必。矧我鲜民悲，穷年自衔恤。垂涕述先子，婉娈视群侄。闲堂春燕飞，砌草剪容膝。磬折侍清欢，浊酒列茅栗。昊天无返照，从尔得委悉。寸草负阳晖，手泽无余笔。君复归泉台，流传谁得实。冰雪送空山，含愁长卧疾。

田家始春杂兴 癸亥。此三首湘西草堂旧刊入《七十自定稿》，曾刻本无之，今录于此。

灵雨润今兹，云光漾微温。参差春草生，曳杖行出门。仰视归鸿飞，有叟过我前。知从罢远游，庞眉返郊原。欲因问畴昔，微笑无与言。但云历冰霜，脆壤耕所便。春事相叹息，稚子促夕飧。行行不相顾，空林栖鸟喧。

其二

林表春鸟飞，高原冻已释。顾闻农人语，春事在旦夕。衣食亘中古，蠕动亦不息。风美草色齐，雷动土膏坼。天心及物理，往往见驱策。尊酒盈我前，长叹悲往昔。天地无终穷，徒为百年役。欲罢终不能，翛然定何适。

其三

旦驱黄犊出，暮驱黄犊返。视彼芸芸子，居然无夭损。寥寥羲农前，何者为混沌。耕桑起中古，戈戟迨衰晚。衣食无厌情，依依犹娬婉。偶从林下息，顾视春草满。腰镰行刈之，俄尔已盈畚。大化令自遂，物理故舒缓。无从问杳冥，滔滔道云远。

夕凉

微风自南来，庭树知不知。宿鸟得初凉，未欲迁高枝。白雨过西岫，余阴生暗滋。物情各憺忘，吾心定奚疑。

其二

银汉静不波，东升欲西流。微云时相即，暖若为绸缪。相去千万里，测之安可求。白发与青史，居然无所谋。

游仙诗八首

银阙皑精光，贝宫烂霞采。若木爇金膏，玉露垂蓓蕾。居然荣朓心，欲填贪淫海。玉山禾未登，青鸟啼饥馁。遥遥一相谢，去去勿予浼。夙志抗九玄，期以厌珍贿。沐浴西月清，晞发晃云暧。素魄无旁影，流霜涤微霭。别有清都情，浩劫无能改。

其二

刳心含大慈，剖脑藏灵剑。纵敛非世情，心迹无交歉。玄皇启元胞，素汞流激滟。空宇澹无垠，微尘忍相玷。画以银河流，天街成壁堑。胡然妖珥生，赤轮受污染。丰隆一默塞，壶女收光闪。青蛇不自忍，中夜喷紫焰。刳之在须臾，迟回愧多忝。鹤发非我终，千春此遥念。

其三

郭生探月窟，旖旎试缺规。颜公沐秋仲，箨叶离枯枝。微妙不可传，下士为哀悲。柱下爱衰鬈，乃欲守溪雌。青女铸神剑，婉嫕弄灵威。伤哉一相失，终古成参差。流荡桑田间，重访无端倪。玉京倘同游，将为二士嗤。来归何迟暮，春阳已后时。

其四

采药非采萩，中原无竞志。下士争虚名，谓尔多离跂。蛙怒人所哂，鹏飞鸠所忮。挥手碧霄中，为汝增惭恚。我有碧霞裳。殊彼纨绮制。披以吹羽笙，鸾歌遥相媚。迟回匆妙手，清瑟和遐思。鸣鵙喧春林，寒螿响霜砌。时序一推迁，微吟终古闷。所以旁皇游，九州求高寄。

其五

句曲为神馆，羽客玩云怡。位业序真灵，仿佛明堂仪。噌吰撞鲸钟，霞裳觐帝闱。下苏群伦灾，止谒元皇嬉。未测清玄心，徒为下土疑。犹然簪绂志，竿牍相诡随。末流纷营求，酒脯相煽欺。真宰不受哂，儒冠勿见嗤。尧禹从割裂，六经饰须眉。发冢珠未得，金紫纷葳蕤。桥门圜横目，白日杂魅魑。清都接人世，何庸拣妍媸。长笑谢姝媛，天钧无是非。

其六

紫烟为长斿，天毕为华杠。白月流明灯，驾言游绛宫。下视周与秦，居然相并双。中间若丝发，清浊分鸿濛。惜彼蠕动生，白日失昭融。昧昧趋末光，劫火焉终穷。我生亦衰晚，独然惊世容。刀圭纷黍米，幽炼信微躬。霄路何空宿，孤游无与同。宝诀存云笈，寄之南飞鸿。

其七

鲁生思蹈海，但以慁庸愚。徐翁践其言，翩然在须臾。飞涛立雪巘，竦岛迷烟墟。中为神皋宅，划绝咸阳都。东笑觳强弩，狂愤双鲸鱼。大泽有龙气，仟山闯灵珠。遥遥不相接，回望为欷歔。

其八

白日不在顶，金乌翔寸丹。世人慕春暄，不知黍米寒。历历明窗尘，银芽生阑干。大造使我生，定非泥沙抟。往者游都市，今来卧云关。持药欲赠谁，酒内耽盘桓。青门及黄土，咫尺相交欢。虽复澹忘情，焉能已长叹。不见蛟蜃城，璀璨凭危湍。

偶然作 乙丑

群芳歇朱火，凄然秋未生。零雨不知际，夕风已夙清。万感各欣悦，独心谁始萌。以兹烦郁蠲，测彼卉木荣。振魄领昭苏，敛心润华英。所以上古思，挥手谢屏营。

其二

灼灼檐际花，剡剡孤荣鲜。恻恻念幽独，遥遥历岁年。天涯杳层阴，楚山空翠烟。故侣久消谢，微芳仍弃捐。犹持三春姿，徒矜落照暄。顾眄无酬答，含心问高玄。

其三

凄阴闷华月，孤禽自南飞。寥寥山夕空，流云荡清悲。灌木非所息，故枝有因依。但闻嗷嗷鸣，不知心怨谁。天地自畴昔，遥廓将安归。

其四

昊气涤遥岑，温风变芸黄。明霞敛西晶，彴略飞朱光。群心悲中谷，顾我非尧汤，杨子临中歧，南北各有方。清露已载涤，游心息大荒。

其五

玉衡指天驷，河汉俯庭户。流先非永久，徒倚失躔步。四游有推迁，七政递新故。郧畴荐淫威，大泽起惊呼。汴流亏地维，并晋启戎路。羲轮倏隅中，原隰卷晨雾。物情或杳茫，达者良先悟。今我独奚为，疴首迟延宁。

石门有靖康勒字

历兹已非今，俯仰亘幽思。苍鳞叠薜萝，玄晕翳阴翠。仿佛靖康初，蒙茸帧崖字。南维壤犹平，东京道已坠。道坠情易伤，壤平地堪避。通轨达崇冈，岳径足遥遱。我行遂穷年，山川长危惴。湮沉岂终古，板荡犹不窨。恻矣旷古怀，伤哉孤游闷。

种瓜词 丙寅

荡荡青天高，摇摇春风度。绿草昨夕生，黄鹂鸣高树。所乘各有时，及兹理芸具。土脉既疏衍，灵雨时飞注。淑气不相违，良苗沰清露。

其二

藤花垂深紫，藤叶萋以绿。倚钽晒瓜畦，微蔓犹局曲。弱植养珍良，迟回念勤劬。微生终畅遂，哀哉劳鞠育。高天不再覆，长夜耿幽独。

其三

灵台无终塞，形开各有营。仰视归云飞，俯瞰游倏惊。玩物各天游，息心或外撄。瓜圃近檐际，胡为不可耕。

其四

江门披藤蓑，独钓南海滨。时时双鲤鱼。遥寄一丸春。北斗挹天浆，其味甘且醇。后来寻芳客，怅望桃花津。秋架收寒瓜，吾生幸未贫。

其五

夕岚息暑气，初月如浅冰。挥钽念亭午，炎日相熏蒸。暴秦翻天维，海水为飞腾。申公抱鲁诗，踌躇圣汉兴。清飙闶良夕，苍天终不能。

其六

　　流云过陇阴，瓠叶分深翠。雷雨喧昨夕，余润留青腻。羲农去已邈，风教逮晚季。搴裳欲问之，迢遥不相缀。独与蜉蝣俱，衣裳矜妩媚。宵虑不及晨，悲哉自亏替。

其七

　　瓜黄生始弱，瓜实叶初长。萤鹊两见欺，忮害疑天奖。对之长太息，羲皇结珠网。人物互相刑，不伤大造广。吾生安能然，在机遵物养。

其八

　　孟夏卉木荣，悠然念仲秋。瓜苦森在架，元化不为忧。鼓缶吹匏笙，引唇发清讴。采采秋兰芳，淫淫碧海游。凤苞扬云旍，鸾歌宴琼楼。顾瞻瀛海内，清风自温柔。萧条足骀荡，偓佺非所俦。

读史四首 丁卯

　　灵雨沐方春，油云护初晓。飘风良已济，薄冷还相绍。山气荣新英，天容澹归鸟。吾庐适在兹，因之群动宭。悠然百年内，感彼千秋表。旷世如相接，夫谁惜缥缈。

其二

　　夏鼎沉泗水，民气悲天伐。西郊无瑞麟，玉书孰与发。悠然南窗下，心情欲超越。夕阴敛西峰，徘徊露孤月。炯炯阅推移，寸意谁沦没。引绪既缤纷，何庸矜缄默。

其三

圜仪易昏旦，方轨殊越燕。南北既分驰，箕毕各回旋。靡草时已移，菁莪意将迁。居今念三后，遥遥历岁年。亘尔穷指薪，谁能挽逝川。精意谌不殊，勿惭异话言。

其四

亭亭天宇高，迢迢良日永。万汇竞纷动，流观自幽省。緘之穷谷深，孰测孤光耿。怡然抒幽独，取适从俄顷。精魂有去来，消沉从浮影。焉知陵谷迁，非余秋驾骋。

送伯兄归茔已夕宿男公山庄

涤涤高旻空，泠泠露叶脱。今古一萧条，海岳谁栖泊。微生既孤茕，四表仍寥廓。怨穷神自迷，天损性亦凿。荒荒寒日影，泯泯幽溪涸。言就幽人居，云何拯孤弱。

感怀　戊辰

种萱北堂下，采采及芳时。白露浥芸草，暂尔含荣滋。金石无久固，今昔有余悲。扳条既不夙，荏苒及凋衰。岂悲岁华暮，久视增乖离。广术横九州，高天幕四维。戢意独萧条，悠然当语谁。

孟冬书怀四首

森气收余曛，川原涤方夕。裴回弦月升，微映空林碧。颓龄畏清露，延赏情易释。流心及俯仰，凤志存咫尺。年力有屈伸，天度无迁易。何者为久存，居然安旦宅。浩荡虚明间，终古领天益。

其二

旧怀不可弭，新感复间之。秋气候已谢，玄天无需迟。木叶恋夕光，萧条依故枝。凭风无劲力，寒雨诅荣滋。根柯自畴昔，时命安足疑。所以壮士怀，摧落无推移。

其三

征鸟迅南景，惊麋弩中林。序改非所测，气至衷已谌。和霭不相即，去日焉足寻。微风静霜候，回照转东岑。宿草含余绿，抱暄栖岩阴。怡情俄顷间，资以舒悲心。

其四

玉霜息晃霭，珠雨候灵飞。良耜乐冬兴，土脉动宿肥。焉知负薪客，及此叹无衣。所嗟非固穷，所悲在愿违。禹甸弥九野，瀛海环中圻。悠悠日月迁，绵绵生理微。春气在近远，谁为惜芳菲。

翠涛将下武昌恭省昭王洎诸故侯园墓驰书留别因感怆赠送

广川杳无极，遥遥疑九峰。虞舜已千载，缭绕空云容。钟山崭天末，显陵冈苔封。颓垣长春草，寒食悲蛇龙。鸾族犹在兹，北轸眷杉松。我翼亦已剪，我行将奚从。融风荡江水，企望徒钦恭。宝玦深自藏，遗弓定谁逢。将予迟暮心，上彻青天重。怀哉羁孤情，徙倚亦奚庸。

《姜斋诗分体稿》卷一终

姜斋诗分体稿卷二

乐府

后行路难 壬戌

　　昔歌行路难，闭门谁知霜雪寒。君不见门户萧条任东里，茔上芜花坠红紫。空持颜面问旁人，相顾悠悠如逝水。丈夫有恩必有怨，五岳须臾起方寸。生子能如孙仲谋，张昭犹劝作降侯。何况六朝金粉客，晨越东阡复西陌。彦升文藻散寒烟，枯木不留霜后碧。酌君酒，向君笑，蜀道千盘皆陡峭。飞鸟啄屋无定方，安得金丹驻年少。

东飞伯劳歌

　　东飞金乌西飞兔，滕郎青女还相妒。春飞缓缓寒夜长，眉柳妆梅隔烟雾。石城何处问莫愁，郢树江云锁翠楼。碧天迢迢孤星出，锦衾绣凤悲双匹。画里彤云梦中雨，相待殷勤定谁语。

大墙上蒿　甲子

采药不采墙上蒿，食果不食路旁桃。青天幂历亘今古，安能嗜蜜而吮刀。我生之初，人无遐心；迨我既耄，视不移阴。哀哉！墙上之蒿，其何以任？白发垂颐，含心自知。不能见汝终零落，胡为顾汝而伤悲。涔蹄之水，可以活鲋。东海迢遥，谁为往诉？墙上蒿，浥晨露，聊尔青青旦复暮。

树中草

玉山有禾鸥皇饵，丹穴迢迢千万里。宁如飞蓬随风以飘摇，安能托根树中而枯死！仲尼适周，乞驾鲁侯。周道如砥，君子所由。室有妇人，酒浆为仁。庭有小子，缨缕为耻。凿坯作牖，其穴如缶。拥盖为屋，必濡其足。树中草，我欲拔汝树之峚山之阳、缑岭之岑，胡为徙倚而沉吟？荡荡九州，吾心安托？玄云如膏，灵雨如濯。树中草，空踯躅。

朱鹭　乙丑

朱鹭翔，汉道昌。朱鹭下，承天嘏。岐山未兴，飞鸿在野。哀鸣嗷嗷，弯弓欲射。朱鹭千年不复降，鹰隼横空掠女匠，蓬苕啾啾何所响？犹闻朱鹭饰雷鼓，我欲击之泪如雨。

君马玄

君马玄，臣马黄，相逐大道间，不知何马良。犛牛朱缨紫贝埒，臣马不如君马饰。驱车陇坂霜雪下，石级冰滑狸豺虎，四顾无人白日暮。

战城南

战城南，死郭北。顺高丘而望之，淫淫泪沾臆。春草不生磷火青，乌鸢回翔不忍食。东驰乐浪西钦察，中国健儿自相杀。即且蟾蛇气争轧，鲦鱼陈尸祭猵狙。生不成名死何补，白骨秋随腐草腐。化为蛱蝶扑人飞，棠梨风冷将安归？

艾如张

艾而张罗，黄雀丽之。鸿鹄顾笑，啾啾何为？生为樊笼死鼎俎，仰天悲鸣悔何补。博陵崔生绣文虎，强教鼯鼬作人语，九族何辜阴野土。

圣人出

朱草之茎珊瑚枝，醴泉香甘傍浥之，荣光渥溢流芳滋，于胥人心乐清嬉。人心谐，圣人出，我遥期之情欲竭。浮云敛空星光夺，中天亭亭上孤月。天不我知，我生有涯。孔甲抱图而翱翔，芒砀云气方凄迷。圣人出，何为期？

上邪

上邪！何意我今与君相诀绝。魂若游烟，依空而灭。人生天地而父母，谓之戴高而履厚。伊威湿生，亦资元气。犊驹乳哺，依母以憩。三皇之先，循蜚之纪，既有君臣，爰有父子。地厚匪厚，天高匪高，匪鸢匪鹑，胡为孤茕而游翱？上邪！我今与君长命相诀绝。寓形飘忽，青天寥沉。熠耀阴光，几何不灭？天汉竭，昆仑折，日轮坠地夏雨雪，涕泗血干哀歌阕。

上之回

上之回中，甘泉北宫。烽火夜达，戎路蒙茸。汉家天子亲临边，未若六龙蹴雪蹀祁连。祁连矗天王庭绝，扑地青磷飞火灭。侍臣据鞍望北斗，归路骆驼醉新柳。呜呼吁哦乎！祖宗百战取天下，白日西飞迷长夜，桥山万古悲桑柘。

雉子斑

雉子斑，采若云。纵横纠缪，觙觙而纷纷。我闻井络之西，孙水之阳，山溪突兀，文鸟回翔。土膏香粘，其木千章。上枝拂绮云，下枝凝玉霜。锦方绣理有若此，浮槎东泛平羌水。雨云三峡穿银涛，千金客购荆门市。我生伊何，忧我父母。螭龙之生，子为科斗。恋尾浮沉，睅视蚴蟉。视肉无灵，蚊蠓不嘬。三寸桐棺，莫我肯载。中野芒芒，卉木蕤蕤。阴为野土，何用为悲。

翁离孙

翁离孙，行出门，翁牵衣，不忍离。爷娘瞋尔，濡滞亦何为！豆花紫，豆荚肥，豆叶枯黄风吹之。同根共株偶然耳，天地不使终竟相亲依。翁离孙，行出门，十步九徘徊，含愁自烦冤。孙离翁，乐融融，爷娘他日还如此，隔岁夭桃不再红。却思圣主祖割养三老，苍天生我胡不早？

思悲翁

思悲翁，思何极！孰履巨人而生后稷？我非斗文，於菟是食。萍有茎兮荷有蕙，中道绝之肝胆罹。皇天使我当乱离，豺狼昼嗥阴霾黑。严霜飞空，白日西匿。泣血四求，茫茫不得。生不我愉，死不我即。食彼稻粱，徒为蟊贼。凭空呼天天不闻，流泉不归长东奔。南山崒嵂屯玄云，松楸郁郁落叶纷。思悲翁，裂心魂。天乎使我为鲜民！

巫山高

巫山之高划清空，晶天金帝古所宫。太白飞光东射海，旁扫妖耳珥刬长虹。其东电厄限荆楚，明王屏之御豺虎。熊通乘天方醉梦，倒窃玉符翻铁瓮。姬宗五叶圣神孙，绰约冰肌埋蛟洞。射钩公子麾绛节，弯弓欲射弓弦绝。巫山之灵聊莞尔，生吾操生死吾死。闪霍须臾云雨生，花艳月香凝秋水。清宵凉簟婉逢迎，骨醉如泥天暗倾。寿春秉烛不终夕，血污宫门灯未息。汉皋帝子竭归来，千年流恨终朝释。霓飞紫剑轰雷鼓，不及巫山作云雨，愿荐君欢君莫怒。

上陵

大江何森森，上陵何崔嵬！龙气将歇，素云徘徊。我生繄何，托命不摧。皇天覆我上，后土以为依。相彼忍人，靡獭靡豺。酹酒未干，燎帛未灰。躬为蛊蠹，伐其条枚。一日千年，雨绝云颓。降自中阿，瞻望翠微。裂肝陨元，哀哉别离！蔓草盈阡，行路伤悲。悠悠旻天，不吊我哀。

芳树

芳树纷蕤，猗于南山。暄风发谷，油云在天。苍天使我生中夏，玉函石中金在冶。蚀金刓玉天不知，中夜悲吟泪交下。桂膏生蠹，秋兰萎霜，蒙菇胶辕充都房。南山之幽悲风凉，虎豹群嗥乌鸢翔，怀芳不语心自伤。汀洲迢遥芳杜若，行行采采莫相忘。

有所思

有所思，思何期。空有火，燧人知。水无归，神禹为。黄帝尧舜垂衣裳而天下治。茂荆蔓草，圣人剪之。马文龟书，君子衍之。白日易匿，谁为挽之？有所思，心自悲。巫咸上天，将孰为期？眇眇之躬如晨露，大海沧茫迷烟雾。有所思，静无语。秋夜长，泪如雨。

临高台

临高台，俯旷野。白日耀灵，齐州之下。江河委佗，其窋几何？山谷崔嵬，无平不颇。悲风萧萧，鸿雁群飞。蠕动薰蒸，萦绕九围。上柱青天下厚土，前忆千秋后万古。父母生我不后先，游魂未变将何补？临高台，心独苦。

远期

远为期，一日如三秋。三秋不得见，白日西南流。凤之飞，岐山下。麟之游，鲁西野。登高马疲，临水舟移。夕风动帷，疑是而非。千年不惜岁月长，哀我惮人心黯伤。悲莫悲兮望远而不至，乐莫乐兮中道而相将。远为期，得见之。霓为旌，星为麾，驭玄虬，骖文螭，天涯遥遥空徘徊。

北风行　丁卯

北风吹，日日易徂，流霜明月矜昭苏。田牧边郡已偃蹇，传书河上仍畸孤。扁舟育尔藏巨壑，西极不解留金枢。亭亭六宇皆精爽，古人之叹何为乎？

野田黄雀行　戊辰

野田黄雀飞且鸣，俯啄飞虫虫暗惊。苍天高高欲诉不得诉，晶丸双碾空荧荧。我欲持竿驱黄雀，荒径泥深春雨恶。投竿黄雀结群飞，乱拂含桃花尽落。黄衫挟弹谁年少，踏草旁皇逐晚照。钩棘牵衣不得前，黄雀衔花复衔笑。

乌栖曲

金乌西飞飞欲沉，群鸦乱啼栖空林。梧桐片叶覆金井，静夜谁为惜孤影。

其二

红烛摇帘栖乌惊，玉绳光浅银河倾。虎拨弦幺筝柱急，幽蛩无声含露泣。

歌行

后斸蕨行二首　辛酉

冬朔晴，粟价轻。下浣雨，高悬杵，湘岸不生粱与黍。去年禾穗羊尾长，黄雀高翔睨空仓。丹崖碧巘崩颓唐，千椎万椎捣晨霜。饼未熟，稚子哭，里长如狼下白屋。油盖倚门高坐笑，长虹吸川饥鸢叫。苍天苍天不相照，长星曳空徒陡峭。孤雏何当脱群鸥？

其二

斸蕨根，采蕨苗，蕨苗已长根粉消。雹如弹丸雨如簌，荷锄空望青山哭。大家仓庾皆封闭，悬望开仓如开雾。辇金输官援新例，纻丝锦袍春风丽。摇鞭笑指荒烟际，错落何为破苍翠。

绍古鸡鸣歌　戊辰

春宵沉沉白雾屯，晨鸡侵晓方争喧，晁烟夕烟相邂逅，定以何者为晁昏。昏晁晁昏翻今古，壮士闻鸡心独苦。屡惊璧月破冰轮，又见银河坠黄土。汝南鸡鸣歌声悲，赤日濯云沧海湄。北燕南粤纷游蚁，奔车策马萦游丝。雕龙含毫将欲腐，搏虎按剑还已疲。踆乌顾兔俯九阆而大笑，问君骚骚鼎鼎将奚为。耕高田，钓浅水，赤手扪天扶不起。剖心欲语知者谁，曙光何缘射窗纸。鸡鸣胶胶今如昨，蛟风夜吼催花落。何人还唱鸡鸣歌，为吊辽东旧归鹤。

《姜斋诗分体稿》卷二终

姜斋诗分体稿卷三

五言律

始春试笔四首 *庚申*

　　一纪泰昌年，攀髯忆普天。江山方错绣，日月遽浮烟。麟获星方孛，龙灾血已玄。天情能爱日，何有坠虞渊。

其二

　　湘岸画楼新，城乌怨早春。白头聊应谶，素旐有归轮。龙凤非存赵，狐鱼且破秦。英雄酬一死，心迹未全湮。

其三

　　方舆谁勘员，蜃阁自风涛。欲警群心梦，勿云帝听高。他年今日始，孤棹万波操。小顾春光笑，东风气象豪。

其四

缓缓梅花发，容容病眼看。吾生春不厌，他日老无难。书带萦新草，流珠养大丹。海鸥惯萧瑟，何碍忍风湍。

不雨

百年胜野哭，三楚正萧条。稍测兵戈意，无疑雨露骄。澄潭星影窄，轻吹晚阴消。凉夕终难适，苍生一念遥。

后不雨

幸自忍长饥，苍天不易知。飘风千嶂落，银汉片云疑。秋气先中夜，朝霞验异时。伤心长记得，步祷圣衷悲。癸未北徼旱，思庙步祷南郊，大雨沾足。

重挽圣功

诏狱名犹在，烧屯事益疑。故心聊自致，惟子不吾欺。天道无求剑，神州愈乱丝。金风还似昨，湘水泛舟时。

李叔晦秋信云同周令公来访未果

有客归南海，同人弄浙潮。湘江半湾水，秋色暮年消。杀运经儿戏，文心余久要。纵令烧短烛，何有起渔樵。

题翠涛新筑四首

龙气五陵秋，渔矶一曲幽。宝光犹在玦，直钓不妨钩。霜叶丹铺合，晴丝碧网浮。明年春草绿，鸳瓦漾新柔。

其二

听月月难圆，清歌且唤天。闲心临野水，明眼看桑田。杳霭钟山树，迷离楚塞烟。金波还一照，不减旧婵娟。

其三

莫署翟公门，聊空北海尊。烂柯询弈客，垂钓老王孙。树静筇帘影，苔封屐齿痕。他时双燕子，自解慰黄昏。

其四

垂老怯腰镰，诛茅未佐苫。经营知洒落，踪迹谢廉纤。月转宜依树，云生不碍檐。开轩孤翠入，应是祝融尖。

忽忆二首 壬戌

普市蛮烟合，灰心说路难。翻身怜俊鹘，刷羽望文鸾。六合生人气，孤峰啸鬼寒。更谁堪坠履，掷与素书看。

其二

堂堂大司马，奕奕小双龙。侠骨原无择，清狂自不容。何人藏李密，随世笑王恭。老泪天涯隔，潭深一剑封。

治尹始春为邵阳游有赠

旧游资水曲，正尔似君时。夹水寻芳草，高楼摘柳丝。酒薰江月暖，剑抉楚风雌。此意凭相赠，骅骝不受羁。

剖香橼感恨二首

日影此闲轩，霜轻试午暄。茗柯消主客，戈甲看乾坤。楚水清泉剩，秋香紫雾温。三生凭一晌，今日遣消魂。

其二

寸心言不尽，顾笑且忘言。未剖商山橘，聊传洛诵孙。误终沧海借，心有九京原。白发留空谷，凄凉国土恩。

六月二十六日

天方消夏正，人道是秋新。他日登临恨，余生海岳尘。晴光围大壑，商气转天钧。未审梧桐落，翩然定几辰。

五日同刘蒙两生小饮

粳稻新东亩，江潭旧左徒。蛟涎仍五日，蚌泪讯双珠。梅熟晴难定，荷倾露易孤。相期续慧命，能结五丝无。

万峰韬长老去年寄书有不愿成佛愿见船山之语闻其长逝作此悼之

大笑随吾党，孤游有岁年。从来愁虎啸，几欲试龙渊。别路琴心迥，他生锦字传。瞿塘烟棹在，洣水接湘川。

当暑沉疴

萝月流空润，荷风度柳便。逍遥知后夜，悲愤尽生前。薄海销民气，桥山泣冷烟。孤心抃不尽，试一问苍天。

偶成二首

群山迷广野，丈室锁山椒。久病春难待，孤心老益骄。江妃愁倚竹，吴客忆吹箫。谁问延津剑，双龙肯见邀。

其二

皂帽辽东客，黄金蓟北台。生无归汉日，死负报燕才。雪瓦封灯暗，宵钟到枕哀。九州随缥缈，历历梦初回。

排律

咏风 甲子

柳岸及枫林，飘然动客心。天涯一极目，千里卷平阴。木末初微觉，波心已不任。墟烟掠鸟度，云影移峰深。荣落通群动，凄暄受一襟。高天无止息，旷古感悲吟。虎气精奔剑，涛声意受琴。寥空兼寂历，西爽助萧森。比竹喧何急，金轮运已淫。孤心随袅袅，旧恨记愔愔。雕闪戈船旆，龙吹塞笛音。乘秋腾俊鹘，缮怒载飞禽。折翼南溟徙，狂氛朔吹侵。茂陵云自白，宗悫浪空沉。历乱飘霜鬓，凄凉冷铁衾。透肌生万粟，射目刺千针。薄酒消潮晕，孤镫坠蕊金。狂涛长失缆，破帽欲遗簪。归雁冲云断，寒蝉抱叶瘖。守雌悲宋玉，痛首待陈琳。叶落归何日，蓬飞恰自今。高台悲正急，未敢试登临。

安成欧阳喜翁_需先师黄门公弟也守志约居惠问遥奖于六帙之年驰情寄寿述往永怀示孤贞之有自也为得十七韵 丁卯

螺川三百里，西爽映湘汀。远接称觞喜，言怀载酒亭。渊源惟两字，忠孝自孤惺。命授天王重，书传孔氏刑。群芳从炫紫，法眼独留青。遂许承衣钵，相期较日星。危言存左掖，师说佩先型。自省荒田砚，空余暗室萤。素车迷草屏，直钓老笭箵。遥发云缄字，知增梦锡龄。鹤归知甲子，龙蛰共叮咛。高躅云逵远，幽芳野径扃。文心春草句，贞志血函经。勃海方流润，泷冈俟勒铭，藏书讯小己，清供授添丁。道在宜眉寿，天终不听荧。伏生方九十，炎汉有韬铃。

七言律

送须竹之长沙二首

木叶横飞江上烟，愁人愁问泛湘船。蘋花小泊生洲草，鸥鸟中分水影天。夜雨易惊新蝶梦，寒光犹射旧龙渊。殷勤尽拾江山泪，归向丹枫哭墓田。

其二

江门曾荐瓣香哀，<small>江门，蔡公别号，祠在城西。</small>早念今生不更来。蜃气翻空云闪霍，鸿飞掠月影徘徊。百年酬死惟霜鬓，当日闲愁有钓台。北渚送君传《九辨》，灵旗凭拂暮云开。

立秋日得蒋九英见讯书及悯雨之叹

西风荻叶试萧萧，极目长天片碧遥。书卷经时抛药饵，干戈仍岁侵渔樵。悬愁归燕分云影，待月吟蛩怨永宵。珍重故人悲不浅，泥龙亡赖贴天骄。

夜 <small>壬戌</small>

中原未死看今日，天地无情唤奈何。抛卷小窗寻蚁梦，挑灯一壁理渔蓑。流萤断影疏萍乱，微霓斜窥宿鸟过。只载闲愁清夜永，不惊白发镜中多。

怀须竹

怜君屡泛潇湘水，渺渺苍烟问客心。戎马十年犹过迹，藤萝当日有知音。桃波缓棹杨花扑，枫岸收帆雁影沉。知尔南天回首望，暮云无际一林深。

连雨言情　癸亥

社前社后皆春雨，卧病春从几日深。龙气森寒埋大壑，雁飞迢递隐层阴。流涤断续三更梦，烟霭消沉早岁心。不遣莺花欺老眼，墙东雾锁碧苔深。

九日同熊男公与中涵存孺于礼集二如精舍二首

檀栾翠色碧侵霄，回合云光锁沉寥。一线天难分近远，片时心在尽逍遥。寒生北地鸿飞杳，烟霭齐州蜃气骄。策杖未须凌绝顶，年来叶落倍魂消。

其二

龙山今古谁为侣，戏马英雄此一时。木末有花能献笑，始波无叶不辞枝。支公有韵怜神骏，伯业多情老耄期。薄醉多情忘白首，凭将破帽付伊谁。

病三首

炉火微红壁影摇，窗明残雪远山椒。人间今夕寒宵永，故国残山老病消。玉历有年成朽蠹，青编无字纪渔樵。闲愁四海难栖泊，药铫松声涌暗潮。

其二

玉鱼金碗人间恨，山静日长太古年。十字碑难勒孔篆，数峰青自吊湘弦。乘潮不释孤臣怨，荷锸犹贤酒客颠。惟有寸心销不得，陇冈松桧冷荒阡。

其三

闲愁闲病万心齐，珍重分明一念提。未敢泣麟伤绝笔，何人得兔不忘蹄。孤灯斗帐三更后，斜月飞霜半岭西。遥想棠梨新雨过，落花狼藉踩春泥。

为芋岩定遗稿感赋二首

岳峰南下就桃津，霜鬓难消一故人。疗肺藕根秋后节，埋心蕉叶雪中春。井函有字惟思赵，箭镞无书肯帝秦。酝酿元声存怨诽，桧曹风旧续三匭。

其二

文章止自斩名根，赤炭红炉信口吞。白发千丝传典训，深衣几幅画乾坤。巡檐梅蕊寒笼袖，欹枕槐阴月到门。应笑船山知己未，鸿踪沙上觅残痕。

八月六夜病不得寐有会而作

去来物化闲情合，生杀天心冷眼看。逝水已经千浪雪，商飙终遣万枫丹。西台哭后人无泪，北海尊空客自阑。别有明年花事好，未知春在几枝端。

得安成刘敉功书知举主黄门欧阳公已溘逝三年矣赋哀四首

死生郴水停骖路，戊子冬遇公于兴宁，遂成永诀。邂逅章门执雉时。义帝宫荒纷落叶，将军祠冷涌冰澌。壬午腊初谒公于南昌刘都督缢祠。清宵梦不随钟断，鸟道书长恐雁疑。从此遥天真寂寞，寒山掩泪凝霜髭。

其二

拟将心血答师门，不昧君亲一例恩。左掖谏章青史外，西郊笔削玉书存。河山破碎银蟾影，文字凋零粉蠹痕。肠断青螺川下水，湘流难挽向东奔。

其三

　　荒草泷冈故里阡，谁酬观葬客来燕。求砂不屑句漏井，公旧宰北流，古句漏地。句漏音沟楼。种秫难留下濮田。公从王岭外，田庐没入。醢士虚名空碧眼，家传风味有青毡。悬情商陆秋前熟，痛哭林间息杜鹃。救功书云，公孙颖悟肖公。

其四

　　故国衣冠涕泪残，桥山弓剑不重攀。分飞遗恨从邕管，公于南宁以内艰辞阙。缥渺忠魂度且兰。墓草千山愁尽白，霜林片叶苦留丹。玄云冰沍齐州路，一缕孤烟渡水寒。

冰林诗十首 有序 乙丑

　　癸巳春作冰林近体十章，亡友刘子参许以伟丽。子参谢世，稿亦佚亡。今年始春承腊，万林一色，忆前时清思，杳不相即。率尔别裁，不能就泉台问子参江文通才尽与否。相赏无人，虽拙何嫌哉！

　　晶天分液到人间，点活枯枝有大还。清澈居然云透髓，萧森何损玉为颜。微风戛击《云中曲》，晴月逍遥姑射山。贝阙珠宫成咫尺，从无玄豹守灵关。

其二

　　冷焰全遮埤鹭亭，顽涎疑带冻蛟腥。珠尘迷望云难绿，塞草含愁冢不青。渺渺枫天长荐泪，鬖鬖松鬣未梳翎。江南旧恨悲枯树，小遣闲情一望扃。

其三

　　东光眩目似暄蒸，白醉嵯峨玉不崩。小缀微云摇海市，斜临初月晃山镫。长空如梦孤飞鹤，淡墨难留一点蝇。逼侧片心清影怯，未容热血半丝凝。

其四

镜中鬓影笑谁如，拟似清标口易咕。《庄子》：口咕而不得合。不为缘愁千丈合，何人高卧半山居。朱殷旧恨游霜刃，碧落无心挽日舆。欲问苍天赊老寿，晶光长护不才樗。

其五

琅玕簇簇拥幽居，何必木天署玉除。欲借花魂邀蛱蝶，不须酒色醉芙蕖。金轮辐辐围绡幕，银地条条布绮疏。忆得莲花峰顶住，穿林曾似雪中蛆。

其六

紫山风振有余威，却惹云容上翠微。本与层峦消芥蒂，幻成筋骨总灵飞。梅胎不倩朱跌护，竹影还添素晕肥。欲拟冰壶秋月冷，犹憎桂兔碍清辉。

其七

匀雪还愁玉粉松，夕飙不散得从容。垂垂海上三珠树，渺渺神山几玉峰。特与分明邀月上，不妨疏缓听春慵。倩谁留得霜红在，鹤顶丹飘一点茸。

其八

蠡窗睡眼曙光欺，海日初临最上枝。酒力易消双印颊，霄容直压数茎眉。微茫野水升清润，戌削孤峰尽白痴。何处吾庐三径好，万条修竹一天疑。

其九

弥天行树慧光熏，寸草无余净界垠。的皪料丝笼宝炬，玲珑蜜珀暗松纹。

寒生荇藻庭前月，春忆梨花梦里云。欲琢玉棺藏叶令，未容斑管恼湘君。

其十

云机万镊困天孙，茧絮平铺峭不温。石髓谁粘天阙漏，胥涛直上海山门。归鸿信断愁枫冷，顾兔情淫错月奔。莫为童谣忧木介_{音稼}，达官正欲炼银魂。谣云："木介达官怕。"时方大开矿，及之。

初秋三首

赪霞紫霓半阴晴，大窒归云几片轻。向夜一弯初吐月，先秋四叶已开蘋。翻荷曲沼波光小，打枣长竿落照横。自有古今惟楚客，青蓑短笛写商声。

其二

藤花初紫荽茎青，慈竹梳风上小棂。恰注《骚经》当《九辨》，从知秋令看双星。牢愁江介悲长夜，离别人间怨短亭。直北洞庭波渺渺，他时望远忆渔汀。

其三

夺伏炎威不肯消，去年欹枕似今朝。抽丝嫩藕怜孤弱，掠影疏桐尽动摇。计日乾坤看转毂，他生忠孝可归潮。无心更劚茅山术，铁绣生花任短锹。

惊秋

登山临水将归客，我笑古人不见今。南斗漫斟玄石酒，北河谁洗紫台阴。眠花冲雨郑云叟，作赋谭经许有壬。总揽秋光消魄磊，寒蛩孤傍砌莎吟。

白雀

登秋玉粒领群飞,独剪冰丝制羽衣。拂水蘋花清影乱,依林落叶素光肥。虚檐云淡斜生晕,碧瓦霜轻尽试威。好展轻纨争雪色,莫随玄鸟社前归。

其二

浅赤无心染弁端,萧萧风送素衣冠。枋榆可抢情无艳,天海虽遥骨自寒。闪闪萤灯孤影现,幽栖月镜一痕看。琼楼待访游仙侣,何事低飞向纥干。

其三

传闻为瑞定伊何,淡魄涵秋冷绪多。未拟芊眠青作毯,无劳节足翠填牺。依郑司农《礼》注音素何反。低垂银蒜依筼影,微绽丹椒蘸雪波。忆得永陵清醮日,曾陪仙鹿谱云和。旧说雀头如蒜颗,目如椒子。

其四

饲蜜何须换锦缠,天然玉色涤丹铅。雪衣鹦妒从渠咒,白项乌栖不耐喧。紫水浴泥当酉仲,流珠烹汞得庚先。瑶京自厌张翁老,更拟迎谁帝九玄。

便江李尔雅尊人震隅先生先君同谱执友乙酉夫之侍先君避兵于便馆其宅上尔雅方垂髫同侍近乃通问山中为先兄志墓俚敚修谢因感怀寄讯

菖风梅雨葛衣轻,曲砌雕楹藻阁清。两世弟兄联彩舞,半残海岳看云生。啼鹃声隔郴江远,《瘗鹤铭》支海眼倾。当日中原双辔缩,梦中还似忆瑶京。先君与震隅先生两连辔赴都。

小除夕写悲是日为烈皇圣诞先舅氏谭星敬先生亦以是日生括众哀为一章

春生未遣峭寒妨，病浅愁深两未央。摘阮已孤余醉客，碎琴垂老哭灵床。嵩呼枫陛悲桥岭，寿酒槐轩忆渭阳。一夕残灯千泪合，无凭留得满头霜。

写恨 丁卯

中原兄弟两白头，半死余生各一丘。纵使孤飞留雁影，更谁九日哭麟洲。都梁漫记能消暑，梧叶惊看且报秋。为祝他生赊老健，容将故剑抉云游。

其二

海尽炎州一蒯缑，天迷岳雨半龙湫。云中读史千秋泪，病里忧天片叶舟。归骨故阡松槚冷，销心残梦汗青留。勿烦药里殷勤劝，畏见蕨花漾早秋。

即事

断云飞霰卷山椒，溪水微添润小桥。远树留红刚一叶，江梅上绿有孤条。寻常携杖随衰草，诘曲行歌认晚樵。莫拟王官兼谷口，不妨今古各逍遥。

其二

虚牖晨光射雪眉，傍檐乳雀笑相窥。石莲熟煮香难继，吉贝轻铺冷易欺。冻蝶粉销依曲砌，惊乌月落眷南枝。初心鼎鼎分明在，寻药承恩瘴海时。

其三

夕风不清烟不屙，闲房篝火焰微青。灯光半掩堆书卷，砚滴欲枯注药瓶。霜后故人空赠橘，梦中病鹤懒梳翎。频繁蠲纸劳相索，载酒无人笑独醒。

其四

山阳横笛久消沉，更绕灵床哭碎琴。曲曲山坳逢堕叶，遥遥天末望孤禽。深知径冷谁敲竹，不为囊空罢买参。生死一丝无畔际，棠梨寒雨已方今。

其五

淡粉丛丛款冻花，经过倚杖惜年华。朱栾迎日含香雾，银鲫翻波耀浅沙。的的柏膏垂雪颗，森森楮叶护红芽。重来似拟三生约，久罢矶头一钓叉。

其六

辽海归来汉已亡，双趺今古一藤床。伊威贪暖依书帙，苍鼠啼饥蹴药囊。晴日但怜窗纸白，霜风不剪径苔黄。炉烟夭袅熏残腊，惭愧天围四野苍。

其七

流霜覆屋试轻松，隔岫疏林透晚钟。消受余年仍短景，凄凉暮色自高春。寒虫犹响初更月，归鸟知栖第几峰。万古迢迢悲永夜，东窗晓日任从容。

仲冬壬辰云是长至

闻人共说今长至，与世偕亡旧浑仪。九道昨宵月北转，三微春早岁潜移。泪枯嵩岳三声祝，景乱阳城几寸规。愁日未愁长一线，霜衾惟恨晓钟迟。

偶作 戊辰

故心欲理病还慵，篝火难醺禁酒容。他日人间谁借问，由来天问定奚从。

江梅尽落真如梦，社燕先归亦偶逢。犹简检书支午睡，素虫密密裹函封。

岁杪闲眺

层云递递晚霜收，西照沉沉浅绛浮。平野素烟笼鸟影，寒溪黄叶度星流。云中渺渺悲三楚，天外遥遥梦十州。为问苍天还几岁，留侬得住试春愁。

《姜斋诗分体稿》卷三终

姜斋诗分体稿卷四

七言绝句

绝句 癸亥

《何满子》歌声断肠，人间难挽是斜阳。桃花零落留桃叶，簸荡春风一倍狂。

其二

剑门归路雨淋铃，拢马貂珰鬓已星。莫唱开元太平曲，谁怜霜草旧时青。

香橼

蒙蒙香雾酝壶天，昨夜秋清月正圆。日上东窗熏晓梦，欲寻无迹在谁边。

遣病八首

紫蓼初含红粟胎，归飞燕子尚徘徊。情知自有明春约，认取垂杨旧院来。

其二

社后炎光似火红，不教衰柳更疏风。药炉烟逼蛛丝重，消受庞眉老病翁。

其三

藕花褪粉露檀心，已掷秋光付短衾。不识木樨花落未，寒蛩十夜四更吟。

其四

掷去秋光拾不来，寒蛩莫为老夫哀。土花蚀尽青虹剑，折戟无愁怨雀台。

其五

老夫病中亦自强，乌鸢蝼蚁总黄肠。深衣何日裁能就，负罪孤臣拜烈皇。

其六

从无奇字问侯芭，不遣笙歌溷绛纱。忆得去年橙柚熟，纸窗竹影说《南华》。

其七

残灯认得亭亭影，孤枕难忘瑟瑟秋。脱尽蛛丝蝶翅好，五湖风月在荒丘。

其八 <small>或传凤见黄州</small>

细雨如酥宿暑微，余魂欲傍晚凉归。依稀听得人间语，五色云中彩凤飞。

绝句

荷薏含香不出窝，藕丝未断也无多。谁将雪色青莲子，种向流沙万里河。

其二

十月新寒被暖遮，空天日日拟黄沙。辛勤倏忽凿天地，只作朦胧影里花。

其三

玄禽秋尽自须归，蝙蝠逢晴款款飞。向夕但能餐白鸟，明年不识有乌衣。

其四

溪风作恶颤溪流，月影难圆玉半钩。不识素娥心事苦，分明欲暎白蘋洲。

其五

昨夜欲霜霜不成，今朝欲雨雨还轻。丹枫一叶留难住，那惜江山太瘦生。

其六

半岁青青半岁荒，高田草似下田黄。埋心不死留春色，且忍罡风十夜霜。

桃花流水引六首

浩劫天台忆不真，飞花偶掠鬓丝银。闲抛万点猩猩血，掷与人间唤作春。

其二

桃花柳絮摆春风，细逐溪流总向东。何处海山春不老，绿波啄尽万堆红。

其三

今年春事李花先，迟暮桃花忕可怜。红染春江千斛水，飘零不遣浪纹圆。

其四

明霞片片挂天西，烟月初升碧海迷。也似人间花落夜，波光红漾绿玻璃。

其五

碧山张幕草如油，准拟留仙去不留。鹨鹚分波鱼浪暖，等闲东下白蘋洲。

其六

清溪十里九重湾，荇带牵花去复还。莫惜人间春易老，年年开落在绥山。

诺皋三首 长沙申氏女子，年十七，化为男子。

天女俄然鸳子身，乾坤无据尽翻新。凭谁触破髑髅面，尽洗妖狐粉黛春。

其二 荧惑留房心，逆行四十余日。

朱火烧空海出烟，殷光还射断云边。迟回不舍非无意，积雪曾冰四十年。

其三 祁阳陨石，石上三字：器、浸、溧。

仓颉造书从鬼哭，由来鬼笔怕人知。轩然一笑吾能识，岱岳新镌没字碑。

读碧云集感赋

钓艇中流著浪惊，凭谁还听棹歌声。波涛元是寻常事，只误苍蛟斩不成。

其二

我自知君君自闲，怜君犹在杳茫间。当时饶有伤心句，恨隔沅西万叠山。

其三

义兴热□□洒，隔断湘山冷似霜。棋酒风流略仿佛，□□□柳绾斜阳。集有《读堵光化遗事》诗。

柳枝词 丙寅

曲岸当年把柳枝，和烟和雨一丝丝。而今试照清池影，犹是春衫映绿时。

其二

含穗含茸小谷芽，数枝娇怯未藏鸦。他时飞絮腾腾起，吹入西邻第几家。

其三

汉阴汴水已千年，追数兴亡剧可怜。翠瓦丹梯春色尽，孤城落日半规圆。

其四

河朔春迟秋早寒，几时能得软条看。江南近亦东风晚，九月霜飞万树干。

乐府五首

桃李轻飞不惜香，十番急奏《柳青娘》。黄莺厌听繁弦促，斜趁杨花过短墙。

其二

一片羊□□□，于阗刀利尽摧残。无端□破瑶台□，□□□来不忍弹。

其三

西腔摇曳接龙游，生遣无愁果有愁。玉管金尊人尽哭，梧桐无叶不悲秋。

其四 原本阙

其五

秃袖开襟再拜膜，三朝元会泼寒胡。汉宫杨柳春风袖，挤与当年末泥孤。泥，去声。

诺皋七首 虫食牛

贪吸横流带雪澌，三彭闲惹不相离。由来师子身中肉，啗尽方知莫怨谁。

其二 虫食鱼

剖腹谁藏张楚书，任公愧尔钓竿疏。乖龙莫倚东游稳，就汝身□□豫且。

其三 李□□□娥眉豆

瓜李浮□□□□，中原莫问有家无。凭□□国愁□□，□□□□钻核图。

其四 □□□□无头

惊霜一夕万□枯，□□头颅有亦无。欲就刑天赊两乳，冷看营血化醍醐。

其五 妇人怀孕，四岁方免。堕地能言，四日而死。

橘里商山壶里天，由来不耐看桑田。人间四日烟尘劫，早似沉沦五百年。

其六 湘乡梓门桥，风吹一人起，去地数丈，行一里许乃坠。

腾腾就地谁扶起，袅袅凭空且问天。此土不堪双足蹑，儿童无线系风鸢。

其七 自益阳而东，至长沙下洞庭，雨雹如罂，杀人无算，丙寅立冬日。

元气劳劳连火球，抟成筋骨尽风流。年来苦被消磨尽，怒遣狂蛟扑杀休。

为谁 丁卯

灯光的砾小如萤，睡眼欲交冷不扃。斜月亭亭云似纸，为□□□□帘青。

其二

西风□□□□，□色苍烟一望昏。□□□坊人已老，□□□□说开元。

其三

青山结伴一人无，雪压苍山万木枯。□□□生新草绿，为谁重写过关图。

其四

渡河当复奈公何，独倚箜篌怨绿波。心计较粗炊饼客，为谁教唱《渭城歌》。

四言

杂诗三首 乙丑

白日不居，夕光已微。鸟栖于林，人掩其扉。云流西沉，清霜暗飞。今我不怿，云谁之思。欲言匪言，中心是依。幽虫息响，肃风振帷。元化迁移，瞬目已非。凝情定虑，孰适与归？

其二

上天同云，苍霄下敷。朱光易匿，玄夕难徂。我寝我兴，言据其梧。畏彼冽霜，踪迹以孤。今此下民，莫匪我徒。浮烟蒸动，丧尔灵珠。我遄欲往，不即我愉。相惊以异，言窘心枯。明星皎月，亭亭相于。千秋万岁，不昧其枢。亦已焉哉，谁为令图！

其三

陟彼高山，言眺平野。夕鸟孤飞，翩然欲下。徙倚旋归，三星在户。影暗莎缇，阴凝松槚。冷露沾衿，见闻逾寡。函心谁俟，良辰销谢。蟋蛄争鸣，坠叶飘瓦。生我有辰，仰咨大冶。荣光出河，跃彼龙马。天不我宣，寥寥幽写。

《姜斋诗分体稿》卷四终

《姜斋诗分体稿》全书终

姜斋诗编年稿

姜斋诗编年稿

己酉稿

同须竹晏坐驳阁岩因而有作

隐几既无择，阅物非有工。胡为劳形役，营静相追从。贞人抱孤光，栖心非意中。遂蹑旷古石，对此空烟容。至语不再宣，天地争昭蒙。今古继方寸，恻然含无穷。各知非勤名，幽灵恒密通。北望不我遐，金简峙云峰。焉知石窦启，不睹千秋封。俄顷讵可忘，慎哉惟令终。

大统历闰腊二首

扑面冰花柳径封，枝枝叶叶祝从容。他时熳烂明看汝，且贳寒山一闰冬。

缓缓凭留此日长，难将疑信问句芒。殷勤为谢连宵雪，禁住寒梅一半香。

庚戌稿

拟阮步兵述怀 八十二首。前廿四首入《六十自定稿》。

玄云覆千里，悲风振林皋。惊禽无归树，微命安足逃。漠如秋烟空，欻尔孤云高。丰隆吟寒螿，格泽飘鸿毛。弃置无足陈，绰约恣游遨。

梦游三河间，崔嵬登太行。岩穴嵌危石，鸺鸟巢其阳。祥麟步寥廓，鲁郊安得伤。襄城无迷驾，六马恣回翔。谁与荆榛中，跬步阁辀梁。

佳人游九河，珮玉凌渌水。望望不难即，顾我发皓齿。折麻订良辰，百岁自今始。朱唇发清吟，芳香散千里。欢会倘不乖，白日回濛汜。伫立待经时，惆怅安能已。

大火方西没，天街已东升。阅历有显晦，光采自因仍。岂云幽途阻，无为知我能。如彼衣绣士，昼游炫宾朋。大化使我生，嘉命遂已承。神蔡栖莲叶，卷舒固有灵。长夜不我掩，白日非徒荧。晨鸡鸣埘桀，虫飞自薨薨。闻道而大笑，谁复相酬应。

长日闲深林，徙倚意所适。披简屡浩叹，纷诡自谁昔。长啸含余悲，凶途竞相即。即凶世所惊，当时故纠迫。柔铁一煽动，飞蝗集广陌。南箕噀酒浆，膏尽终自厄。

谷栖二十载，不记外物喧。物喧非我拒，所悲岁与年。岁年自毂转，勤勤凄复暄。秋月不损明，春花不损妍。群生蹈逝波，蠕动随飞烟。微明一相照，顾影自矜怜。千秋沉丘陇，荣迹孰与传。浮云无归踪，消灭有良然。冏冏天壤间，俟之后世贤。

送客游鄂渚，悲吟望鹄矶。陈王遗战垒，惟有秋云飞。汉水自西来，波光摇夕晖。雄都壮东南，鹊起愿不违。转战千里间，朔云散霏微。驱除返夷庚，终非道所麾。

二曜转灵毂，去来恒若兹。屈伸无殊指，俗目以见移。吾生在天地，岂复有竟时。雍门悲孟尝，但为富贵悲。羊公顾岘首，陵谷亦已疑。往者非所邀，来者非所期。精神通元命，太和归玄坯。绮丽千秋间，居然驾云霓。

去者皆吾日，来者非他年。一日亦不妄，衰老何足言。侧身入洪流，世故相烹煎。变化生咫尺，先计固不全。焦原失俄顷，槁魄随荒烟。谁能使寸心，淘为物所怜。

去者皆吾日，畴昔未爱之。迷流遥漾洄，犹恐相飘危。今兹逾奄忽，益令思故时。四顾无与谋，腹悲自凄其。思欲洗其耳，日夕相喧吹。物态日以新，骨肉相猜疑。抱意冈玄夜，泉壤以为期。

流水无归波，弥望何涯津。淹恤妻子间，绵延入沉沦。天汉与下泽，孰能令其亲。迹近而心远，乖阻在斯晨。夙志养流珠，玄冥为我春。惟当弃置此，偃佺托比邻。长短随心臆，焉能动敷陈。

世故亦易知，纷纶无畏惊。春草生渐长，鹍鴂先已鸣。俯仰时序间，迁变各有形。感彼翩飞鸟，聊用定我情。

和月适已届，清朗开八埏。宇内各悠悠，何者相忘言。一为佳人思，邈若各一天。中怀固悃默，函之千万年。

微雨散余阴，山川见迢递。白石相昭宣，暄风薄襟袂。沧海非弱流，神山无蔽翳。谁从江汉生，胪传发冢砌。巧言如笙簧，风息罢嘹唳。荣名自有宗，辩驾安可税。

酌酒歌生平，畴昔亘不忘。燕台振悲吟，哀风为飘扬。磨剑寒水滨，星月灼锋芒。誓身芒露间，聊充乌鸢肠。堂上悲白发，恩爱不得将。耿怀踬中路，宵旦泣沾裳。吞声无能宣，义命各有方。

太始不可知，元会亦蠡测。偶览晨星稀，复睹阳精匿。以此号为生，视听随声色。在物各有因，近取成仪则。鸿洞散予怀，无如动凄恻。荣公乐天年，申徒哀不息。天寿非已为，凌云无羽翼。柱下诚达生，胡为涉西域。

危飙充太虚，来往摇蠕动。飞蓬亦乘之，南北相飘送。长夜在指顾，魂魄非我用。真人识天情，针芒辨错综。高举凌青云，霞旌相导从。酌斗餐玉浆，挥剑刓蟠蛛。道远不易从，要之心所重。下视偭俯子，恻然增伤恸。

昌风起鶬明，乘时奋彩翼。荣光被九州，下士羡鼎食。托生各有时，春秋殊畛域。岂惟羲黄邈，李赵不我即。陈生蜕太华，种魏踵芳迹。劳生弃比邻，居意难察识。置我三子间，浩荡弗相及。怀彼心迹间，忳闷充胸臆。

青云何徘徊，微风生荡骀。上有三青鸟，翔飞指西海。中道非所息，陵阜空崔嵬。一食玉山粒，长年不知馁。此意固有方，燕雀徒疑绐。

初终无殊理，意气空一晁。紫芝含清膏，贞木炫寒条。舜华乘余春，旖旎随风飘。岂知隔宿间，遂有千载遥。中心良不固，孰能怨伤凋。

灵凤不屡见，修竹无长荣。芳吹日暮歇，哀鸿中夜鸣。蟋蟀喧芜草，熠耀群飞行。凄怨疑凋伤，憯忘非所经。安能抱寸志，与物相昭明。

游鱼忘江湖，孤禽嗍故林。飞止各自得，幽微各有心。钓缗非所忧，托意在哀吟。上睨青天高，旁窥乔木深。若尔但取适，无劳悲至今。

我生不先后，苍天意何居。云隙漏青霄，皓月流素虚。霜露彻清寒，俯仰何所拘。明星互昏旦，托志无相渝。

兔葵荣野田，琪树生玉山。灵苗非无种，璀璨发琅玕。语默交不至，吾心营其间。

临水悲远天，忉怛不能忘。知尔无再见，形容犹洸洋。腐麦化玄蝶，翩飞依陇傍。乔松流灵液，虎魄函清香。孰谓心所怀，没世以为量。

温雨释春冰，白日常嵯峨。明哲知其真，为枢自不多。纵横九州间，天地将如何。

孤音失清哀，寸心苦未将。至要日隐没，群心久相忘。如彼西岑日，暮霭翳余光。柱下叹知希，龚生丧兰芳。谁云千金瓠，遂可涉汪洋。

晨雨飞西山，屑飒逾川原。曾云映回光，轻虹遂连蜷。霏微散俄顷，余润褭午暄。辨说岂不周，根株未能坚。耳目日经营，灵迹益以谖。名闻皆枝叶，一落不再鲜。千秋万岁后，飘散如飞烟。

有生自有常，情欲与之俱。避名而就实，无能出其区。慨彼小智士，芸芸为避趋。蹠夷各有云，新紫夺故朱。文质一雕缋，君亲皆膻腴。持钓临河洲，谁云不在鱼。

忧至意苦长，悲积言苦短。登高欲哀歌，辞尽意不满。九土何芒芒，惊兽骛町疃。千秋无辙迹，来者益迂缓。微躯诚自微，大仪凭运斡。

河清不可俟，俟之欲何为！仙人王子乔，孤管发凤吹。沿流循湘干，幽意以自持。屈生沉清渊，蛟龙或见欺。冠珮不可渝，崟嵚非所疑。无为望他人，俯仰相提维。

婚宦营终生，自古诚有之。不期衰晚人，因应亏四维。婉娈狎鸡鹜，长短还相嗤。驱车游广野，南北讵能欺。哀哉相随逐，遂以植菉施！

白昼飞黄尘，游丝漾荒烟。天宇为之迷，南北为之迁。岂云资力微，假借成滔天。念之良惊愕，非由大造偏。拍手持彗帚，高驱荡清玄。宓妃相嬉笑，用意期何年。

裂带结同心，指天誓河水。生年不满百，长怀越千祀。青鸟衔素书，飞集玉山趾。壶公游汝南，愕眙不得视。况彼尘土人，荧荧眩朱紫。

西台狂歌士，南向悲远天。愿随夕英萎，不竞晛华鲜。视彼豹林客，何异乘华轩。良时驰虚誉，驷马递周旋。颐生以物荣，空歌采芝篇。岐道各有趋，命矣夫何言。

柱下贱礼制，支流为南华。餔糟以自全，扣泥羞清波。马牛任所呼，食豕忘矜夸。取适无拣择，俄顷乘天和。章甫非适越，裸国随经过。深旨通卮言，匠意自清遐。岂为浮沉子，导迷入流沙。

弄翰自弱岁，绪言如转卮。采芳尽春荣，屡顾自矜奇。周游破杳霭，凌空吞云霓。姝媛从物好，华落理自悲。匠意从仿佛，英灵坐相欺。追惟不可谏，白日忽倾驰。

闭户谢宾旧，叩户亦不辞。不辞通款曲，薄言启心期。语者皆朴质，闻者惊支离。长此谢当世，不复知为谁。

微词意不伸，曼衍伤化机。披襟临天汉，清琴音正希。持此游良夕，千秋愿不违。

南登金简峰，北望昭王丘。湖波浸吴楚，阳雁翔汀洲。托心浩淼间，古今谁久留。湘妃凌素波，燕婉终相求。

鲁公八十春，睥睨人间世。鹤发颜妖嬿，圜中有真诣。顾揖王方平，刀兵试游戏。天运非苟尔，逍遥无凝滞。三虫守形躯，恋之增悲厉。

日车不可挽，冻雨不可埋。荧惑代朗月，悲此下土人。海潮有涸流，伍相怒不伸。奄忽在须臾，草木非其春。眷焉念神禹，九州空嶙峋。安知百年后，神舆无问津。

生理恣圆轨，清狂游心旌。浮沉全誉命，伸屈无恒形。伦纪皆骈拇，曾史嗤外撄。清浊非异水，南北邀两溟。轻肥适去就，诙谐狎昭灵。解散入纮纲，悦生为督经。炙毂倾宇宙，念兹魂魄惊。

东登大庭库，西睇鸣凤冈。俯仰见玄维，故心囧不忘。寂寥出入中，揽之盈清芳。飞龙驯组綮，御找东西翔。灵珠充素辉，光耀自炜煌。天衡不遏哉，纵横无淫荒。

抱意各有言，立言非意经。下游多扬波，传声忽如倾。发轸在跬步，旁午迷千城。绮丽生惨淡，憔悴良足惊。

天下一丧己，已以丧天下。迷离无反津，要之轻试者。白玉洁明雪，五丝相缫藉。狎龙入重渊，蜃雉俄变化。入尘而不忧，谁知暗摧谢。

夏云起墟末，磊砢逼太虚。欻尔清风生，动宕无恒居。列缺灼末光，丰隆隐欷歔。微雨止天半，阑干飘素珠。阳精自终古，掩翳将何如。且乘寸晷阴，震荡西北隅。

西北市雕弓，东南探金简。令名诚可希，至性非外撰。阔步不择途，浮舟无固绾。百岁从灰飞，三春任偃蹇。玄圃有灵药，采彼天地产。

终日无余欢，振衣游九阍。且披瑶圃门，夕宿玉山阳。回睇周与秦，划然各开张。世士如游蚁，语笑感心伤。挥手不相顾，嵯峨日月傍。

煌煌轩辕纪，荡涤下土氛。中季有兴替，后起相弥纶。三川闻野哭，知者为酸辛。挽之无显绩，置之伤我神。杳窅默成功，孤游托絪缊。絪缊非偶尔，圆魄开重轮。龙门传素书，千载有其人。

春谷生碧草，其名为兰芳。暄日相照曜，微风吹轻香。韩康行采药，顾眄不相当。荡魂从一旦，安取千岁长。嬛彼冶游子，掇拾如不遑。旦夕秋风生，哀歌及履霜。

清都定何在，天池亦不遥。饵芳有惊鱼，巢卑有危条。挥剑破雌霓，驭娑见青霄。尘垢非我亲，商歌入沈寥。濡需复何有，天阍辟岩驳。欲从世人言，寥廓无与招。

浩歌无所希，忽忽意不乐。云间失群飞，凄矣孤征鹤。道穷亦偶尔，千载悲绰约。绰约举世然，追随无返略。声利相烹爨，煽动虚橐籥。迢迢石户农，清风邈辽邈。

我闻姑射山，宛在水云区。烟霾不相到，琅玕生其隅。欲往就见之，中道而欷歔。弱水差咫尺，凭虚欲奋躯。精卫填东海，但不负居诸。

名驹生滇池，云是飞龙俦。金埒相组饰，玉泉饮清流。扬鬣望冀北，蹀躞凌南州。生刍不相继，俯首易曼柔。穆满志八荒，去去无相求。秋风吹芸黄，日暮使心愁。

渡海求神药，神药空传闻。偃佺各长叹，知尔非仙伦。日夕有衰老，顾念惜余辰。金风吹流波，浩瀚至海滨。一旦成决绝，伤哉如千春。

自昔有芝草，汾阳及商颜。灵颖非有根，轮囷发朱殷。千祀亦不遏，挺生旦暮间。重玄开紫雾，一朝成大还。精爽不暂离，延颈三神山。

威蕤大道侧，灼灼苤苣生。采采不盈把，车马践纵横。耿耿若木华，旭光烛太清。继明羲和辔，反景列宿晶。安知余草木，被之为华荣。

今日汉宫人

此地深宫日，珠帘不卷春。南枝惊怨鹊，驰道厌轻尘。畴昔君恩浅，临歧泪眼新。长城分一线，犹遣候骑频。

稍觉金鞍便，无妨扇影开。残妆临陇水，昨梦到宫苔。回首将无怨，颦眉恐见猜。相怜惟此夕，晓角莫相催。

齿落示敬子

梧桐一叶已知秋，塞角催霜几耐愁。乳燕未须惊飚去，堂前不拟久相留。

哭殇孙用罗文毅公慰彭敷五丧子韵二首

余生一尽万重悲，谁望含饴未死时。如梦如沤添一泪，为亡为在至今疑。鬓丝镊雪愁人问，血缕攻心不自期。两日朱明留不得，挥戈错欲挽重黎。以《大统历》立夏日生，名之曰夏。

孝妇身前遗卵悲，征君顾命撤琴时。邗江枝叶无多望，岳墓松杉亦自疑。斜日不留余照好，落花偏与妒风期。绸缪忍死吾何据，倚杖荒山一子黎。

辛亥稿

辛亥三月十一夜梦登天寿山

五云飞不息，惟绕五更心。啼鸟惊山曙，余寒拥宿阴。宝刀悲自昔，玉碗已非今。杳杳苍龙阙，微生与陆沈。

李雨苍年七十三矣书至期游南岳若必果者返寄驰望信宿

弥弥洞庭水，迢迢诸葛台。盈盈秋波生，扬舲中流哀。夫君远游心，南望日悠哉。朱鸟自畴昔，佳人屡沿洄。炎海梦江门，金简授大崖。岂无宝瓷浆，颐尔灵傀胎。壮士无暮年，玄云为旦开。白日信相借，朱陵心所怀。

月坐怀须竹南岳

绿润浮澄光，摇曳林塘间。今怀非畴昔，物宇相昭鲜。凉魂从安舒，绪风微夤缘。静籁不相舍，素意无孤骞。吹瓢忘疑心，行歌有独弦。知子岣嵝阴，遥遥接清玄。

壬子稿

上巳

令月方及兹，春草迟已生。轻叶随韶风，薄红散空明。春气遥所集，婉约充檐楹。东菑或怀悯，良禽亦载荣。储情谢歊托，澹荡寓退征。所资非天伐，居然敛物营。

春晴

西峰日气上纲缊，东岭凝光染绛云。旧闺几更春不浅，昨宵星影曙难分。还逢暄润迎花苗，遂度霜寒识药勋。天地从谁消逼侧，回塘烟霭护苔文。

家兄期以中秋过败叶庐会恙未果吟见怀念逾月小愈袖诗下访适当闰望是夕人间谓为中秋夜坐不复对月敬和来篇奉酬

皎如白玉盘，圆如流珠丸。向之笙歌万户发，今我不视喟然伤心肝。昔昔相期秋正中，排云飞素涤清空。姮娥已老云鬟不得整，即次新霜欺玉容。长毂长毂孰为尔轮运，湘累死后无人问。羿妻悔饵金液膏，随意幽欢迷远近。独有鹤发之翁脾病客，闭门坐酒挑灯白。妖蟆流涎透窗隙，拒之不能相进迫，扣壶欲歌泪沾席。

补山翁坐系没于江陵遥哭二首

将公无死易，大地置公难。疑谤原非妄，悲歌亦久酸。苾刍檀荫冷，松径菊田残。莫问灵岩笛，哀弦自别弹。<small>补山堂有菊田。闻灵岩储公千里赴哭。</small>

章门悲节落，谒署忆交贫。道广公应忘，邻孤痛自真。隆阴谁旦昼，泉路有君臣。补山旧宾客，几问落花津。

癸丑稿

期须竹

悠悠重悠悠，冏如明星光。抱心不得语，空天徒茫茫。岂繄秦与越，音徽隔殊方。出门睨广野，仰视飞鸟翔。食宿各有区，日夕亦得将。滞情夙所捐，相望何恨恨。尽已寸言间，君子敦天常。

家兄小筑耐园俯用夫之观生居韵病不能为偶句放时体叠前韵奉和六首

石骨山耐高，岩髓泉耐清。非乘俄顷用，物莫毁其成。黄梅暴客雨，霜汁儿天晴。朝菌初怒生，亦自炫孤荣。

气数非一致，将雪先微温。奖掖与谣诼，何者定恩冤。恩冤两相耐，叶落不损根。长笑谢流辈，吾知尔精魂。

耐贫霜侵衣，耐老雪侵头。何知蜉蝣裳，岂争螳蛄秋。伎人徒背憎，戚施久面柔。不见沧江水，自然无西流。

先生将七十，脱粟饭尚堪。芥孙有余香，瓠项有余甘。松风凉不已，松火暖自谙。苟非能耐此，暴殄亦生惭。

古人非吾俦，求例苦不安。世无刘文叔，何有富春竿。江州非王宏，东篱菊已阑。鬼火种青莲，耐兹良独难。

迢遥五十里，林莽榹径穿。方春蕨拳肥，未能共炊烟。群苦良可耐，念兹惊宵眠。裹饭碧荷包，即栗已横肩。

岁晚养疴五首

零雪生阴霄，玄冬亘旦昏。飞鸟迷远天，林依相惜群。物闭诚有终，宁吾独遭屯。传火非素惊，继薪何外欣。所资酬大化，无待今纷纭。空坐闻夕香，清微自弥纶。益知阅万生，不独契隐沦。

息动访元精，绪引竟终穷。日月易流影，听览非昔容。秉烛矜余光，蓻末资轻风。南牖依午暄，灵文测幽踪。还当舍兹去，万年辍往功。明若列星垂，心有来去同。弃置勿深恤，微情焉足充。

夕砌息寒雨，薄月开云间。粼粼池水绿，约约宇光鲜。栖鸟无定影，遥树含微烟。仁春自不遐，款夜亦以妍。平生惜此景，及今良复然。灯影冈流瞩，余心自周旋。

昔登金简峰，遥与玉娥语。金虎含青珠，黄膏酿香醑。微光生西清，中天灿华炬。飞云定可乘，挥手谢寒暑，目笑不欲然，栖心非怀土。晨来叩门客，慰藉悲辛苦。胡为闻要言，踯躅成幽阻。

玉琴绝女丝，金羽啼林猿。悲生机有感，弃故理不喧。北陆积玄冰，南草凋芳鲜。孤荣徒后期，逝水无归川。陨获必有终，缱绻讵足延。宇宙诚销歇，无为悲岁年。

李供奉集有笑矣乎悲来乎二歌识者知为齐己赝作辞翰弇滞既良然矣亦由无情而气矜如扪天求月天不可扪月况可得若仆今者可以笑未其悲则已矣矣因为补之

笑已乎！黄河东流月西生，奔车不息羲和倾。天地无情犹尚耳，古今谁能定其情！春风灼灼桃李花，美人卷帘邀流霞。笙歌方喧酒坐乱，不知红雨催绿芽。天不能使百物倾，亦不能使百物成。根趺摇摇逞颜色，岂但倾城复倾国。开花亦是落花风，恩冤翻覆春风中。仰天大笑何终已，万树飞花随流水，畴昔春风今已矣。

悲来乎！神蜧逝海不复还，玄云萧散龙门山。龙门孤桐已半死，朱弦欲上摧心肝。苍颉无端记今古，古人不作今何补！鬼哭深山风怒号，况复驱车上广武。昨日之日何所颓，赤轮东生起崔嵬。参差经天迷是非，谁使有心独含悲。双辖间关转千辐，中心欲折怨幽独，呜咽无言寄哀竹。

甲寅稿

安远公所遣都护刘君过寓庵问病歌以赠之

天涯相逢兴不孤，今宵何夕金风疏。渔蓑在背笠在顶，我生真与病为徒。佛灯灼灼茶碗清，相怜不语两含情。宝刀赠君行万里，男儿突兀相枝撑。长留病夫钓寒水，苍天茫茫吾老矣。秋风飚飚芦花苍，芦花如雪寒溪长。期君驱马度朔雪，雕落鹘起逐鸳鸽。归来一问寒溪叟，果尔挑灯话不忘。

赠余西崖谁园

　　阴翠凝竹凉，绿烟飞在兹。乘秋宜微寻，得侣无后时。使君乌衣旧，投情固不辞。盈盈钟阜雪，北映邘沟涯。夙昔故乡心，今者良会期。鸿鹄薄天径，鸒鸠归故枝。问己无殊轸，惟君奇遥思。

乙卯稿

长沙旅兴

　　禹迹千峰碧嶂回，湘波东绕定王台。楼船拟趁桃花水，钓艇闲倾竹叶杯。露布星邮飞蜀锦，灵光丝管访骚才。当年玉女盆前客，笑指彤云几度开。

江春望落日

　　落日敛浮光，烟中延远睇。深蠹凝紫影，骀荡间绿际。波气分半明，天彩益多腻。久从山夕暝，乍测江容霁。纷诡开蓬心，游泳知鱼计。良矣北游知，释兹孤匏系。

三十六湾初见新绿

　　湘春千里来，余寒不相借。孤舟忘日夕，春鸟鸣初乍。新绿惊一遇，暄气歘始夜。江影涵静娟，微波滋蕴藉。遥知蒸水西，良畴沐桑柘。天物度藏舟，生心警目化。阅万知有恒，入群无深诧。

夜泊湘阴追哭大学士华亭伯章文毅公

　　残烟古堞接湖平，认是湖南第一城。云闪灵旗魂四索，波摇旅梦月三更。愁中孤掌群眉妒，身后伤心九庙倾。近筑巴丘新战垒，可能抉目看潮生。

湖水

湖水君山尽，巴丘战垒春。中流回碧草，极浦暗黄尘。日月争朝暮，渔樵有故新。天涯同一寄，未必故园亲。

赠程奕先

湘山飞绿烟，影荡春波际。为访定王台，碧莎迷荒砌。古心谁与期，今怀乍云系。龙战方在兹，玄云待新霁。《诗》《书》道不孤，风华遥相缀。钦恤慰群命，直清修前制。融融千里间，韶风吹宿滞。远游广子心，开爽延洪睇。斯人息蠕生，微躬安鱼计。渔艇载清飙，岳云封幽荔。千载念佳春，余年拾瑶蕙。

三月七日所闻

天涯帝子知谁在，今日生闻喜欲狂。淮泗补天功造化，苍梧扶鼎治衣裳。彤云日角传龙种，玄雾云签养豹章。重遣孤臣怜雪鬓，萍踪万一问津航。

拜蔡公祠

烈心歆匪石，笃意悲逝川。《怀沙》无归魂，惜兰非天年。寸念持两情，哀羡交不捐。徘徊依榱桷，傺侘随湘烟。绿莎生庭际，春云相凄暄。良运既不留，英华奚久延。顾此萍梗姿，屡婴波蔓牵。愉惬安可期，昭灵或相援。

次李缓山见寄韵即用其体书怀驰答

仪丸不乍停，藏舟影速过。与君结长佩，发浅缅未裹。蔺露弥丰草，云帆径相左。遥知极目思，念此空林锁。既悲群离居，讵矜吾丧我。入林香风生，仙实月中堕。期之心不遏，勉以道无可。反复诵千周，系之念珠颗。感君欲倚杖，胫酸还反坐。良以足蹒跚，非由道坎坷。驭风行八极，长年牢倚柁。乘云有神蜦，蟠泥安鳖跛。如彼菟与营，末由成箭笴。度时固未能，自量则亦颇。低飞鹨雀抢，老丑流离琐。烦语程夫子，清风谢扬簸。时程周量承意相促入粤。

和程奕先长沙怀古三首

渺渺枫树林，屈子悲神弦。云中君不见，志意如孤烟。引声动清歌，幽细咽湘川。六代徒仿佛，三唐空流连。君子掇其微，不取毛羽妍。悠悠江潭水，千载重昭鲜。长佩纤缱绻，兰芷相周旋。

贾生请长组，历历少年情。为傅一蹉跎，嗟哉念生平。橛衔无早戒，引罪深幽明。鸟臆何足述，生如片羽轻。长策垂太息，俟之来世英。知己诚见察，空际回霓旌。

仙李发稚英，鹦鹉相啄食。飞鸟既依人，安能悯悲恻。暖碟墨池云，湘皋飞不息。铩羽重凋伤，日南无归翼。狄公转天枢，晶轮回八域。伤哉不及睹，幽壤闷恫默。白日诚再鲜，委蜕亦奚恤。

观涨

江势自委迤，川气欻浮兴。情形不交喻，浩荡因时乘。崩奔掩群目，汀岸固静凝。云树蔼相接，远山兹可凭。万端两间内，俄顷一气蒸。默对非所适，雄心亦不胜。徙倚听攸归，危疑无久恒。

与李缓山章载谋同登回雁峰次缓山韵

连霄关塞悲迟暮，初见南天一雁回。小有绿阴堪避暑，相看枯木不惊雷。晴光漏白飞螺顶，云影撑空幻蜃台。稍觉江山堪极目，临风薄送浊醪杯。

渌湘杂兴六首

迢迢潇湘水，千里发苍梧。上有枫树林，下有蒲与菰。云阴澹归鸟，波影荡浴凫。得所各谋欢，微心复何须。良境不相置，天情自合符。

浮云无远慕，南风吹我兴。涉江既超越，度岭亦凌乘。生灭不自虑，淹留非所能。是以云将游，过迹无久凭。

早岁涉渌江，今者复经过。六宇自不齐，吾生其如何。高滩飞珠瀑，古树郁青莎。南望岣嵝峰，玄云方嵯峨。天地既相借，萧摇发浩歌。

西风吹大旗，日落鼓角喧。片云自南来，飞雨涤川原。漠漠青天高，群动各已繁。倦客有余心，慷慨自忘言。

我行渡渌水，遂泛湘江滨。渌湘既同流，吾生非异人。来者各乘时，去者日以宾。欲忘而不能，寸念自相亲。

圆月辉东荣，天汉隐中轨。众目有炫蔽，真形无成毁。悲风惊凉衾，徘徊中夜起。仰瞻增浩歌，今昔何纷诡。居然有吾心，仿佛奚所似。物论复何疑，焉能役彼此。

萍乡中秋同蒙圣功看月

百年看月又今宵，昨夜疏云洗沈寥。渌水章江分影碧，牙旌戍火接星遥。寒枝难拣惊乌树，落叶谁填乌鹊桥。一枕冰魂随故剑，飞光犹涌子胥潮。

留别圣功

远送始知君送客，归人还念未归人。兴亡多事天难定，去住皆愁梦未真。宝剑孤鸣惊背珥，画图遥惜老麒麟。铙吹落日暄丹嶂，西望湘烟泪眼新。

代出自蓟北门

春涉巴丘湖，秋登楚王台。广风吹千里，飞云卷黄埃。念昔天狼飞，山岳横崩颓。金镞埋沙砾，轻车辕屡摧。旧从六校发，白首归蒿莱。安能不腹悲，天道有昭回。请看箙中箭，血迹杂莓苔。垂老含余心，谁知苍天哀。

却东西门行

天光易匿，明星难留。前心不践，时序如流。慷慨独行，莫知我犹。世如紫烟，心如冽秋。独不可保，两不能周。睥睨消谢，云胡不忧！

丙辰稿

人日有寄

人日宜人小试春，云光灼灼雨中匀。经年梅蕊破朱萼，一径苔茸展碧茵。清澈水曹东阁起，萧条杜甫小檐巡。湘皋嫩荻铺轻绿，莫有清波动锦鳞。

雨中过蒙圣功斗岭六首

君从吴西归，吴西接楚东。云何成迢递，令我思无穷。

博望屯烧未，舟中指在无。君言非不早，夹水一军孤。

自有真豪杰，临危授玉骢。将军诚下士，乌幕不如空。谓王总戎鼎步行授马。

鸟道行已屡，龙渊老自灵。乾坤日洒血，君莫羡渔汀。

二百里无山，到来青插天。东行渡湘水，碧涌万重莲。

夕雨万条碧，晴云一线天。与君昨夜语，山鬼泣窗前。

中秋同圣功庶先翠涛须竹饮听月楼诸公将送予下湘

今宵犹对家山月，江阁同倾送远杯。牧笛西清怨良夕，金戈北望接黄埃。宗天一碧涵江合，极浦微波倒影回。果有琼楼归去路，羽衣何遽不仙才。

风泊昭山夹病中放歌

昭山之东青林空，昭山之北填悲风。孤鸦怒隼穿云幕，银珠雪锷翻蛟宫。苍天有息必有消，消之滑熟苍天骄。踟躇故缓烛龙驾，黑昚冲肌万骨焦。丈夫欲扶双臂软，老病煎肌秋夜浅。壮魂飞驾昭山云，荻叶敲蓬惊梦转。

涟江夕泛

霜日余一曛，南林凝夕绿。畴昔闻涟江，清濑勤屡瞩。天物缓今古，人情故纷促。憺意无先取，良景应前触。至矣定情游，悠然忘群独。

褚公池

褚公南游此，遂有洗笔名。墨云定有无，人心为英灵。近代推王铎，于宋拟蔡京。钟繇空痴肥，助逆作长鲸。应迹有本末，念之心自惊。

懿庵七十初度余留滞长沙不遂山中欢笑已乃泝涟访祝述怀一首

湘山护涟水，黄润沐霜液。东皋知不遥，丹叶古琴宅。菊樽开已缓，杞实犹堪摘。延年有真理，慎静炼生魄。阅世如浮烟，抱道引虚白。乔木无近枝，唐松重东碧。我心君所怜，飞鸟留沙迹。渔舟笑解缆，兵气清昨夕。已得入寥天，追随访云册。芝草定何人，珍重酬幽客。怀葛在窗枕，汤武睨局弈。天秋为我秋，刀圭无旁益。即此游钧天，谁劳注仙籍。

楠园翠涛诸公作瓶菊诗命仆和作辄成四首

秋径谢商风，闲房试暖融。艳从窗月浅，芳倚槛以下阙。

附录

新秋看洋山雨过

南楚秋风日，轻阴太白方。参差分远障，明灭互斜阳。旋度云间树，还吹山际香。鹭飞初掠润，燕语乍矜凉。云断天逾碧，林疏野乍光。余霞侵月浅，晚露过溪长。薄袂泠泠善，闲愁鼎鼎忘。萧斋聊隐几，吾道在沧浪。

居西庄源三载将去赋诗

物遇日屡迁，流止暂不遗。浮云出丹巇，游儵遵绿漪。心知既无滞，躯质匪有期。俯仰同久乍，令我奄宅兹。修竹丛尚稚，冈梧荫每移。云岫半明灭，霞嶂时参差。坐闻春鸟鸣，亦睹秋叶离。凌景延圆晖，迎寒却凉飔。回首舜帝峰，濯足春水湄。芳草良未歇，佳期行可规。行道昔已靡，槁木今何居。俄顷已藉用，乘乘将焉之。

二诗见《常宁县志》。志载先生甲午由南岳移居常宁之西庄源，丙申生子敔。丁酉复返南岳。寓宁三载，为邑人说《春秋》。居游多有题咏云云。按：二诗已见《五十自定稿》。今复录附编年稿后以存志语。平湖张宪和谨识。

《姜斋诗编年稿》全书终

船山鼓棹初集

船山鼓棹初集

十六字令 落花影

落花影，款款映春江。终相就，贴水不成双。

又 前题

落花影，风飐小桥西。掠素袷，疑是染香泥。

捣练子 晚春

云似梦，雨如尘，花泪红倾柳黛颦。也算人间春一度，明年莫更不还人。

如梦令 本意

花影红摇帘缝，苔影绿浮波动。风雨霎时生，寒透碧纱烟重。如梦，如梦，忒杀春光调弄。

又 前题

如梦花留春住，还梦春随花去。一片惜春心，付与游丝飞絮。无据，无据，不觉梦归何处。

长相思 本意

宝刀分，宝钗分，绣带分开坠画裙，余香犹自温。　　锦鸳群，野鸳群，三十六双认得真，旁人莫漫嗔。

又 前题

不思量，也思量，密语何曾得话长，惊鸿夜渡湘。　　真成双，假成双，侬似莲心苦薏藏，怜他菡萏香。

点绛唇 牡丹

春未分明，觌面始知韶日晓。朱凝粉袅，费尽春多少。　　人在绿窗，艳影朦胧绕。碧天杳，瑞云回合，锦褓空青表。

又 前题

不道人间，消得浓华如许色。有情无力，殢着人相识。　　阅尽兴亡，冷泪花前滴。真倾国，沉香亭北，此恨何时释。

又 月桂

蟾馆飞英，随他月在秋长在。冻云如黛，幻出香严界。　　曾订青娥，有誓深如海。春光改，清芳缥缈，还与山矾赛。山矾，一名春桂。

又 碧桃

碧海凝霜，问谁唤作春光住。绿烟轻处，月染幽香聚。　　缥缈云魂，旧厌霓裳舞。天台路，山空月冷，不管刘郎误。

又 矮桃

绛襫盈盈，墙头怕惹游人顾。幽情谁诉，芳草萋萋处。　　燕眼偷窥，早倩绿云护。勤嘱咐，低飞蛱蝶，莫惹香泥污。

女冠子 卖姜词

余旧题茅堂曰姜斋，此更称卖姜翁，非己能姜，聊以补人之不足尔。戏为之词，且卖且歌之。

卖姜来也，谁是能酬价者，不须悭。老去丝尤密，酸来心丹。　　垂涎休自闷，有泪也须弹。最疗人间病，乍炎寒。

又 慈竹

萧疏不可，簇簇绿烟深锁，一枝枝。乳凤梳翎细，游鳞蜕迟。　　天高难借问，风横怕相欺。且自团圞住，要谁知。

浣溪沙 山行

曲曲屏山翠幙垂，啼禽不拣浅深枝，逗人斜转竹枝西。　　绿玉竿柔愁露浥，翠烟叶密耐风欺，溪光一半染玻璃。

又 过熊男公夜话

炊稻烟阑煮笋香，溪流萦岫半斜阳，闲宵不觉茧灯长。　　鱼计向春元得水，蝶魂入梦不惊霜，无劳濠上讯蒙庄。

又 即景

幸草犹余几段残，烧痕斜插野鸡斑，灰堆无数米家山。　双眼瞢腾疑梦觉，一天晴雨两阑珊，不愁也索带愁看。

又 望归雁

病眼遥天认不真，一双双影未全分，空花摇曳乱春云。　香篆欲消拖蚕尾，平波初皱起鱼鳞，乌丝阑染素笺纹。

霜天晓角 怀旧

平湖春水，日落扁舟舣。话到伤心深处，双泪落青樽里。　天不留愁绪，拚遣愁人死。刚有一丝春怨，又花落鹃声止。

菩萨蛮 早春

梅花绽锦催寒去，霜花铺粉留寒住。去住两凄然，衰翁惜岁年。　烧根红苗草，已报春生早。莫惹晓莺啼，啼时花乱飞。

添字昭君怨 秋怀

谁染千山乌柏，欺杀一株衰柳。微霜何似镜中霜，万丝长。　蜡屐从今几两，冰级当年屡上。夜阑星汉耿清空，挂残虹。

又 春怀

茸草偏生南浦，桃叶半遮芳树。东风何用苦相催，缓缓来。　刚倩柳绵黏住，又被落红勾去。麟洲闻有返魂香，海天长。

减字木兰花　<small>冬尽</small>

烟笼残月，遮屋五更霜似雪。小爱东窗，逗漏玻璃数点黄。　　梅风疏缓，冻蝶乍苏幽砌暖。生怕春生，生雨生风困早莺。

又　<small>春怨</small>

落花飞絮，只有闲愁吹不去。雨雨风风，消受残春一梦中。　　苍烟碧霭，一望迷离天似海。燕燕莺莺，尽说离愁话不成。

忆秦娥　<small>灯花</small>

心未冷，娟娟还弄斜阳影。斜阳影，半点红轻，一天烟暝。　　残香犹袅金猊鼎，泪痕微映鸳鸯枕。鸳鸯枕，如何落去，孤衾难整。<small>从不作艳词，以灯花止载得底语。妄人说理可憎。</small>

又　<small>前题</small>

残膏少，零红难待春宵晓。春宵晓，灰飞无迹，更谁弄巧。　　朦胧睡眼微萦绕，疑无疑有幽光小。幽光小，破镜寒辉，死萤残照。<small>浮屠作灯花诗，其自谓妙悟之供状也，以此为爱书。</small>

清平乐　<small>咏萤</small>

夕风乍定，冉冉穿芳径。曲沼欲寻鸳侣并，却是伶俜孤影。　　来回柳岸苔阴，不知露冷更深。几点残星未落，一弯斜月初沉。

又 嫩柳

霏霏屑屑，略上些儿色。敛尽翠眉刚半缬，应是春光不彻。　　未妨雨细寒轻，绿波浅映盈盈。更著一分螺黛，和烟绾住流莺。

西江月 俗译

到处冻脓络索，逢人歌闹诖谀。无多弊揉总酸馊，窨得英雄沤瓷。

偏僬几分即溜，郎当一味觟觩。砰訇浪里囫囵游，谁受两干偬偬。歌，虎可切。闹，火雅切。诖谀，读如连娄。弊揉，《庄子注》音跛撒。今祁阳人呼零星物事为八撒，应即此字。沤，去声。瓷，音橘。偏僬，或作沓飒。两干，或音作衡衔。干音韩。

南乡子 留别家兄

老去别堪惊，日暮长亭亦短亭。镜里朱颜惟梦里，惺惺，刺柏堂前一字行。　　此去更无凭，药饵谁扶瘦骨轻。望断岳阡魂缥缈，伶俜，万叠烟波两叶萍。

鹧鸪天 刘思肯画史为余写小像，虽不尽肖，聊为题之。

把镜相看认不来，问人云此是姜斋。龟于朽后随人卜，梦未圆时莫浪猜。　　谁笔仗，此形骸，闲愁输汝两眉开。铅华未落君还在，我自从天乞活埋。观生居旧题壁云：六经责我开生面，七尺从天乞活理。

又 藤蓑词

籤籤江门旧钓竿，如今落手尽清闲。鳞鳞三六双双鲤，历历千重叠叠山。　　斜月落，晓霜残，藤蓑耐得一江寒。橛头信水亭亭去，鲸浪惊雷午梦安。藤蓑，白沙隐服。

又 前题

拾得藤蓑挂破船，芦汀柳岸两悠然。瞳昽海日生残夜，烂漫江春入旧年。　霞散绮，绿飞烟，侬家何处不青天。星辰滥摘从人买，只索苔阴数颗钱。

又 前题

不唱江门旧棹歌，人间今古有藤蓑。况逢木落天空后，奈此风清月白何。　穿衰柳，度残荷，一行白鸟掠清波。孤吹铁笛腾腾去，惊落残花冒女萝。

又 前题

云自垂垂水自流，藤蓑晴晒钓鱼舟。蓼花双映迎红粟，鹭影斜拖颤玉钩。　从阐缓，尽搂搜，丹枫叶落不关愁。闲愁只为多愁客，镜里狂寻头上头。

又 前题

藤蓑别样有新裁，不打汀门旧谱来。自怜艇子容双桨，不羡鲈鱼有四腮。　帆已挂，舵频开，掀涛拍岸且徘徊。涪翁漫道风波险，似此风波亦快哉。

虞美人 落花

柳风催送横天雨，自是难留住。更无消息教人知，不解一宵惊去定因谁。　香膏酿出红芳密，费尽东风力。到来无绪恋东风，为爱半溪流水暖溶溶。

临江仙 <small>山矾</small>

本是玉场天上种，几时还驻云轺。檀心粉颊两盈盈。香迷双嫩蝶，熏恼一林莺。　手折一枝相借问，何如蟾阙秋清。东君着意更殷勤。朦胧烟月暖，骀宕柳风轻。<small>场，花也，一名春桂；或云，唐昌玉蕊即此。</small>

蝶恋花 <small>早秋</small>

落日青空分燕尾，一片残云犹作孤峰紫。剪剪白蘋风欻起，藕花露滴清波里。　为问贴天双燕子，底事能忘辛苦春前垒？回首垂杨无限意，无情也应悲秋死。

又 <small>春景</small>

薄日蒸云光影碎，白霭蒙蒙罩住春山睡。一树梨花轻雾里，玉山斜倚冰绡醉。　半吐山矾香孕蕊，小步寻春好了莺花事。莫待楝花花信至，子规难挽东流水。

醉春风 <small>遣病</small>

未了游丝债，莫被浮云碍。鸡声历历曙光微，在在在。月挂西楼，风轻柳岸，虹垂天外。　但遣愁城坏，不怨霜荷败。情知腊尽雪须消，耐耐耐。未必他生，还如今日，长年禁害。

青玉案 <small>忆旧</small>

桃花春水湘江渡，纵一艇，迢迢去。落日颓光摇远浦，风中飞絮，云边归雁，尽指天涯路。　故人知我年华暮，唱彻灞陵回首句。花落风狂春不住。如今更老，佳期逾杳，谁倩啼鹃诉。

江城子　咏雪

依依欲待入帘栊，怕回风，怨回风，一霎惊飞吹过小桥东。梅信未来枫叶尽，谁款款，与从容。　　前溪流水忒匆匆，拚孤踪，碧波溶，冷淡魂消旧恨有无中。不似柳绵归计晚，人只解，惜残红。

又　咏雪

惊风淅沥渐无声，恰泠泠，早盈盈，促拍悲丝转入凤笙清。唤醒梅花月下梦，看咫尺，有瑶京。　　人间何用久留情，晓风轻，晓烟晴，流水斜阳莫惜玉山倾。解释消沉千种恨，明镜里，鬓丝横。

祝英台近　初夏

碧莎蹊，菖叶渡，寂寞寻芳处。梅雨无凭，更把残红误。清池几片荷钱，浮萍相乱，留不住泪珠如雨。　　空凝伫，柳枝低飐夕阳，犹作旧时舞。也自无聊，怕惹香泥污。问双飞乳燕何心，闲情闲绪，向枝上娇憨对语。

满江红　初夏

霞映晴空，惊晓梦余寒消尽。日影转，绿阴叠叠，碎痕红印。燕子归来憨不语，柳塘樾径都相认。尽从今长日小楼空，无人问。　　浮萍叶，鱼难信。商陆子，鹃犹恨。怕黄梅雨浥湿烟还困。记得年时游冶处，轻衫碧映荷钱嫩。奈柳丝闲挂葛巾斜，窥霜鬓。

又　新月

远碧无涯，但约略清光莹澈，凝望处，谁匀松玉，斜分云叶。幽魄可怜凉似水，一丝浅漾冰纹缬。问青天何事送新愁，从谁说。　　栖不稳，惊禽咽。风不定，波光叠。晒南枝高处，素痕明灭。认得遥山青不了，半峰微露峨眉雪。便迢迢飞梦入层霄，还孤怯。

又 忆旧

灯影萧疏，身还在为谁消受。拚尽了，月下吹笙，花前纵酒。寂寂仲华今已老，太阿知我还知否。向中宵寒铁歊清光，雌龙吼。　骨已白，黄泉友。魂已杳，黄头妇。便长吟《梁父》，溪山非旧。飞尽楝花天不管，韶华难得春风又。听啼鸦啼彻五更心，栖衰柳。

满庭芳 重九

芦展霜英，蓼开红粟，三分秋在堪怜。芙蓉木末，午压绛痕鲜。似欲将人共醉，何须问谁健他年。吹不去，当头皂帽，直上有青天。　飞仙曾授我，汝南真诀，壶里清玄。已住云山绝顶，芸尽芝田。何处更寻高巘，累芒鞋竹杖横肩。凝眸处，齐州数点，万里罩平烟。

水调歌头 咏怀

钓竿落吾手，意不在鱼边。六鳌何处，一艇缥渺凌孤烟。耐可乘流直上，不避回风吹转，蹴破浪花圆。一曲棹歌里，星斗落帆前。　白蘋洲，芳草渡，扣哀弦。落花细数，坐久目送荇丝牵。出入无肠国里，烂漫无愁天上，鼎鼎度华年。惟有千丝雪，镜里自相怜。

黄莺儿 苦雨

昏昏昏晓忘春曙。几尺幽窗，半掩苍苔。一抹青山，平铺飞絮。似酒醒，乍扶头，灯炧难留炷。沉沉天海，蒙蒙早把韶光暗里消去。　拚与白鸟荡银波，清猿隐高树。芭蕉几叶，莫有绿肥，轻寒依然勒住。想流水小桥东，密筱浓阴处，应有怨老莺声，细把闲愁诉。

高阳台 　蛛丝落叶

拚却无情，更谁厮惹，西风檐角萧萧。留看人间，斜阳一晌光摇。蘋花应笑归期误，又争知，孤绪无聊。被殢人，轻蝶慼慼，片影相撩。　　天涯一梦迢迢，任露侵衰草，月冷危桥。便随尘土，离魂不倩人招。前时难忆藏鸦处，有归飞孤雁低邀。望谁为，并刀一剪，剪断情苗。

念奴娇 　咏蝶

流莺啼遍，唤不醒芍药丛中双蝶。待把红香留住稳，无待雨狂风劣。流水浮萍，垂杨飞絮，都是闲枝节。殷勤为甚，飘零了不孤怯。　　纵好绣带云裳，来回弄影，荡芳情一捻。日暮帘垂归燕语，池上晚风猎猎。渺渺天涯，归魂何处，便是烟花劫。无人说与，阳关梦里三叠。

又 　对镜

闲愁自昔，到如今当得雪欺霜负。云亚天低抬不起，随意白衣苍狗。剑跃双龙，笔摇五岳，也是闲筋斗。蝶黏蛛网，丝毫动得还否。　　别有一线霏微，轻丝秒忽，系蟠泥秋藕。一恁败荷凋叶尽，自有玉香灵透。眉下双岩，电光犹射，独运枯杨肘。无情日月，也须如此消受。

水龙吟 　莲子

平湖渺渺波无际，难认旧时青盖。荻絮横飞，蓼红斜炫，秋光无赖。拚不含愁，韫香密裹，泠泠珠佩。伴江妃泪颗盈盈，怕谁厮恼，幽房里深深缀。　　十斛明珠谁买，空望眼悬愁碧海。露冷昆明，霜凋玉井，兰舟罢采。自抱冰魂，海枯石烂，千年不坏。莫抛掷一点孤心，苦留得秋容在。《本草》：石莲子带壳则千年不坏。即此。李时珍云药肆别有一种石莲子，不知何物。

又 前题

　　白蘋红蓼秋江岸，早有蜻蜓斜睨。须褪蜂黄，乳含菽玉，恹恹倦起。乍历金风，谁知渐老，蜜房深闭。应只似天宝鸡坊，皂衣人在，空记得霓裳事。　　零零玉露含愁，漫阁住泪珠难坠。无情忍见，蹴碎菱花，啄残菰米。自惜残香，又逢劈破，长离烟水。问多情碧藕抽丝，可得经时重系。

又

　　余既作莲子词二阕，梦有投素札者，披览之云："公不弃予小子，补为酬词，良厚。乃我本无愁，而以公之愁为我愁，屈左徒之愉东皇、云中不尔也。且公所咏者，菼絮蓼花，金风玉露，皆余少年事。假以公弱冠时文酒轻狂，今日为公道，公其能不赪见于色乎？败荷秋藕，吾已去之如蓗，自别有风味在。公虽苦吟，非吾情也。世人皆以我为朴质，公当为艳语破之，幸甚！"晓起，因更赋此，不复以艳为讳。

　　轻舠直上潇湘，五湖载取风光去。兰汤初浴，绛罗轻解，鸡头剥乳。腻粉肌丰，苞香乍破，芳心暗吐。待笑他石家赪面，杨家病齿，虽夭冶还含醋。　　曾倩绿窗深护，全不教香泥微污。莫愁秋老，侬家自有，杏金丹驻。惟应少府，无妻空老，长怜樊素。愿年年岁岁相期，解佩蘋花洲渚。

瑞鹤仙 寿李为好

　　早觉秋清也，是年华通闰，露晶莹也。霏微香浅处，知月中金粟，遥飞英也。双星炯也，良宵映，人间永也。祝其人如玉，颉颃姑射，在瑶京也。　　轻也，邺侯仙骨，凌虚上，御风泠也。梦鹤迥也。何知蚁梦醒也。笑向来蛮触，交争何事，冷看闲看定也。尽海波，千度桑田，吾心静也。

春云怨 春雨

一宵风雨，将小窗曙色，朦胧勒住。惊起数声啼鸟，多在碧烟深重处。肥绿欺人，瘦红欲尽，流水无情向南浦。红药多愁，翠胎未吐，还遭花期误。 问春拟向何方去，怕芳草天涯萋萋非故。记得年时踏青路，燕子重来梦里，楼高望迷烟树。桃叶难凭，流莺不管，自缩柳丝低诉。

喜迁莺 元夕

龟纹云展，逗月影照人清善。侥幸春光，等闲换却，银海玉山万片。不道残梅香尽，似惜柳条绿浅。更念我一茎瘦骨，风丝欲颤。 缱绻，笑年年岁岁，长伴韶华转。野烧烘朱，疏星炫采，一点山灯光颤。良夜人间似此，莫问琼壶近远。痴来自笑，衰翁受用东风消遣。

归朝欢 春晚

不道春光消不得，风风雨雨落红积。余芳一片尚嫣然，倡条冶叶谁相识。幽情还自惜，向他时断虹残雨，留取韶华迹。 游丝袅袅娇无力，难凭远觅春消息。也知春只在天涯，杜鹃莫诉春归急。柳带烟如织，从容缩住东流疾。任桃花路杳天台，不道仙源隔。

潇湘逢故人慢 赠季简尤初度简尤方五十髭鬓如雪已十余年矣

潇湘一曲，记前时相念，此地相逢，掀髯一笑中。问霜雪因甚，早上青松。多情自昔，阅桑田沧海重重。有吴市洞箫孤奏，碧天吹裂晴空。 酌君酒，为君舞，怕长沙袖短，举手难工，把袂且从容。但五弦挥罢，目送归鸿。随时梅酒，又何有今古英雄。莺花在，年年三月，绿杨柔䑋春风。

尉迟杯　闻丹霞谢世遥为一哭

离愁远，恨漓水不逐湘流转。萧萧寒雨天涯，南雁一声惊断。闲惊无数，都付与似水并刀翦。忍今生死死生生，总难片语分判。　　追忆云暗苍梧，也则是风光本色消遣。裸戏谷泉雷电里，莫更有耶娘生面。今且向垂杨暮雨，鹃啼处，咒残春一线。想依然还我伤心，归舟天际相见。

二郎神　七夕

秋生处，还只恐佳期无据。俯杳杳，人间几点疏灯，乱流萤低度。莫有多情应似我，向蛛网，含愁轻诉。方信得，经年此夕，带水桥成堪渡。　　休误，荏苒凌波，迢迢西浦。费乌鹊高飞心力倦，奈尘世荒鸡催曙。回首盈盈青女下，似笑我凄凉庭户。算自有银潢，几许年华，玉颜非故。

玉连环　述蒙庄大旨答问者

生缘何在，被无情造化，推移万态。纵尽力难与分疏，更有何闲心，为之瞅睬。百计思量，且交付天风吹籁。到鸿沟割后，楚汉局终，谁为疆界。　　长空一丝烟霭，任翩翩蝶翅，泠泠花外。笑万岁顷刻成虚，将鸠莺鲲鹏，随机支配。回首江南，看烂漫春光如海。向人间，到处逍遥，沧桑不改。

又　前题

毂中游羿，莫漫惊宠辱，浪生规避。原自有万里清空，可无影而藏，不飞而至。黑白两端，算都是龙泉轻试。但途中曳尾，刃发新硎，全牛皆废。　　无涯有涯交累，惟饵香药作，不黏滋味。消彼此百种聪明，向白日青天，鼾齁熟睡。侧足焦原，弄獶虎不殊豚彘。笑弈秋，着着争先，居然钝置。

望湘人 归雁

到春生寒里，寒尽春边，惺惺还自分晓。烟水无涯，关河何处，长是梦魂飞绕。任不归来，也堪信宿，奈他幽悄。尽江南草长鱼肥，难把寸心灰了。　　历尽墟烟晚照，更天低月暗，风凄云窅。脉脉自孤征，冷觑垂杨栖鸟。随处生缘，暂时留恋，只爱桃英娇小。问他日万片秋声。谁领取江天缥缈。

风流子 自笑

老夫无藉处，问今古更有几人知。把红霞揉碎，捘成火枣，玉露团合，酿就冰梨。饱餐罢，擎篮盛夜月，添炭煮冰澌。一掐中天，星随指落，还从残腊，花促春归。　　秋风落叶里，扪碧霄，敲响玻璃。大笑天翁白雀，输我偷骑。金弹惊开，幽窗啼鸟。玉笙唤起，茅店荒鸡。且殷勤属望，绝调钟期。

沁园春 梅花道人题骷髅图澹归嗤其鄙陋为别作七首乃词异而所见亦不相远反其意作四阕正之

白日难欺，青天不爽，只此骷髅。到排场戏毕，尽停边鼓；熏炉烟散，却剩香篝。无想有天，也须扣算，放自当年到此收，终不道，泛秋波一叶，随处芳洲。　　思量惭愧难酬，曾顶戴春霖起白沤。忆香蒸云子，从伊饱满；轻裁霞绮，护汝温柔。莫倚无知，瞒他有眼，总付梧桐一片秋。应认取，者下回分解，别有风流。

又 前题

当汝无时，原无消息，逗此风光。到云生月吐，旋相圆满；山支水派，不爽针铓。桂斧谁修，玉砂难碾，琢就玲珑七宝装。曾倩汝，为日轮炫紫，寒夜凝霜。　　成功底事难量，仍掷与乾坤自主张。尽雪里梅开，凭谁蕴藉；风中柳摆，非汝轻狂。百折如新，一丝不乱，烟草迷离总不妨。珍重好，教大钧裁剪，鹤短凫长。

又 前题

毕竟还他，晓风残月，正好惺惺。看太白占星，显开玉色；黄钟应律，敲作金声。揖让筵终，征诛局罢，渠不增加汝不轻。堪爱处，为元龟受灼，枯槁皆灵。　　西园片片落英，也妆点东风媚晚晴。任血洒虞兮，原非战罪；肠回康了，不碍文名。万石洪钟，一丝残纽，止此冰霜骨几茎。夫谁暇，怨华亭鹤唳，蜀道《淋铃》。

又 前题

为问蒙庄，卮言枉吊，笑尔何知。既使我其然，焉能免此；如君之说，抑又奚为？幸未凋零，先为飘荡，究竟鱼死死水湄。早辜负却桃花春水，杨柳秋堤。　　欲抛抛付伊谁，真避影银灯只浪吹。便一枕蝶轻，还黏粉翅；三眠蚕稳，仍惹缫丝。去则难留，留原难却，一线纹生玩月犀。惟片晌，耐板桥霜迹，茅店荒鸡。

摸鱼儿 病后作

问还余莺花几许，容吾酬尽春债。向来淡墨写虚空，也须添朱着黛。真狡狯。拚一片落英欲揉韶光碎。泼天无赖。拚古庙香炉，荒村迓鼓，社伙从新赛。　　痴绝处，瘦骨披襟潇洒，倚阑目断天外。归禽谁戢双双翼，栖稳垂杨烟霭。空惭愧，喷热血心肝摘出从人卖。寸丝留在，便棠杜云寒，白杨风起，不道余香坏。

又 自述

当年事也随风起，片帆一晌轻挂。云间江树霏微处，早爱青山如画。

停桡也。又却有蘋花菰米香低亚。难消良夜。且月载金枢，波分素练，饱看银河泻。　入佳境，茹蘖居然啖蔗，千金难酬春价。娟娟蛱蝶花间戏，不怕黄莺絮骂。谁真假？已早似光风霁月连床话。千蹊万岔，则堪信堪疑，欲歌欲泣，狂谱从人打。

贺新郎　自题草堂

狼藉成衰老，惟余此数茎瘦骨，随风颠倒。满目江山无熟处，一曲林峦新造，何敢望松萦竹抱。新绿半畦荒径侧，怕萋萋仍是黏天草。镬头在，还须扫。　东墙幸有冰轮好，到秋来暖雪生眉，琼浆灌脑。人道森寒清彻髓，也是龟毛蛇爪。总拚与寒灰冷灶。万顷烟岚窗纸暗，恰昏昏蒟睡忘寅卯。阿鼻狱，蓬莱岛。

金明池　新柳

多幸烟和，无妨风细，袅袅自怜春软。娇小甚，鹅黄绽处，但一叶两叶初剪。拚多情拖逗波光，映岸侧，镜影苔茸深浅。总冉冉相依，摇摇不定，约约匀匀低转。　不问花期今近远，只着意韶华殷勤欲绾。忍微寒待莺已久，向落日藏鸦不惯。定谁知，无限柔情，对残月晓风，翠眉难展。只片晌停凝，经时荡漾，独自来回消遣。

瑞龙吟　别恨

天涯远，凝望迢递层阴，夕阳一线。几番拚不相思，曾种情苗，待谁割断。　初相见，也似轻薄杨花，随风飘转。无聊且付闲心，灯下香前，自寻幽愿。　漫道天台桃径，重逢刘阮，残红一片。又随流水飘零，凋残故苑。盈盈脉脉，烟锁芙蓉巘。劳想像扇影低回，佩声缱绻。梦里啼莺似把游人唤。又恐春期浅。辜负却，翩翩画梁双燕。此情谁诉，一帘春晚。

望江南　<small>本意一</small>

江南忆，钟阜杳霏微。佛子献来金堵窣，功臣长侍玉罘恩。缭绕五云飞。

又　<small>本意二</small>

江南忆，锦带绕秦淮。万古中原龙虎气，百年冠盖凤凰台。天阙一双开。

又　<small>本意三</small>

江南忆，牛斗剑光横。跳壁将军飞似蝶，换桥万户语如莺。虹卷海天清。

又　<small>本意四</small>

江南忆，霞采映江波。吟社春翻红雪谱，讲坛月满碧云阿。锦瑟奏清和。

又　<small>本意五</small>

江南望，渺渺似云中。五色秣陵芝作盖，三山北固海吞虹。今古几英雄。

长相思　<small>春夜</small>

花影低，月影微，一夜迢迢已半非。问天知不知。　　风满扉，露满衣，炉冷残香恋素帏。栖禽尚未归。

昭君怨　<small>本意</small>

千古英雄一泪，只在琵琶声里。冷笑看功臣，画麒麟。　　娇面胡风吹皱，拚与红颜消受。赤凤不知愁，汉宫秋。

又 咏柳

莺啭上林春软，蝉噪隋堤秋晚。一样系兴亡，碧丝长。　　夜雨盈盈千颗，点点清波滴破。不但翠眉颦，泪珠匀。

点绛唇 和林和靖韵咏草

旧日青山，霜风吹后谁为主。招魂何处，棠杜春皋雨。　　杜宇声中，休怨芳年暮。凝眸去，萋萋无数，仍满天涯路。

霜天晓角 怀旧

清秋晚角，斜日横云脚。剑射灯花坠紫，双影瘦，征衣薄。　　今日梦中语，当时难卜度。惟有丹枫霜叶，点点血，还如昨。

菩萨蛮 除夕

相移不觉春前岁，相连不断风前泪。泪已到今残，乾坤醉梦间。　　紫山横白霭，幕历天如海。花月有时新，难留霜鬓人。

又 桃源图

桃花红映春波水，盈盈只在沅江里。湘水下巴丘，湖西是州。　　停桡相借问，咫尺花源近。三户复何人，长歌扫暴秦。

又 述怀

万心抛付孤心冷，镜花开落原无影。只有一丝牵，齐州万烟。　　苍烟飞不起，花落随流水。石烂海还枯，孤心一点孤。

摊破浣溪沙 始春新月

嫩柳梢头挂一分，玉痕松浅绿烟轻。空里流霜荡漾逼天清。　　瘦影徘徊还似梦，朦胧雪鬓未惺惺，却恼人间菱镜太分明。

卜算子 咏傀儡示从游诸子

也似带春愁，却倩何人说。更无半字与关心，吐出丁香舌。　　红烛影摇风，斜映朦胧月。铅华谁辨假中真，皮下无些血。

忆秦娥 本意怀仙

骖鸾去，还来太华峰头住。峰头住，不远人间，迷蒙烟雾。　　神山无蒂飞鲸渡，迢迢紫海清都路。清都路，天酒花倾，云韶鹤舞。

又 子规

幽魂咽，蜀天泪洒春江血。春江血，东下湘灵，哀弦夜月。　　春归还诉春前别，天荒地老情无歇。情无歇，唤不归来，他生此劫。

谒金门 待须竹

闲不得，闲得也应相即。除却镜中霜鬓识，更谁通消息。　　多病年来无力。翠嶂层层相隔。珍重杨花风起日，觅浮萍踪迹。

又 春怨

云无数，遮断春光来处。更着廉纤千嶂雨，罩住和烟树。　　社燕佳期已误，他日归来应诉。旧识垂杨芳草路，总被深寒妒。

清平乐 鹧鸪

但南无北，费尽叮咛舌。说与天涯行不得，也似欲啼清血。　　空山烟雨霏微，离披败叶低飞。乳燕莫夸轻俊，人间何处乌衣？

谒金门 偶感

千秋岁，只似而今滋味。落日黄花衰草地，有英雄残泪。　　片月亭亭西坠，不管幽虫吟砌。未审碧霄何意绪，恁茫茫无际。

更漏子 本意

斜月横，疏星炯，不道秋宵真永。声缓缓，滴泠泠，双眸未易扃。　　霜叶坠，幽虫絮，薄酒何曾得醉。天下事，少年心，分明点点深。

又 前题

崧台泊，漓江柝，剑吼匣中如昨。刘备垒，马殷坟，闲愁夜几分。　　灯烬灭，寒衾铁，只有归鸿凄切。檐溜雨，远鸡声，心知是五更。

眼儿媚 春深始见梅花

不知深浅几春宵，犹自见春娇。暗藏红粟，斜分绿影，全罩冰绡。　　当时曾有孤山约，客梦已迢遥。余香应惜，东风渐老，野水平桥。

西江月 本意

湘水悠悠北去，章江渺渺东流。清光拂剑碧天秋，情寄一杯浊酒。　　落月倩谁留住，长江又送新愁。小孤潮阻散花洲，露冷长堤衰柳。

又 前题

曾忆龙沙孤泊，将军祠下霜寒。凉辉浅浅挂西山，半破金枢拂岸。 羌管声中鸟梦，藤花影里渔湾。婵娟不管泪阑珊，还送数行归雁。
南昌刘省吾都督祠，不知存否。

怨王孙 送春

野水苍树，落红飞絮。芳草长堤，垂杨古渡。只是无人，解惜春。 归雁欲传云里字，将谁寄，拚与闲愁死。天远水远山远，何处相逢，梦魂中。

江南曲 寒月

寒月迥，霜气护婵娟。眼晕乍临秋水镜，眉黄初学远山烟。不尽使人怜。 清赏处，犹自忆华年。移几当轩添兽篆，卷帘呵手拂鸾笺。人在玉山前。

又 前题

寒月迥，凝望属天涯。剑吐蓉光三尺冷，弓垂蟾影半轮斜。豪气动悲笳。 回首处，幕历杳平沙。雪窖遥天迷雁字，琼楼暗影奈妖蟆。双鬓冷霜华。

又 前题

寒月迥，风袭读书帏。砚滴摇光分碎玉，灯花随影落琼芝。历历记当时。 人已老，不分冷风雌。吊古自垂珠蚌泪，问天欲伐桂香枝。清气荡冰澌。分，去声。

又 前题

寒月迥，旖旎一轮安。片影但惊孤叶坠，数峰无那晚烟残。略似梦中看。　　深仁立，清露沁肌寒。药灶松风初淅沥，竹窗梅影已阑珊。人老钓鱼湾。

鹧鸪天 杜鹃花

锦国春从恨里裁，云安涪万浅深开。山头万片□芳影，枝上三更结怨胎。　　红泪滴，血函埋，他时化碧有余哀。伤心臣甫低头拜，为傍冬青一树栽。

虞美人 问月

乍圆还缺相调弄，也是如春梦。有形毕竟有消时，只是较人差久少人知。　　迟回闲恋花间影，便道秋宵永。侬今何遽不风光，一晌清灵不散万年长。

踏莎行 与李治尹夜话致身录事有感而作

几许兴亡，凭谁料理，血痕一缕留青史。从来白刃杀英雄，恢恢儿女丛中死。　　霜气飞空，星光堕水，闲宵半吐伤心字。他年莫闲草堂荒，萧萧落叶随风起。

小重山 讯游人

闻道韶光色色新，青骢骄玉勒，踏芳尘。河桥嫩柳折殷勤，全不管，叶叶翠眉颦。　　莺语咒含嗔。子规催不转，未归人。东皇若肯惜余春，红药在，重染茜香匀。

蝶恋花　秋感

檐帽风轻收早稻，半卷黄云，半拥绿烟岛。雪鲫如银膏满脑，瓜肪切玉铺霜早。　袅袅长竿争打枣，秫鞠珠圆，颗颗香甜饱。受用苍天今已老，掀髯一笑邯郸道。

苏幕遮　暮春月夕

雨初收，春已尽，多幸婵娟，还照烟霄暝。弱柳摇波波不定。绿影层层，蔑损金枢晕。　尽闲愁，谁借问，花落花开，难向今宵认。犹有余香吹阵阵。珍重清辉，莫映残云隐。

又　翠涛以新诗见怀作此答之

老犹惭，愁不死，燕子衔来，无限伤心字。春色三分还似此。和雨和烟，了却韶光事。　有如痴，仍似醉，短剑光销，红蜡倾珠泪。一片潇湘东下水。谁遣无情，长惹飞花坠。

渔家傲　樵歌

煨芋喷香斟卯酒，扳萝不怕寒崖陡。黄叶飕飕麋鹿走。君知否，夜来野烧霜枯后。　林外炊烟青一缕，斜阳又转苍溪口。莫怪逢仙柯已朽。耽棋久，人间残局难丢手。

又　前题

雨歇轻阴苔满地，莺声引入云深际。谷口回风惊扬起。芫花碎，芒鞋点点红芳缀。　满径山矾香蔼腻，杜鹃铺锦簪螺髻。掉首行歌歌不已。腰镰坠，枝枝不忍伤新翠。

又 为好送鱼苗谢之

连雨前溪新涨弥，垂纶不上双双鲤。刚叹直钩钩不起。青蓑委，果然甚矣吾衰矣。　　雪脊霜鳞春燕尾，殷勤不待桃花水。曲沼逍遥萍叶紫。秋风里，熟炊香稻烹银髓。

凤凰阁 咏风

镇来回，不审何时是了，问天也难分晓。可惜一江绿净，半林红袅，都被轻狂消缴。　　年来双耳，长似蝉吟林表，那堪鼍吼还相嬲。便两鬓几茎霜也来萦绕。到长夏，又还幽悄。

天仙子 元夕

垂垂冻雨凌珠滴，阿谁唤作灯花夕。当时有梦到今圆，孤烟幕，残膏腻，寒山不着东风力。　　才领取归鸿嘹呖，又消受残梅狼藉。人间昨日是元宵，人非昔，天难识，明年消尽中原历。

祝英台近 残梅

有余香，无别意，难向东风说。前夜朦胧，一晌邀霜月。元来却上柳梢，平沉碧海，拚不管幽芳凄绝。　　情无歇，苦禁断雨斜阳，望寻香冻蝶。漫无消息，归燕空饶舌。便判取艳坠珠楼，烟飞紫玉，也难待杜鹃啼血。

御街行 上巳

迷烟迷雨教春困，不道是清明近。轻寒曾忍柳风狂，只待东君花信。红药芽娇，山丹胎小，依旧无凭准。　　兰亭今昔何须问，消不尽新亭恨。强将客泪付流觞，逝水难酬春怨。莺莺燕燕，花花草草，目送韶光褪。

东风齐着力   *忆别峰修竹为冰雪摧折*

一片绿云，千条寒玉，亭亭孤上，非想有情天。记得雨余残照，趁啼禽即栗横肩。迎眸处，捎云垂露，袅娜芊眠。   谁道别经年，怨湘妃不语，我见犹怜。鲸波吞岭，欲遣变桑田。魆地一声去也，挽不住环佩珊然。空想像，纸窗清影，淡写之玄。

水调歌头   *放言*

我自非卿法，何事为卿愁。非卿之法，卿抑可不为吾忧。若汝三更半觉，而肯一参万岁，月也应含羞。弄影浮云上，圆缺总清秋。   数花须，黏柳絮，汝风流。差排蚁国虾岛，立地凤麟洲。既道尼山出世，又召东山入梦，镜里是真头。炯炯明看汝，更上一层楼。

念奴娇   *南岳怀古*

井络西来，历坤维，万叠丹丘战垒。万折千回留不住，夭矫龙骧凤起。云海无涯，岚光孤峙，绾住潇湘水。何人能问。问天块磊何似。   南望虞帝峰前，绿云寄恨，只为多情死。雁字不酬湘竹泪，何况衡阳声止。山鬼迷离，东皇缥渺，烟锁藤花紫。云璈无据，翠屏万片空倚。

瑞鹤仙   *寿刘庶仙*

桃花开也未？有酥雨微晴，烂熏春醉。何须倾绿蚁，弄嫩柳莺背，黄醅香腻。彩衣新试，更昨岁，兰开双穗。此芳辰不乐何如，尘世原同儿戏。   曾记牡丹月下，琴轩春早，笑歌声沸。年华弹指，渐两鬓，霜华缀。看江山一晌，蜃楼闪烁，烟波杳霭无际。只壶公，壶里韶光一色，彤云多丽。

南浦 <small>惊秋</small>

片云堆雪，却无端飞影欲掠斜阳。回首西风起处，几叶上轻黄。莫问藕花凋未，看蜻蜓点点度银塘。有前时双鬓，而今似否，青镜自商量。　　极目神州杳杳，只归禽无数点微茫。销尽残虹半折，短剑蚀清光。便遣吾庐三径，在他时，枫叶不禁霜。祝掠云双燕，好将归梦绕空梁。

尉迟杯 <small>冬景</small>

夕阴凝，分一半，霜月空霄影。危柯风吼鼍吟，料得栖禽难定。眉云黛蹙，问何事，带浓愁不醒。也应他，倦看天涯，万里平芜烟暝。　　休道柳暖花娇，便秋色碧梧，犹恋金井。早似十分摇落也，谁待怨，玉露当时薄幸。但随风，几片丹枫，还逞飘零情性。听孤鸿，暗度三更，幽魂脉脉孤省。

二郎神 <small>咏镜</small>

碧潭清浅，又早被蘋风吹动。惊鬓影参差，归来欲倦。试向菱铜闲弄。何处相逢，似曾相识，一面闲愁偷送。多情甚，白袷朱颜，直至而今相共。　　还恐，尘生碧海，玄云暗涌。也似我年来，桃花春水，咫尺烟迷秦洞。总不分明，犹应记得，笑语当时恩重。谁忍见，半规流落人间，别邀新宠。

望海潮 <small>本意</small>

红尘如此，茫茫沧海，吾将谁与言归？蜃雾腾虹，龙珠炫紫，波光天外霏微。宝日涌初晖。经烟霾万里，云锁千围。依然不改，晶轮激火夹天飞。　　吹箫人鼓余威，将吴宫旧怨，血洒灵衣。怒遣天吴，滥驱海若，长风夺驾支祈。淫姣责江妃，将平沙尽洗，仙草滋肥。属目轩然一笑，人在钓鱼矶。

风流子　春感

春光又到也，全不惜霜鬓不禁愁。问归飞双雁，江南塞北，冰融风软，何处堪留。莫轻弃，鱼波翻縠皱，鹭影挂银钩。但爱风高，黄沙眯目；为贪月冷，白草含秋。　　垂杨摇荡处，绾不住绿水去悠悠。饶有荇牵翠带，难系浮沤。看彻踏青，眉皆黛蹙；相逢折柳，泪总珠偷。叹千金春价。一刻难酬。

兰陵王　秋感

伤心事，今日从何说起。剑光冷，血溅潭龙，落叶风高云际寺。宾鸿传锦字，向道海云孤峙。天涯远，欲托传情，不怕关河阻迢递。　　露坠芙蓉死。问秋藕可能，将丝重系。吹箫人老吴间市，向夜阑人静，闲提半语，也怕吟虫相调戏。拥孤衾独睡。　　凭梦，将愁寄。更天海悠悠，望断烟水。纵然有梦成差异。难寻觅酒伴，同垂珠泪。想天□□□也了无惭愧。

贺新郎　用韵寄题翠涛山居

君未同余老，任叔夜釜歊磊落，玉山奚倒。偶借渔矶垂直钓，不许问津人造。岂但爱清溪回抱。万叠碧簪青带绕，遍天涯总是王孙草。笑一室，何须扫。　　平畴良稼怀新好，多种秫，黄云酿熟，香熏龙脑。画骏不临松雪谱，自宝思陵鹰爪。煮冰雪自寻炉灶。闲写溪云山雨句，终不教举俗怜丁卯。虽寒瘦，非郊岛。翠涛家藏宣和画鹰，因忆赵子昂不类，遂及之。

又　中秋大病不得与从游诸子觞月吟此慰之

海门孤月上，是人间平分秋色，桂香新酿。一曲草堂东岭对，延尽碧天清爽。窗影照吟虫幽响。鹭足倒拳衾似水，笑清狂到此无能强。灯焰薄，摇孤幌。　　一丸冰玉含惆怅，付伊谁划破青天，御风孤往。擒取妖蟆三足怪，铺满银魂千丈。问窃药当年欺罔。玉宇能禁寒彻骨，但有情不怕银河广。宝剑在，英雄掌。

十二时 蟋蟀

问古今闲愁有几，长与秋来相惹。到月暗梧桐疏影，木叶泠泠初下。便遣清宵，都无万感，犹自难消夜。偏傍砌，侧近西窗，冷絮闲叨，不管残灯花炧。　　从伊谁，问知幽恨，长在眉梢萦挂。似诉风凄，如悲露冷，斗转银河泻。莫念人幽悄，殷勤特相慰藉。　　不分明，伤心句里，听得又还争差。待拥孤衾，灭灯塞耳，可放离忧罢。未多时更被、荒鸡数声啼也。

玉女摇仙佩 霜叶

云容初皱，鹦老梳翎，微露猩红丹昧。迤逦金风，轻寒不耐，心绪还如中酒。莫是怜秋瘦。赍韶光薄媚，春归还又。念一自，红药凋零，杜宇三更，啼血而后。拖逗得伤心，染就残痕，到如今消受。　　还想拒霜木末，蓼花江岸，晚艳于今未久。半折残虹，一湾夕照，却早送人僝僽。零落知否？惟应伴几叶，淡黄衰柳。又恐怕，青娥娇妒，不肯留侬住，朱颜非旧。重回首，雨余荒草堆红绣。

《船山鼓棹初集》全书终

船山鼓棹二集

船山鼓棹二集

十六字令 元夕见月

雪面女，耐冷卸罗衣。盈盈出，争赛粉香肥。

捣练子 咏愁

刚有绪，又无端，细雨千丝月半弯。一寸眉棱千障压，不教人放片时闲。

又 咏霜

空无际，月无痕，悄悄盈盈上草根。蜻蜓逼窗灯影绿，愁人不道不销魂。

如梦令 春后寒雪不已

粟起镜中珠饱，光射窗中花扰。消遣一衰翁，鳊项缩来欲槁。休恼，休恼，昨夜春山先老。

又　小游仙

　　一色花飞莺报，五色烟轻云罩。梦里屡骖鸾，只是今生未到。谁道，谁道，只有人间春好。

又　前题

　　天酒玉童斟送，《秋水》小鬟低诵。今日与他生，一径琼壶花动。非梦，非梦，波动月原不动。

长相思　春恨

　　莺乱飞，花乱飞，总爱春光去不违，谁知春事非。　　风满扉，雨满扉，坐待玄禽暮不归，孤云绕翠微。

又　前题

　　待寻芳，懒寻芳，褪粉黎花背夕阳，清明未断霜。　　游丝长，柳丝长，欲绾春光春又忙，辛夷早绽香。

又　落日

　　海天宽，暮烟残，才得团栾对面看，还沉山外山。　　人倚阑，鸟飞还，回首东风一碧寒，婵娟欲上难。

醉太平　冬夜

　　霜枫坠丹，风窗送寒，心知明月光残，转墙西小湾。　　巍巍豹关，迢迢玉山，梦回还在人间，听鸡声夜阑。

生查子 春感

梨花一片飞，飞落春衫袖。莫漫爱余香，春去君知否？　青郊骢马儿，浪醉旗亭酒。不是不催归，宝鞭在君手。

又 秋感

藕花艳银塘，玉露涠零尽。素蝶不知愁，波影弄金粉。　飞飞飞不去，日暮西风紧。为惜白蘋香，怕受微霜损。

点绛唇 飞花

不是人间，定然无个藏春处。和风和雨，抵死惊飞去。　暖日晴风，犹自难留住。天涯路，金勒驹骄，踏作红尘土。

浣溪沙 秋感

风剪芙蓉坠晚香，冲波难认旧鸳鸯，秋宵渐永尽思量。　几度相逢惟梦里，疑非疑是不端详，鹭鸶空带满头霜。

又 冬景

款冻额黄晕浅檀，金罂颊醉半腮丹，妒他临老更芳颜。　落叶泠泠清影瘦，败荷翦翦绿云干，争教不怯晓来寒。

又 冬望

缥缈云丝展碧空，孤峰峰影影孤松，天南天北雁来风。　极目江山无止竟，伤心日月太从容，霜枫依旧半林红。

又 病起春日小步

水浅平田碧几丛，出胎初叶剪娇红，匀匀梳柳半溪风。　　小雪去年门外影，如今还落夕阳中，春光不道不从容。

添字昭君怨 友人刘懿庵营虎塘颇胜没后鞠为茂草赋此寄叹

燕垒粉垣香坠，鳖馆蓼花红碎。行人莫唱水东流，水西流。　　柳外划船箫鼓，帘外梅龙烟雨。当年原倩遣闲愁，惹闲愁。

摊破浣溪沙 病中与刘李二生夜话

曾把榆钱买少年，少年已是奈何天。为忆杨花未落已啼鹃。　　阅尽闲愁都是梦，不知残梦在谁边。赢得如今蚕老已三眠。

又 夏景

隐隐轻雷挂断虹，平田高下与溪通。溪外罩鱼人影落波中。　　屐齿泥融双印直，葛衣风漾一襟松。回看西峰峰外半青红。

菩萨蛮 遣愁

半生只伴闲愁住，如今却待驱愁去。归鸟没遥天，云横斜照边。乾坤看一笑，愁到何时了。抛掷与征鸿，霜宵唳晓空。

诉衷情 春景

东风亭午摆垂杨，丝丝日日长。吹落梅花无数，不解惜幽香。　　落霞紫，暮烟黄，送斜阳。无凭天气，一霎融和，蜂蝶空忙。

丑奴儿令 和李后主秋怨

当年谁送江南怨，云树悲秋，舴艋含愁，月影消沉玉一钩。　　无数蜻蜓飞晚照，红蓼梢头，款款嬉游，水冷蘋花带影流。

忆秦娥 蓼花

秋江渺，秋心独展幽芳悄。幽芳悄，护臂纱轻，注唇丹小。　　芦花风乱汀洲绕，采芳人远知音少。知音少，几叶渔船，一轮残照。

又 病中寒卧

寒无那，冻云乍裂晴难果。晴难果，纸窗低觑，庞眉深锁。　　年华容易催人过，寒威荏苒留人卧。留人卧，乍梦春生，鸡声啼破。

又 前题

酸风恶，寒梅不管丹枫落。丹枫落，当年也似，梅含朱萼。　　侵窗云暗晴珠夺，压肌衣重腰弓弱。腰弓弱，曾闻衰老，而今方觉。

谒金门 小除夕

年华骤，闪闪孤灯依旧。半盏春前村酝酒，病里还消受。　　一剑天风孤吼，千里暮云铺就。不惜镜中人易朽，只笑恒河皱。

减字木兰花 忆旧

春溪水满，月向桃花香处暖。几叶芭蕉，绿影斜侵嫩草苗。　　碧烟日罩，遥听江城歌管闹。小步闲吟，一径苔阴万里心。

又 前题

江湖短剑，醉卧不知谁野店。笑傲刀兵，月落猿啼客梦惊。　　寒更历尽，孤雁孤飞栖不稳。为问青天，锦瑟谁人续断弦？

清平乐 咏雨

归禽向暝，隔断南枝径。不管垂杨珠泪迸，滴碎荷声千顷。　　随波赚杀鱼儿，浮蘋乍满清池。谁信碧云深处，夕阳仍在天涯。

又 问刘存孺索香橙

秋光已尽，月也幽香褪。只有霜膏团紫晕，仙雾兰浆深酽。　　小窗读《易》初晴，药炉风软烟轻。莫遣先生午睡，凭教鼻观惺惺。

阮郎归 本意

桃花流水紫云深，瑶京路易寻。人间何事苦关心，匆匆下碧岑。才燕语，又螀吟，飞霜两鬓侵。玉壶鸳语信空沉，藤萝锁翠阴。

又 前题

当年只解爱桃开，寻芳得得来。仙娥容易许仙才，霞裳浪与裁。愁弄月，怕驱雷，由来非圣胎。巫山别有楚阳台，行云梦不回。

西江月 春日野兴

草绿黄犊归晚，溪平白鸟飞低。小池春藕半沉泥，渐近梅酸天气。

昨日社逢雨止，今年闰放春迟。寒深茸母短芽稀，未与山厨做美。

又 重过续梦庵

残梦当年欲续，草庵一枕偷闲。无端幻出苦邯郸，禁杀骑驴腐汉。几度刀兵膋血，十年孤寡辛酸。潭龙蛳睡太痴顽，欲续衰年已懒。

鹧鸪天 白莲

敛束檀心吐半丝，迟回妆靓暗香吹。绿窗独倚珠千泪，团扇斜窥玉一规。　　清露浅，碧烟微，闲心自照镜光知。鹿门漫作无情句，月冷风清欲坠时。

玉楼春 前题

娟娟片月涵秋影，低照银塘光不定。绿云冉冉粉初匀，玉露泠泠香自省。　　荻花风起秋波冷，独拥檀心窥晓镜。他时欲与问归魂，水碧天空清夜永。

一剪梅 春晚

妒花风雨在花前，开也堪怜，落复何言。愁魂斜弹泪珠悬，弱蒂难坚，红影难圆。　　何事迷香双蛱蝶，浪向东园，魂梦相牵。谁知不是养花天，试听啼鹃，春在谁边。

蝶恋花 衰柳

为问西风因底怨，百转千回，苦耍情丝断。叶叶飘零都不管，回塘早似天涯远。　　阵阵寒鸦飞影乱，总趁斜阳，谁肯还留恋。梦里鹅黄拖锦线，春光难借寒蝉唤。

粉蝶儿 咏霜

问天涯，有几多寒情冷绪，怕春来游丝飞絮，更因风，黏住了，江天红树。弄轻盈，勾引教飞去。　　悄不知小桥西，荒鸡催曙。月斜时，揉碎一天珠露。苦恁将酸风勒住，尽凄凉，拚与寒鸦低诉。

醉春风 咏蝶

红影纷无数，偷眼斜回觑。阑干十二绣帘垂，住住住。乱蕊繁花，熏人无奈，非侬留处。　　绿影轻风度，芳草天涯路。翩翩清梦自逍遥，去去去。纵使飘零，依然不似，轻狂柳絮。

风中柳 水桂

不惜轻盈，取次浓妆珠蕊。似凭阑，绿云倦倚。低鬟微笑，喷兰襟香细。敛幽情，闲心如水。　　道是江妃，还似月中仙子。向秋清，露凝芳髓。冷然孤秀，怕微霜风起。索细挽，柔条重觑。

青玉案 秋海棠

雕阑玉露凝珠屑，长只恐，芳魂折。日暮碧烟相护切。翠鬟低嚲，胭脂淡染，了不愁孤怯。　　含情静解丁香结，浅笑偷窥清夜月。自惜断肠谁与说。金风蝶困，归云燕去，惟有寒蝉咽。

行香子 游珍珠岩

流水淙淙，涧草茸茸，转苍湾午日霞烘。赤城围玉，紫盖擎空，试问仙翁，今何在，绛云封。　　芒鞋几两，青山踏遍，乍桃溪一曲相逢。平田下望，雾霭烟濛。谁人知我，极远目，送归鸿。

江城梅花引 病中口占示刘生

和灯和影一双双，耐凄凉，尽凄凉。天也难教病骨老来降。还欲共天争旖旎，空碧里，弄轻狂，竞飞霜。　　飞霜飞霜夜何长，有难忘，自难忘。梦也梦也，还认得烟水微茫。待把疏星斜月与分张。一叶暗飘风不定，飞去也，尽飘零，在回塘。

碧芙蓉 阙题

风定小窗明，半睡初阑，双眉乍展。追数余寒，浪过春半。花有根，一枝不稳；柳如人，三眠已倦。莫更惜几日韶光，催取玉矾香满。　　还愁轻暖处，更一丝云茧，横掠山腰，虽则暂时消散。怕黄昏香玉绳低挂，又参差碧绡斜卷。青天如梦，倩取百啭啼莺唤。

满江红 藤蓑词

一幅藤蓑，遥领取江门风月。钓竿把，孤舟独泛，沧波喷雪。倚棹腾腾吹笛去，冲风直犯金鳌窟。有些些闲事不关心，同谁说。　　灯一点，渔歌歇。天一碧，归禽没。买村醪自酌，醉梳华发。扑岸芦花飞已尽，雁声不咒西风劣。又何妨拳足橛头中，霜衾铁。

天香 余冬雪霁念早梅应开病中不得寻访怅然有作

霜薄含冰，云轻弄雪，未遣珊珠红褪。夕坞回塘谁借问，早把琼心幽酝。也应待我，向月下微吟相讯。自惜自怜孤影，半吐半垂清晕。　　来时早莺啼破，几点点玉钱绿衬。便与寻芳已晚，粉残香损。犹自不成辜负，却只恐东风垂柳困。梦里依然，蝶魂相趁。

凤凰台上忆吹箫　忆旧

楚塞天遥，漓江雨冷，烟云湿透征衣。指数峰残雪，候雁先归。堪叹生生死死，今生事莫遣心违。家山里，一枝栖稳，碧草春肥。　　依依旧家枝叶，梦不到岷山，风雪靡微。念镜中霜鬓，人老渔矶。指点棠梨春雨，犹应化白蝶双飞。孤飞也。寒烟冪历，灯火荆扉。

满庭芳　初夏

颗颗梅珠，条条菖叶，不须更怨春归。垂杨风软，练鹊一双飞。自爱芳塘素影，与波光上下争晖。闲日永，新来病浅，相赏莫相违。　　当年还似此，年华虽老，不道今非。问灵均去后，谁觏荷衣？日暮轻云凝绿，遥天迥笑揖湘妃。还应有，芙蓉出水，妆点钓鱼矶。

念奴娇　松影

擎云缥渺，有五鬣仙姿，凭谁细数。半顷黄茸茵藉软，移上素琴冰柱。缕缕丝丝，断纹交映，细写双清谱。疏光逗漏，幽香几许暗度。一霎云散西清，迟迟送上，到回峦高处。垂霭霏微深黛转，似把归禽低护。雾冷山空，一枝斜闪，犹在寻香路。夕阳易没，轻阴且趁归去。

又　柳影

半塘春水，早光透玻璃，绿鬟倒弹。曲岸苔平铺径净，还惹晴风轻簸。叶叶衣凉，垂垂佩委，碎剪绿阴破。柔情不定，翠眉偏映双锁。为问庭院沉沉，画垣几曲，却放春愁过。巷陌斜阳偷送出，款款碧烟萦里。乱点征衫，横拖玉勒，似惜垂鞭堕。犹愁未稳，黄鹂更著一个。

又 竹影

纸窗僧院，记湿云初散，秋山如洗。缭绕茶烟轻袅外，荇藻澹生空水。檐雀低飞，松鼯偷窜，欲压还扶起。兰风微展，冷然斜弹仙袂。不道活现金身，寻根拨叶，问几茎叠翠。断续晴岚飞片片，总入虚澄镜里。题字遮残，疏槱界破，历乱毵毵尾。闲心窥破，阑干何事重倚。

又 梅影

香魂近远，却早离枝上，暗黏芳草。为惜清姿全似水，幻作碧膏笼罩。侧坠蜂须，半凋珠颗，非被冰霜恼。侵阶零乱，素痕未许人扫。遥想萼绿仙姿，绣妆剪彩，那似晴光好。斜转回塘清浅里，脉脉相看微笑。冻蝶低飞，疑非疑是，无奈阴寒峭。暄风动后，浓阴任遣莺闹。

又 雁影

关河迢递，恨塞日昏黄，难传标格。沙净水澄清澈好，点点萧萧历历。晓镜修眉，清波皱影，淡写层层碧。分明瞥见，孤舟莫弄渔笛。贴水浴鸯争飞，凌乱波纹，未放千双直。风裂云痕开夕照，还与芦花相即。野岸霜前，南楼月下，应恨无人识。晓来无据，教人空望天北。

又 蝶影

纨衣试暖，乍圆印苔钱，旋添花晕。药径日高风力软，细逐落花低陨。微掩香须，别裁黄袂，金粉应初褪。雕阑重叠，玉阶未遣全认。小院午睡方醒，扇罗乍觑，似扑芳魂损。侧转忽如秋叶舞，又向碧纱窗隐。垂柳参差，红芽掩映，梦也无凭准。殢人凭槛，凝眸无那娇困。

又 云影

层峦飞映，似缥渺神山，因风离合。簇簇青莲轻度过，却绕孤峰三匝。极目空明，遥天无际，瑶镜微笼匣。平沉远树，翠光略吐尖甲。曳杖闲倚亭皋，微飙下拂，便凉生一霎。荷芰半塘新绿暗，忽染素罗轻袷。回首吾庐，午烟遥接，一幅青绡裹。数竿修竹，风梢还与低压。

又 □影

晴江春晓，但摇曳落花，溶溶东下。谁送素绫千皱褶，直上画檐鸳瓦。镜面回镫，月轮浮雪，一色飞光下。游丝婀娜，吹来似欲相惹。一霎汞走珠流，应有渔舟，兰棹纵横把。进散一天星斗乱，不觉银河西泻。惊碎还圆，轻匀稍淡，移向荼蘼架。日高风静，潇湘依旧如画。

又 帘影

莺啼报曙，早惊觉绣帷，星眸欲炫。起看瓶花香渐喷，的皪深红如颤。衣剪轻罗，参差三五，恰透冰肌现。钗光闪烁，翠鬟怕有撩乱。恰好细数湘纹，无端搅动，奈飞来双燕。还忆夜香烧罢后，妒杀玉蟾光满。何似疏筠，半笼晓色，一尽来回便。檐阴未半，银钩且莫高卷。

又 帆影

西风落照，看渺渺沧洲，烟波无际。一段轻阴相趁转，不许兰桡惊碎。略带神鸦，时飘芦叶，曲映江枫紫。凭遮客鬓，怕教照见憔悴。有人独倚危楼，沙际迟回，疑是归舟系。已过轻鸥飞起处，不见旗梢燕尾。荡入中流，斜侵隔岸，依旧萦沙嘴。回头北渚，惟余塔影孤峙。

又 影戏影

笑啼俱假，但绰约风流，依稀还似。半壁粉墙低映月，卖弄佳人才子。情丝牵引，清光回照，漫道伤心死。猛然觑破，原来情薄一纸。

应是缥缈飞仙，当年窃药，落在银蟾里。半面人闲高处望，传与霓裳歌吹。有意留仙，难禁夜短，还怕灯花坠。迷楼吐焰，倩谁挽住香袂。

又 走马灯影

炎光未谢，竞的卢飞跃，争先赤兔。才转危坡还注坂，横载无心回顾。汗血追风，怒髯奋臂，总被流光误。暗中毂转，蚁磨几时停住。

儿童莫笑来回，半针尖里，走英雄如鹜。终是虾跳难出斗，渐有荒鸡催曙。五夜光残，一丝气冷，敲罢边腔鼓。勋名半纸，无人重与偷觑。

又 姜斋影

衰病弥月，一切尽遣。拥火枯坐，心无所寄。因戏作诸影词，引半缕活气，令不分散。孤灯下忽见婆娑在壁，因念人知非我之无彼，不知非彼之无我也。留连珍重，旋与评唱一阕。

孤灯无奈，向颓墙破壁，为余出丑。秋水蜻蜓无著处，全现败荷衰柳。画里圈叉，图中黑白，欲说原无口。只应笑我，杜鹃啼到春后。

当日落魄苍梧，云暗天低，准拟藏衰朽。断岭斜阳枯树底，更与行监坐守。勾撮指天，霜丝拂项，皂帽仍黏首。问君去日，有人还似君否。

永遇乐 纸窗日影

笼月云轻，开萍水碧，问还似否。落叶旋飞，雁声空度，未计闲情生受。乍暖熏肌，残红上颊，睡眼半醒相逗。却猜疑荔枝初剖，紫晕冰绡微透。　　镜匣斜开，枕痕淡染，粉面如中卯酒。含笑迎眸，回光相映，应念人消瘦。乳雀低飞，岭云横度，已怨暂时僝僽。更只恐午梦将阑，未许偎人长久。

惜余春慢 本意

似惜花娇，如怜柳懒，前日峭寒深护。从今追数，雨雨风风，总是被他轻误。便与挥手东风，闲愁抛向，绿阴深处。也应念，曲岸数枝新柳，不禁飞絮。　　争遣不，烧烛留欢，暗邀花住。坐待啼莺催曙。怕燕子归来，定巢栖稳，不解商量细语。未拟扳留长久，乍雨乍晴，由来无据。待荷珠露满，梅丸黄熟，任伊归去。

沁园春 浑天球

黍子匀黄，吉贝衔绒，莫问因谁。但既在于中，自堪细数，未超其外，不得旁窥。暗去明来，偷寒送暖，无情还作有情痴。相怜甚，教碧绡帘幕，翠拥珠围。　　知恩今古人稀，犹自把双灯照路迷。更划断鸿沟，不随毂转，调成玉律，一任清吹。彩缕交萦，金梭互掷，珍重天孙织锦机。莫辜负，听球门箫鼓，对打争驰。

摸鱼儿 咏霜

向深秋芦花风起，吹散一天珠露。六铢仙袂新裁薄，剪落冰丝千缕。轻盈舞，还只恐，素娥镜里深相妒。欲留教住。奈晴色窥人，断云送暖，蓦地催归去。　　更谁念，暗壁吟蛩正苦。遥向征鸿低诉，平沙野水朦胧影，难认白蘋香处。春期误。却早遣、啼鹃血泪沾江树。暝烟休护。又何似明朝，天低日淡。散作萧疏雨。

又 辛幼安伤春词悲凉动今古惜其蛾眉买赋之句未忘身世为次其韵以广之

总由他闲愁不管，才来又还催去。悠悠一派东流水，载得落花无数。人长住，却笑伊，来回奔走天涯路。凭阑无语。终不似黄莺，苦爱东风，百啭迎人絮。　　今古事，莫待怨谁相误。可但月来云妒。伤春未已伤秋赋，重倩吟蛩寒诉。琼花舞。又早见、玉山瑶井填黄土。无为自苦。待人散月斜，日长山静，侬自有归处。

又 <small>辛词烟柳斜阳之句宜其悲也乃尤有甚于彼者复用韵写之</small>

向西园花飞一片，早已伤心春去。残红落尽更如今，难把流光追数。留不住，征鸿影，黄沙紫塞秦关路。从谁寄语。道有人独对，雨打梨花，看黏泥飞絮。　　倩流水，欲觅芳踪还误。津头风雨深妒。凄凉庾信《江南赋》，难向无情天诉。为楚舞。流不尽、楚歌血溅阴陵土。寸心知苦。望万里荒烟，一蓑渔艇，渺渺无归处。

贺新郎 <small>上巳前一日雪</small>

春自无愁耳，笑无端一枝浅绛，半林新翠。便拟东风相宠惜，暗约柳丝萦系。乔相赚落霞片紫。斜日烟笼沉海底，早蛟风乱剪云皱碎。鲛泪冷，弥天坠。　　寒渐渐结流筋滞，便拼得兰亭休赏，龙门堪醉。糁径不遮春草绿，略染西峰螺髻。删不了朗清天气。乍与碧桃争粉素，奈铅华俄顷成流水。今视昔，应如是。

多丽 <small>别恨</small>

悄年华，偏是流光难掷。梦回时分明眼底，离亭杨柳初折。浑相忘金微路远，与扳留青组珠勒。天涯何处，漫生芳草，归来珍重，怕逢啼鴂。重思省，元来是梦，生死关河隔。今生永，迢迢良夜，如何拼得。只当年华灯影里，鸳鸯绣带轻拆。怨落花浪随流水，消尽西园旧春色。孤馆黄昏，雨丝云片，苍苔满地无人迹。问青天，何意留住孤鸾只？教空辜负，当年无限、山海恩德。

哨遍 <small>广归去来辞</small>

<small>苏子瞻檃括《归去来辞》，陶公之余沈也。吾自有大归大去而大来者，为期未知远近，</small>

然知迟迟之不如接渐久矣，因借其韵，以自抒己怀。

一领青蓑，一柄长铲，也是闲牵累。归去来，何处可言归？旧家山目前即是。知者稀，谁堪就问津路，莫将黄叶迷童稚。凭冷觑春花，闲看秋月，苍天伎俩止此。笑乾坤两扇半开扉，任柳絮穿帘扑面飞。既不黏泥，自然轻脱，惟吾之意。　　噫，归去来兮，纵横万里人间世。嚼囫囵橄榄，来回甘苦知味。弄二月轻雷，散一天暮霭，倾倒银河香水。酿就蜂蜜，惊回蚁梦，丈夫当如此矣。昭昭白日亭午时，驾玉虬停骖一问之。向虞渊可容转计。烛龙今在何处，料也难酬答。但斟北斗天浆满斝，恣我花前沉醉。归来斩尽一团疑。胡不归，漫留止。

捣练子 咏霜

孤月上，夕风微，忍得寒生玉粟肥。征雁千双空里过，可能带得向南飞。

忆王孙 本意

芦花谁覆钓鱼船，宝玦藏腰未敢言，落叶惊乌月上弦。夜如年，春梦无人与再圆。

又 蜂投窗纸掇遭飞去戏祝之寓意

白云迷望转霏微，别径人间去不违，好逐桃花一片飞。阮郎归，莫问天台路是非。

如梦令 写恨

恩重玉簪金管，愁尽玉鱼金碗。莫道只今生，万岁难消春恨。泪眼，泪眼，颗颗零零珠串。

又 春闺

抛却瓶花蒂软，坐待盘香线断。不见也还休，门外莺忙蝶乱。谁卷，谁卷，一轴画帘银蒜。

长相思 石榴

蕊珠宫，碧霞封，风裂云痕一线空，繁星数点逢。　素绡重，隔帘栊，丹荔新餐玉液浓，杨妃病齿红。

生查子 咏史

长平十万人，一夜秦坑杀。鱼死浊流中，不祭乘时獭。　死坑未是愁，惟有生坑恶。智井埋蟾蜍，欲跳只三脚。

又 前题

沙中奋一椎，飞影不知处。知非赌命场。不下千金注。　蒲山电眼儿，约略知其趣。豪气未能降，长揖关朗去。

又 前题

千秋铜雀台，肠断西陵妓。谁念故园空，豆蔻含胎死。　清漳自东流，粉黛愁难洗。分得余香归。骄杀邯郸子。

又 前题

青衣抱玉觞，独向苍天哭。天有无情时，历乱双鹅扑。　杜鹃啼不休，商陆子难熟。流泪一千年，血迹西台续。

又 前题

阿姨骂不瞋，为怕鹦哥骂。猫儿杀鹦哥，才卜归魂卦。　　堂堂灵隐僧，桂子香清夜。五字万年碑。竟是谁天下。

又 前题

龙凤是何年，人间瞒不得。空谷无人行，且喜似人迹。　　可怜松雪翁，不惜天水碧。马腹君自投，芳草嘶南陌。

浣溪沙 桃花

初破灵砂颗颗肥，绿烟轻绕护霏微，晴烘休漫怕丹飞。　　结子他年千岁熟，如今刚半过春晖，莫教轻放阮郎归。

又 前题

春恨拼教柳带长，朱颜贪耍醉霞觞，临风临水笑双双。　　欲洗儿容争采摘，却随蝶梦尽飘扬，爱他娇艳奈他狂。

又 李花

前日冰花万树飞，晴风初解晓寒威，谁铺琼蕊更霏微。　　却怪乍来双燕子，涎涎尾掠素光肥，应如雪夜待人归。

又 前题

流水前湾晓镜清，粉香玉润素绡轻，欲邀月姊伴飞琼。　　不可久留仙佩冷，夭桃争赛妒颜赪，江梅残梦正相迎。

摊破浣溪沙　偶兴

为讯南朝燕子飞，人间何处有乌衣？不是旧家庭院也争归。　　低啄絮泥防易落，不知疏柳坠残晖，还与一双蝙蝠傍檐飞。

谒金门　示意有授

幽绪悄，欹枕梦回分晓。俯仰乾坤霜月皎，此际愁多少。　　欲洗长空天杳，袖里青虹光袅。相倩一挥云汉表，莫打闲之绕。

玉楼春　归雁

秦关楚水天涯路，惟有归鸿知住处。经时已换蓼花洲，依旧难忘芳草渡。　　南天回首苍烟暮，寄语玄禽归也误。垂杨千树乱啼鸦，谁听呢喃清昼语。

一剪梅　答须竹所问

北海残碑数字传，前日烽烟，今日苍烟。湘灵雁柱鼓湘川，欲扣清弦，还恐惊弦。　　闲心遥寄水云边，莫问湖天，自有壶天。忘忧春暖锦堂萱，好种芝田，且看桑田。李北海《岳麓碑》为野火烧毁，嘉兴吕师濂拾十数字于芳草中，今更不知在否。

临江仙　水仙花

道雪无香都不是，峭寒一点春融。昨宵烟月水涵空，粉肥略带影，绿弱不禁风。　　遥与碧窗人似玉，檀心深锁重重。倚阑初日照惵慵，春纤珠串坠，仙袂素罗松。

蝶恋花 候雁不至

曾倩归飞双燕子，换取宾鸿，来渡潇湘水。云线乌丝阑画纸，素绡好写关河字。　斜日寒鸦飞接翅，为底迷留，白草黄沙地。搔首问天天似醉，南楼霜冷丹枫坠。

渔家傲 翠涛作煨榾柮诗索和以词代之

炉影圆红烟尾曳，汤瓶渐送松声碎。不是村醪无米兑，难成醉，酸风昨夜新伤肺。　青镜古今多少泪，无缘却向寒崖坠。明月在天霜满地，愁也未，两茎铁脊舒腰睡。

又 前题

薄日渐消霜径粉，荷锄细把枯株认。惜取山矾休蹩损，春事近，香风遣透幽窗喷。　橡斗藤花诛已尽，杜鹃无蕊盘根稳。斸得归来刚一畚，煨教烬，明年莫更啼春恨。

又 前题

双髻峰头千树缟，轻松锺乳玲珑罩。相聚团圞围土灶，愁欲倒，而今却忆愁时好。　不怨融和春不早，春云怕障邯郸道。旧梦不成人愈老，流莺恼，凭谁唤醒粘天草。

又 前题

鹁鸽桃纹千炼熟，枣膏胡粉和香筑。凤翅狻猊填绛绿，红光簇，貂珰门外神荼矗。残梦京华难再续，空山雪子埋牛目。几橛枯株鹰爪秃，谁人斸，跛奴运斧还伤足。天启间，大珰捣炭，和以枣粉，作门神，雕镂精巧，蒸立门侧。

又 前题

　　残火星星容易炧，鹿头虎爪相撑架。渐次囫囵低复亚，难消夜，凭谁细数兴亡话。　　正闰参差王与霸，妖狐也把骷髅挂。肉馅馒头人瓮鲊，都休也，猎人不怕猩猩骂。

又 前题

　　膏腻孤灯花蕊褪，寒灰渐缩霜纹印。坐待一丝红影烬，眠不稳，梅花梦也无凭准。　　十九年来毡啮尽，归鸿望断长安信。莫叹苏卿霜染鬓，渠非困，多他一倍还添闰。

诉衷情近 秋望

　　遥天一碧，回望西飞白鸟，乍临镜水摇空，又向莲峰弄影。风起素光斜映。薄袂萧清，悄觉凉襟迥。　　双眸炯，今古寸心孤另。亭皋一叶，坠响枫林静。还重省。闲愁玄鸟，归迟幽绪。藕花香冷，梦到今宵永。

金人捧露盘 和曾纯甫春晚感旧韵

　　古嵩台，双阙杳无踪，忆潮平细浪溶溶，龙舟渡马，依然先帝玉花骢。冲冠发指，旗挥星落，血斩蛟红。　　怨苍梧班管，泪沉白日瘴云中。更背飞孤影飘蓬。今生过也，魂归朱邸旧离宫。苔残碧瓦鸳鸯碎，蔓草春风。

蓦山溪 听雨

　　闲抛数点，似洒无情泪。一晌悄无声，尽教疑，轻狂调戏。山溪蓦度，更不许人猜。浑似醉，全无谓，滥簌银河水。　　玄云空腻，无力支天坠。荷盖小亭亭，应难留得琉璃脆。孤灯昏闪，瘦影未分明，愁不寐。情谁系，梦也心魂碎。

八六子　花朝夜窗中见月

荡春寒，一轮娟娟初上，烟暖云柔。奈灯穗影含金粟，药炉声泣寒螀，凄然似秋。　　无端还与绸缪，几线疏棂界破，半襟白袷光浮。想溪外梅花低垂瘦影，斜窥流水，香魂欲绝，应共我遥向素娥写怨，青天碧海悠悠。不禁愁，灭灯拥衾去休。

满江红　直述

泪冷金人，渭城远酸风痛哭。君莫笑痴狂不醒，口如布谷。堕地分明成艮兑，通身浑是乾坤肉。耿双眸黑白不模糊，分棋局。　　千钟粟，谁家粟。黄金屋，谁家屋。任锦心绣口，难忘题目。为问鹤归华表后，何人更唱还乡曲。把甲辰尧纪到如今，从头读。

又　写怨

离亭人散，折不了柳丝垂绿。尽桃花飞尽故枝，缘终难续。雁影更沉湘岸月，鸥弦谁奏燕台筑。只空山剩得老青蓑，掘黄独。　　汗青照，文山福。紫芝采，商山禄。但荒草侵阶，修藤覆屋。井底血函空郑重，知音谁与挑灯读。问杜鹃何日血啼干，商陆熟。

又　家兄倾背后诸君见慰重叠恤其衰病有逾量之奖含泪作此答之

叮咛千遍，教绾住一枝飞絮。奈伶仃，孤燕归来，黄昏自语。纵使长条堪系马，栖鸦风冷斜阳暮。问前时流水绕桃花，今何处。　　沤已散，难重聚。镜已破，难重觑。听子规唤道，不如归去。他日天台花再发，人间自有刘郎遇。便痴迷蝶梦不教醒，终无趣。

扫地花 忆旧

　　微霜碾玉，记日射檐光，小窗初透。夜寒深否，问素罗新裁，熨须铜斗。闲揽书帷，笑指砚冰，蹙皱香篝。有黄熟篆销，芳膏结纽。　　自惹闲愁后，对莲岳云压，苔潭珠溅，垆烟孤瘦。叹渺渺京华，不堪回首。碧海人归，雄剑谁怜孤吼。空凝望，绕湘流暮云荒岫。

水调歌头 惊梦

　　昨夜喧雷雨，一枕血潮奔。千红万紫撩乱，浪唤作芳春。大抵白蜺婴茀，更有玉蟾偷药，蓦尔弄精魂。宝剑在侬手，闪霍动乾坤。　　尽今生，梨花雨，打黄昏。历历悄悄，山寺钟声曙色分。待我铁眉刷翠，罩下金睛点漆，弹指转晶轮。十里杏花发，人道是祥云。

烛影摇红 十月十九日

　　瑞霭金台，琼枝光射龙楼雪。群仙笑指九间开，朱凤翔丹穴。云暗雁风高揭，向海屋重标珠阙。彩鹓飞舞，日暖霜轻，小春佳节。　　迢递谁知，碧鸡影里催啼鴂。骖鸾不待玉京游，难挽瑶池辙。黄竹歌声悲咽，望翠瓦双鸳翼折。金茎露冷，几处啼乌，桥山夜月。

双双燕 除夕忆家兄

　　荒山百里，想残雪初晴，应同消受。莫还似我，只共寒垆相守。重叠山河冷泪，更梦封团圞春画，读书帷里华灯，献寿堂前椒酒。　　辜负当年人说道，仙苑芝英，一时三秀。山移海涸，别是人间花柳。还听金鸡玉漏，怕天也妒人长久。但念今夕相怜，莫问明年健否。

解语花　鸳鸯梅

罗浮月下，豆蔻胎中，许结同心侣。渐启朱唇含浅笑，不倩绿衣歌舞。喧风疏雨，红袖敛芳心自吐。一双双，永不分离，何事还含醋。照影银塘低觑，向香泥玉藕，暗中增妒。彩禽欲唼还应惜，自趁桃波飞去。绿阴深处，尽抛与多情细数。不差池，三十六双，作宜男绣谱。

绮罗香　读邵康节遗事属纩之际闻户外人语惊问所语云何且曰我道复了幽州声息如丝俄顷逝矣有感而作

流水平桥，一声杜宇，早怕洛阳春暮。杨柳梧桐，旧梦了无寻处。拚午醉日转花梢，夜阑风吹芳树。到更残，月落西峰，泠然胡蝶忘归路。关心一丝别挂，欲挽银河水，仙槎遥渡。万里闲愁，长怨迷离烟雾。任老眼月窟幽寻，更无人花前低诉。君知否，雁字云沉，难写伤心句。

薄幸　午睡觉问渠

当年是你，兜揽下个侬来此。更不与分明道，止竟如何安置。但随流荡漾云痕，归鸿水底成人字。便俐齿嚼空，金睛出火，都则不关渠事。但惜取刹那顷，忍不得秋瓜藤坠。逗杀人，为霜禁冷，为风禁泪。镇柳丝轻摆摇春水。到历头垂杪，半酣不采难驱使。无端薄幸，付与乌鸢蝼蚁。

望梅　忆旧

如今风味，在东风微劣，片红初坠。早已知疏柳垂丝，绾不住春光，斜阳烟际。漫倩游丝，邀取定巢燕子。更空梁泥落，竹影梢空，才栖还起。　阑干带愁重倚，又蛱蝶黏衣，粉痕深渍。拨不开也似难忘。奈暝色催人，孤灯结蕊。梦锁寒帷，数尽题愁锦字。当年酝就万斛，送春残泪。

沁园春 翠涛六帙每句戏用彩色字

步碧萝湾，寻紫芝英，寿翠涛翁。忽逢赤松子，赴青女约，染千树绿，作小春红。微启朱唇，笑余白发，黍米丹砂岂未逢。若会得，则翠涛偕尔，稳住绛云中。　　蔚蓝天色清空，但净洗黄尘即阆蓬。看漫天黑瘴，徒然黫驒；当头皂帽，自许从容。素书宵授，玄文密印，彤云原自护雏龙。凭寄语，展双眉黛锁，霜老苍松。

贺新郎 寒食写怨

绵上飞乌恨，更龙蛇追随四海，一时惊散。回首五云金粟地，不见玉骢珠汗。但扑地苍烟撩乱。酒冷饧香休道也，梦石泉槐火成虚幻。棠杜雨，离肠断。　　岳云回望莲花巘，尽凄凉延陵十字，难酬幽愿。昨岁杯浆浇泪后，拚付寒蟹莎馆。正夜雨松杉绿满。一径苍苔行迹杳，想鶺鸰夜哭鼮鼠窜。寸草尽，春晖短。

《船山鼓棹二集》全书终

潇湘怨词

潇湘怨词

潇湘小八景词　寄调摸鱼儿

　　国初瞿宗吉咏西湖景，敩辛稼轩"君莫舞，君不见玉环飞燕皆尘土"体，词意凄绝。乃宗吉时当西子湖洗会稽之耻，芒萝人得所托矣，固不宜怨者。乙未春，余寓形晋宁山中，聊取其体，仍寄调《摸鱼儿》，咏潇湘小八景。水碧沙明，二十五弦之怨，当有过者。阅今十年矣，搜破簏得之，亦了不异初意。深山春尽，花落鹃啼，乃不敢重吟此曲。乙巳上巳茉萸塘记。

其一　雁峰烟雨

　　插青天俯临图画，一壁翠光欲滴。炎风吹断阳禽影，认得孤峰回翼。如相识，记寒声萧萧咽尽霜华夕。望中何极。尽帘压千丝，窗飞一缕，垂幕笼轻碧。　　回首处，犹记当时踪迹，危亭斜倚南陌。满城春滑笙歌腻，消尽银釭夜色。君莫惜，君不见黄沙汉使无消息。秦关坐隔。听沙岸残更，野塘晓阵，总似三生笛。

其二　石鼓江山

　　瞰蒸湘曲影双清，流下洞庭秋远。危崖突兀玉峰寒，界破苍流一线。

谁许见，只鲛宫金绳夜拥鱼龙怨。画船歌扇。对笑水江花，窥楼晕月，惹尽流霞片。　　行乐地，记取韶光迅转，画阑彩笔题遍。云杳潇湘千顷碧，瞥眼武陵溪畔。君莫羡，君不见渔阳挝断霓裳谶。沧桑已变。想眉黛娇青，眼波凝绿，不是旧时面。

其三　东洲桃浪

剪中流白蘋芳草，燕尾江分南浦。盈盈待学春花靥，人面年年如故。留春住，笑浮萍轻狂旧梦迷残絮。棠桡无数。尽泛月莲舒，留仙裙在，载取春归去。　　佳丽地，仙院迢遥烟雾，湿香飞上丹户。醮坛珠斗疏灯映，共作一天花雨。君莫诉，君不见桃根已失江南渡。风狂雨妒。便万点落英，几湾流水，不是避秦路。

其四　西湖荷花

漾平塘绿钱初展，正是乳鸦啼后。桃尖渐放朱霞晕，芳惹游鞭征袖。真如绣，点波纹红绡青幛团绒皱。田田歌奏。问苦苭寻莲，萦丝觅藕，几许多情逗。　　莫浪语，西子湖头难又，锦屏十里香透。繁华满目江南梦，约略送愁时候。君莫嗅，君不见清香销尽酸风瘦。秋容如旧。只莎草吟螀，蓼花飞鹅，露冷金飙骤。

其五　花苭春溪

启琳宫暖回溪畔，江南共道春早。桃花新雨溶溶后，谁把琼浆酿造。壶天老，正望中茶烟几线萦僧樏。燕泥香扫。快翠泛铜瓶，膏凝玉盏，鱼眼调香脑。　　添胜迹，百道奔泉回抱，暗萦绿荇芳藻。泠泠碎玉夜声中，花院晨钟轻捣。君莫恼，君不见玉矾落尽瑶京道。王孙芳草。纵百丈络丝，万条罗带，难系春光好。

其六　岳亭雪岭

　　翠屏遥眉横七二，空青一派如洒。闲登危榭凭阑昈，垂幕同云覆野。银河泻，道飞来杨花玉树都疑假。望迷鸳瓦。<small>兴陵朱邸在焉。</small>问酒拥销金，茶烹凤乳，若个偿春价。　　赏心事，不在酒旗歌社，梅痕暗偷尊赭。冻髭笑指祝融君，故骑火龙未下。君莫惹，君不见胡沙似雪催征马。笳声怨也。把塞北冰天，江南春色，都付渔樵话。

其七　朱陵仙洞

　　向苍崖笛声吹裂，斜阳一片危岸。江流北泻雁南征，洞里春光无算。星灿烂，都应是云中剑舞珠光按。花蹊棋馆。留满地苍苔，数峰烟树，掷与人间看。　　仙户启，石乳倒垂银蒜，空山翠杳天半。百花桥阻玉壶远，谁倩鸳鸯低唤。君莫叹，君不见彤云故锁三山断。罡风吹散。想华表鹤归，天台人返，怕见人民换。

其八　青草渔灯

　　截流渐飞虹侧挂，长空流月孤影。斜收返照蔚蓝天，蘋末一江风冷。更漏静，罢鸣榔停桡沙嘴星光耿。疏灯夜永，似说向人间，流光易谢，夜烛游须秉。　　歌舞罢，追赏良宜此景，木兰牵动绿荇。樵青唱阕斗参横，残月又斜西岭。君莫省，君不见芦中人老成萍梗。载愁舴艋，向牛饮溪边，羊裘滩上，别把丝纶整。

潇湘大八景词　<small>寄调摸鱼儿</small>

　　情者，非有区宇者也。有一可易情之区，移憀佗而昭苏之，何为怀此都哉？余歌小八景来十六年矣。云中眇眇，北渚愁予。九嶷修眉，烟秋不展。望里盈千，目飞无寄；续歌爰九，魂授尤勤。悯张乐之箫钟，哀琴在御。追泪筼之粉翠，香酒忘尊。然则迷不一方，思横三楚，固其所矣。重吟大八景词，复用瞿辛原体，旌初志也。虽然，北逾冥厄，南度秦城，西望雨云之浦，东临日夜之江，岂但此哉，而只以寄情于畔岸邪？行且怨紫塞之归禽，唁苍山之吊鸟，于斯始矣。

其一 潇湘夜雨

望九疑庐烟飞黛，远送玄云千里。斜阳枫岸平沉后，木末惊飙拂水。兰舟舣，荐新凉银缸影颤篷声起。推窗间眇。看幅幅轻绡，层层珠瀑，骀宕空青里。　　清绝地，故是蕙汀兰沚，浅碧旧含芳蕊。朝来润浥灵苗发，共载天香云髓。君莫拟，君不见楚骚歌阕兰蘅死。灵修邈矣。怕碎玉锹铮，金铃淋沥，吹入愁人耳。

其二 洞庭秋月

展平湖一片玻璃，何处天围四野。金风轻卷千波雪，阵阵落晖低亚。真潇洒，渐西晶连天接住东光射。冰轮上也。见镜吸空明，练飞霜影，一荡清无罅。　　凭槛处，百尺丽谯飞榭，玉楼闪冉光乍。清魂摇曳浑无定，灵肉欲随羽化。君莫诧，君不见南来猿鹤悲清夜。天孤月寡。叹吹笛王孙，朗吟仙客，倦理云轺驾。

其三 平沙落雁

问阳禽北发天山，尺帛为谁长系？当年不作关山怨，但爱江南佳丽。秋无际，拥长汀银膏玉屑堆光腻。横空如砌。宛一抹修眉，千行淡墨，欲坠还容曳。　　菰米熟，千顷玄珠丰脆，何须更寻归计。丹枫染紫蘋花白，飞舞一江清霁。君莫睇，君不见三更月落催哀唳。春光无蒂。早炎焰燔空，狂涛拍岸，羽驾何方税。

其四 远浦归帆

接长江西上三巴，东下海门万里。高楼思妇天涯梦，昨日金钱送喜。

春归矣，倩啼莺遥催彩鹢乘风起。危阑闲倚。望碧浪参天，斜阳低树，片影浮空水。　　相认处，青练双飞旗尾，夕风吹送旖旎。银缸对照江楼眼，收拾寄愁蠲纸。君莫盼，君不见征人已老兰舟委。艨艟浪起。尽大帽白衣，摊钱打鼓，不向湘皋舣。

其五　渔村夕照

卷残虹隔岸芦梢，低挂一团赪玉。紫金光聚明霞闪，雪洗鹭飞鸥浴。江一曲，舞轻桡橛头车子相随逐。荻湾六六。听短笛横吹，棹歌遥答，共趁沙汀宿。　　投竿处，牵动绡金波蹙，溅珠悬洒红粟。暝空欲敛西清色，一派炊烟凝绿。君莫瞩，君不见义轮无系西流速。云昏极目。听哀雁啼更，孤篷打雨，难拟明朝旭。

其六　山市晴岚

俯江浔滩临危磴，屏拥青蓉回抱。小桥流水平田迥，绿浪风生畦稻。当晴昊，散溪云轻松一抹飞烟巧。青帝缭绕。有白笋黄鱼，红虾绿酒，装点旗亭好。　　兰舟泊，正及江南春早，玉山何惜倾倒。桃花留客红垂晕，幕历轻绡笼罩。君莫恼，君不见鲛人蜃客迷三岛。韶华易老。但棠杜花边，鹧鸪声里，瘴雨迷衰草。

其七　山寺晚钟

转汀洲回峦斜拥，曲径松杉堆黛。落帆人语寒潭静，幡影风摇星彩。涵轻霭，渐潮声鱼音梵呗喧金界。霜林惊籁，更百八绵连，嘈呕夔发，流响空青内。　　深院锁，谁放鲸吟出海，澄江欻腾澎湃。唤回客梦清宵永，寂历闲心如洒。君莫骇，君不见景阳旧恨台城改。佛灯绿霭。共窣堵铃鸣，相轮铎语，长夜悲兴败。

其八　江天暮雪

　　舞廉纤不知是雪，还是沙明波素。同云返映晶光凝，暝色遥笼烟树。双无据，颤寒空微霄极浦相回互。芦洲古渡。有孤艇篷窗，挑灯酌酒，唱彻梁园句。　　知此夕，一派瑶峰玉宇，朦胧半函银兔。清晖的皪蛟冰溁，疑是东方已曙。君莫觑，君不见回波难挽流渐住。珠摧玉仆。向帝女祠东，昭王潭北，直下长江去。

潮湘十景词　寄调　蝶恋花

　　潮湘八景，不知始谁，差遣惟洞庭月、潮湘雨耳，他皆江南五千里所普摄也。"湖南清绝地，万古一长嗟。"杜陵游迹十七于神州，而期兹万古，岂徒然哉！潮水出自营浦，西北流五百里而得湘。湘水出兴安之海阳山，与漓背流，既合于潮，北流千二百里至巴陵北，大江自西来注之，然后潮湘之名释而从江。此千五百里间，縠波绣壁，枫岸荻洲，清绝之名，于斯题矣。迹不胜探，探其尤者，得十景焉。情物各有因缘，归宿不迷于万古，视诸帆雁岚雪，悠悠无择地者，不犹贤乎？仆雅欲为此词，不知何以未暇。歌八景后，驱笔猎之。吟际习为哀响，不能作和媚之音，应节为湘灵起舞。曰：非我也，有臣妾我者存也。

其一　舜岭云峰

　　潮水自江华西北流至宁远九疑山北疑峰，恒有云藏其半岭，飞雨流淙，入潮水中。

　　九岭参差无定影，泪竹阴森，回合青溪冷。一片绿烟天际迥，迷离千里寒宵暝。　　香雨飞来添碧凝，认是当年，望断苍梧恨。东下黄陵知远近，西崦落日回波映。

其二　香塘渌水

　　湘水径东安县东有沉香塘，石壁蟠插一林，云是沉水香。澄潭清冷，绿萝倒影。

　　湘水自分漓水下，曲曲潺湲，千里飞哀泻。冰玉半湾尘不惹，停凝欲挽东流驾。　　百尺危崖谁羽化，一捻残香，拈插莓苔罅。忆自寻香人去也，寒原夕烧悲余火也。

其三　朝阳旭影

在零陵县潇水侧，去钴鉧潭愚溪不远，北十里为湘口，是潇湘合处。

瑶草难寻仙苑道，洞里春生，一霎韶光好。圆蝙茏葱迎始照，天涯一点红轮小。　　无那云端迷海峤，断送金乌，闷损飞光倒。纵有晶荧开雾昊，斜阳又被寒烟罩。

其四　浯溪苍壁

在祁阳县北。元次山勒颜鲁公《中兴颂》于崖壁。苔光水影，静目愉心。

谁倚磨崖题彩笔，记得中兴，仙李蟠根密。万里湘天开白日，晶光长射蛟龙室。　　欲泛扁丹寻往迹，路隔丹梯，水弱罡风疾。日暮湘灵空鼓瑟，猿声偏向苍湾出。

其五　石鼓危崖

在衡阳县北，二水汇流，潭空崖古。

蒸水东流湘水北，一曲沧浪，映带青山色。旧是朱陵仙洞客，鹤归不向乌衣国。　　江树迷离潭影侧，画槛筠帘，梦断春消息。击鼓冯夷寻未得，馋龙怪舞云生墨。

其六　岳峰远碧

自衡阳北三十里，至湘潭南六十里，岳峰浅碧，宛转入望。

见说随帆瞻九面，碧藕花开，朵朵波心现。晓日渐飞金碧巅，晶光返射湘江练。　　谁遣迷云生绝巘，苍水仙踪，雾锁灵文篆。帝女修眉愁不展，深深未许人间见。

其七　昭山孤翠

一峰矗立江次，北去湘潭县三十里，下为暮云滩。

日落天低湘岸杳，迎目芃葱，独立苍峰小。道是昭王南狩道，空潭流怨波光裊。　　绿影寒澄春放棹，记得当年，渌水歌年少。明月南枝乌鹊绕，登楼何处依刘表。

其八　铜官戌火

铜官浦在长沙北三十里。芦汀远岸，水香生于始夜，渔灯戌火，依微暮色间，如寒星映水。

打鼓津头知野戌，万里归舟，认得云中树。日落长沙春已暮，寒烟猎火中原路。　　何处停桡深夜语，江黑云昏，莫向天涯去。旧是杜陵飘泊处，登山临水伤心句。

其九　湘湾曲岸

湘阴县北三十六湾，云是马殷所开，萦回清澈。出此即渐次入青草湖，李宾之诗"三十六湾湾对湾"者是也。

为锁湘流东下缓，两岸芦梢，片片蒲帆短。寒水茫茫渔火乱，惟应曲里春风暖。　　万古沅湘秋思满，六六湾头，绾住愁无算。无那湖光都不管，罡风吹浪连天卷。

其十　君山浮黛

湖光极目，至君山始见一片青芙蓉浮玻璃影上。自此出洞庭与江水合，谢朓所云"大江流日夜，客心悲未央"者，于焉始矣。湖南清绝，亦于此竟焉。

渺渺扁舟天一瞬，极目空清，只觉云根近。片影参差浮复隐，琉璃净挂青螺印。　　忆自嬴皇相借问，尧女含颦，兰珮悲荒磷。泪竹千竿垂紫晕，宾鸿不寄苍梧信。

《潇湘怨词》全书终